富裕者課税論《ふゆうしゃかぜいろん》

安藤 実◉編著

桜井書店

まえがき

『資本論』の序文に、ドイツの工場労働者の状態をイギリスと比べて、ドイツの工場では、「工場法という重しがないために、イギリスよりもはるかに状態はわるい」と述べているところがある。イギリスでは十九世紀中葉、労働者階級による永年にわたる歴史的闘争の結果、労働時間を制限する工場法が制定され、資本家の「搾取の自由」に一定の歯止めが設けられた。工場法による労働者階級の権利確保は、その後のイギリス資本主義の発展につながったといわれる。ここではマルクスが、資本家的経営に対する法的規制（工場法）を指して、「重し」（秤の錘）と呼んでいることに注目したい。

税制も、経済生活に対する国家の介入である以上、公的規制の性格をもつ。とりわけ富裕者課税は、現代国家において、この「重し」の役割をもっている。シャウプ勧告にも、その認識が見られ、そこでは日本の民主主義にとって特に危険なものとして、巨大資産家への富の集中を上げ、税制にそれを防ぐ役割を期待していた。それが富裕者の「合法的な税逃れ」を許さない仕組み、すなわちキャピタル・ゲインの全額課税を中心とする総合累進課税の勧告となったのである。

しかし残念なことに、シャウプ勧告税制はその実施前後に、重大な「修正」を受けた。その「修正」によって日本税制から失われたのが、まさにこの「重し」としての税制の役割であった。その結果、資本蓄積を名とする大法人や富裕者に対する優遇措置が続けられる反面で、重い大衆負担が日本税制の特徴となる。

したがって問題は、なぜシャウプ勧告税制が「修正」されたのか。あるいは誰が、どういう意図をもって、その「修正」を推進したかである。シャウプ勧告から六〇年を機に、戦後の日本税制を、そういう観点からとらえてみたい、それが本書執筆の動機となった。

幸いこの数年間、名古屋学院大学の大学院財政学ゼミで、シャウプ勧告をテキストに使用してきたのが縁となって、名古屋で出会った友人たちと中部税制研究会を立ち上げた。そこでの成果が、本書の企画と編集作業につながった。

本書は、第一章「シャウプ勧告がめざした富裕者課税」、第二章「シャウプ勧告の理念――公平と民主主義」、第三章「二〇〇〇年政府税調答申の租税理念――『国民皆が広く公平に』の中身」、第四章「財政節度と『小さな政府』論」から成る。

第一章では、シャウプ勧告を富裕者課税の見地から整理している。これは本書の主題であり、本書のタイトルもここからとっている。シャウプ勧告の「修正」には、実施後の「修正」、つまり独立回復後の日本側による「修正」と、実施にいたる前の「修正」、つまりアメリカの政策転換による「修正」の二種があり、ともに「富裕者課税の修正」という点で一致していたことを明らかにした。そのうえで、具体的に利子税制、証券税制、相続税を順次取り上げ、富裕者に対する税制上の優遇措置を詳細に分析している。ここでは吉田孝敏会員の寄稿を得た。

第二章では、シャウプ勧告の理念すなわち公平と民主主義を、今日の日本における租税理念をめぐる状況と対比している。ここではまた、シャウプ勧告の地方自治論を詳細に取り上げた。ここではスウェーデン視察記をふくめ、富田偉津男会員の寄稿を得た。

第三章では、最近の政府税制調査会答申や小泉「改革」によって、世上に流布されている増税イデオロギー、いわば大衆増税やむなし論を取り上げている。具体的に消費税増税論や所得税の課税最低限の引き下げに焦点を当て、それらを批判的に検討している。

第四章は、財政節度について考えている。日本財政が抱える膨大な借金の原因の解明とその対策が、ここでのテーマである。「建設公債主義」と道路特定財源の問題を具体例として取り上げた。これらは日本租税理論学会の二〇〇六年研究大会で、報告の機会を得たものである。とくに道路特定財源の問題では、中部税制研究会の共同研究をもとに、宇佐美文人会員が報告した。ついでにいえば、道路特定財源については、二〇〇八年二月、衆院財務金融委員会で安藤実が参考人として意見陳述を行った。四章ではまた、戦後日本財政の流れを、いわゆる「小さな政府」論と関連させてまとめている。

本書を編集するなかで、あらためて日本租税理論学会の研究大会、谷山治雄税制経営研究所所長が主宰する財政理論研究会、同じく谷山税制経営研究所の『税制研究』、そして新日本出版社の『経済』に対し、これまで報告や論稿の掲載など多くの機会をいただいていることを有難くお礼を申し上げたい。とりわけ不撓不屈な学問魂の権化ともいうべき谷山治雄先生に、この場をかりて厚くお礼を申し上げたい。

今回の作業のなかで、中部税制研究会として課題に上げたもののうち、たとえば富裕税や法人税など、原稿完成に到らなかったものが少なくないが、他日を期したいと考えている。この間、本業のかたわら中部税制研究会の研究会に参加していただいた、高井幹雄、金子晃、加藤義利、玉井徹、小川久雄、宇佐美文人、子安智裕、伊藤誠、岡野清伸、森裕祐、小川成美、吉田孝敏、富田偉津男の各会員に対し、お礼を申し上げたい。

最後になったが、困難な出版状況にも関わらず、本書の刊行を承諾されただけでなく、原稿の全体にわたって精査し、貴重なアドバイスをいただいた桜井書店の桜井香さんに厚く感謝申し上げたい。

二〇〇九年三月九日

安藤　実

目次

富裕者課税論

第一章　シャウプ勧告がめざした富裕者課税

第一節　シャウプ勧告がめざした富裕者課税

はじめに

シャウプ使節団の『日本税制報告書』（いわゆるシャウプ勧告）が出て、六〇年になる。シャウプ勧告は、戦後日本税制の原点というべき歴史的文献である。私は中部税制研究会の会員たちと数年来、このシャウプ勧告を租税論ならびに日本財政論のテキストとして利用してきた。そのなかで浮かんできたのが、表題の「シャウプ勧告がめざした富裕者課税」というテーマである。

シャウプ勧告については、多くの先行業績がある。本章は、それらの整理や後追いではない。また、シャウプ勧告の単なる解説でもない。それはむしろ、シャウプ使節団が求めたことを求めようとする試みである。シャウプ勧告が最も工夫をこらしたのは、富裕者の「税逃れ」を防ぐ仕組みの提案である。しかし、その提案は実現しなかった。なぜ実現しなかったか。それを解き明かすのが、本章の課題である。

1　シャウプ使節団は富裕者の「税逃れ」や「脱税」を防ぐ仕組みを勧告した

（1）シャウプ勧告は「全体として採用」されるはずだった

シャウプ勧告は、税制使節団から連合軍最高司令官（マッカーサー元帥）に提出された。マ元帥は、それを吉田首相へ伝達（一九四九年九月一五日）したさい、「これは全体として採り上げれば日本の中央と地方政府の財政の基礎を健全なものにし得る内容をもっている」との書簡をそえた。吉田首相からマ元帥への返書（九月一六日）にも、「これを全体として採り入れて初めてシャウプ博士の意図されるがごとき合理的にして公正なる税制の基礎たり得ることを十分に了承しております」とあった(1)。

したがってシャウプ勧告を、「全体として」採用することがマ元帥の指示であり、当時の日本政府もそのつもりだったことがわかる。しかし実際はそうならなかった。とりわけシャウプ使節団が税制全体の「結節点」と位置づけていた、キャピタル・ゲインの全額課税が採用されなかった。それはなぜだろうか。

（2）その仕組み全体をシャウプは「モダンな税制」と呼んだ

シャウプ勧告の序文では、新旧（primitive と modern）二つのタイプの税制から、新しい（modern）税制を選んだと述べられている。それは所得税など直接税中心の税制を指し、資料にもとづく税額の合理的査定、税法の公平な施行、納税者の協力（compliance）をかねそなえた税制を意味した（序文、三ページ）。

シャウプ使節団は日本に来て実地調査をへるなかで、当時の所得税の問題点（脱税の横行、恣意的な更正決定、個人事業者と給与所得者の間にある執行上の不公平など）に気づかされる。そこで使節団の関心は、日本人がはたしてこのような状態から抜け出す可能性があるか、そして「モダンな税制」、すなわち所得税中心の税制を定着させ発展させられるか、という問題に向けられる。使節団は日本各地で税務職員や納税者の意見を聴き、かれらの所得税に対する熱意や技術的能力（記帳や会計事務）の程度を把握しようと努める。それらを総合的に判断した結果が、「モダンな税制」の勧告になったわけである。

（3）「税逃れ」を防ぐ仕組み――キャピタル・ゲインの全額課税

シャウプ使節団は日本各地で調査やヒアリングをつづけるなかで、日本人の税金感覚に触れ、ある強い印象を受けた。「われわれが search for equity（公平の追求）に重点を置いていることに対し、驚きを与えていることが少なくない。」（三九ページ）

この「驚き」という表現には、使節団と日本人の税金感覚のちがい、いわばカルチャー・ショックが示されているように思われる。お仕着せの「民主主義」を羽織ったばかりの、「神聖な天皇制国家の臣民」にしてみれば、「公平な税」ほどその意識から遠いものはなく、まして「それを追求する」とは（！）、と素直に反応したということであろう。

したがってまた、この「公平の追求」にこそシャウプ使節団の苦心が存したと思われる。数ヵ月にわたる精力的な作業の結果、シャウプ勧告が提示したのは、「ばらばらな措置」ではなく「税の仕組み」（tax system）だった。たしかに勧告された事項は相互に深く関連し、一つの全体、一つの制度となっている。その主なねらいは、「やむことのない合法的税逃れ」（permanent tax avoidance）をやめさせることに置かれた。そして、その仕組み全体の結び目の役割を果たすとされたのが、キャピタル・ゲイン（譲渡所得）の全額課税であった。

シャウプ勧告第五章では、合法的に多額の個人所得税を免れる重大な「抜け道」として、「キャピタル・ゲインの五〇％を課税所得から除いていること」と「利子所得に対し比例税率が適用されていること」をあげている（一〇〇ページ）。そして勧告によって、これらの「抜け道はふさがれる」ことになるが、「適当な法律を定めるだけでは十分でない。その法律が効率的に執行されることが必要で、さもないと何の役にも立たない」と述べている（一〇五ページ）。したがってキャピタル・ゲイン全額課税や利子所得課税については、「法の執行」すなわち税務行政上の措置を含めた勧告が行われた。

キャピタル・ゲイン全額課税がもつ意味を、シャウプ勧告から引用しよう。

「キャピタル・ゲインの全額課税こそは、われわれの勧告のなかで最も強調されているところである。」（一一八ページ）「キャピタル・ゲインの全額を課税標準に算入することは、われわれの税制改正方針の礎石の一つであり、この原理に背馳すれば、この計画の統一性は著しく損なわれる、ということをいかに強調してもしすぎることはない。」（三一〇ページ）「要するに、税制改革の方針の目的を十分に達成しようとするならば、キャピタル・ゲインの全額課税は、絶対に逸脱や妥協の許されない一点なのである。」（三一一ページ）

「重要なことは、狡猾な税回避者が、他の形態の所得をキャピタル・ゲインに容易に変更することができるという点」（一一七ページ）、「配当、印税、事業収益、はなはだしくは給料として受け取られるような所得が、変形してキャピタル・ゲインに仮装する方法は少なくない。」（三〇九ページ）、「キャピタル・ゲインが課税されないか、または低率の課税しか行われない場合は、多くの富裕な、そして抜け目のない投資家が高額所得を得ながら、ほとんど課税されないで巧みに逃れることになる。」（一一八ページ）

「キャピタル・ゲインは多くの所得形態の一つにすぎない。これに対する税率を、他の種類の所得に対して適用する税率以下に引き下げれば、非合法的な脱税は減るかも知れないが、抜け目のない納税者が普通所得をキャピタル・ゲインの形に切り換えるなど合法的な税回避が増えるという欠点は免れない。ある人々が平然と自己の正当な税負担額を合法的に回避していることが知れるのは、ある人々が非合法的に脱税していることが知れるよりも、一層納税モラルに対して有害となる。」（三一四ページ）

最後に引用した、「法網を潜る脱税」よりも「合法的な税回避」のほうが、納税モラルのうえでは「一層有害」と見るシャウプの租税観は、玩味されねばならない。

（4）「脱税相互防止機構」

勧告第一章G項「税務行政」で、「脱税」（tax evasion 違法な税逃れ）が、日本の重要問題であり、脱税額が税収の二五％—一〇〇％にのぼると指摘されている（三七ページ）。

来日して最初の記者会見（一九四九年五月一九日）で、シャウプは四つの主要目標として、「経済安定に資する税制」、「恒久的な税制」、「地方自治を強化する税制」と並べ、「現行税制において大きな不公平がある場合、それを一掃する」とした。記者側から、公平のための「最も適切な手段」を問われたとき、「もちろん脱税防止が重要である」と答えていた。

そして実際に勧告発表後の記者会見で、シャウプは「脱税」のできない税の仕組みを勧告したと述べている。「私たちの勧告が実行に移されれば、高額所得者も脱税が絶対できなくなる。三種、四種もの税を組合せることによって、脱税はできないと思う。」（日経新聞、一九四九年八月二六日）、「税体系の交錯した仕組みは、富裕税の脱税を非常に危険なものにしていると思う。ほとんど逃れる可能性はないだろう。」（朝日新聞、一九四九年九月一七日）

日本租税研究協会の第一回大会で、松宮隆（弁護士）が勧告のこの点に注目している。「精密機械のようである。所得税の方でごまかそうとすれば、相続税の方で引っかかる。あるいは富裕税で抑えていく。どこにも抜け道のない精密な税制。」(2)

林榮夫（都立大学教授）は、シャウプ勧告税制の構造を〈所得税↔富裕税↔相続税〉のように、三種の税を相互に結んで、これを「脱税相互防止機構」と呼んでいる。(3)

2 富裕者に対する課税

(1) 富裕者の責任

シャウプ勧告が富裕者をターゲットにした理由の一つに、占領軍による日本民主化政策として財閥解体があり、それに対応する税制という側面がある。少数の財閥家族による経済支配は、日本資本主義に独特の特徴を与えるものだった。宇佐美誠次郎（法政大学教授）によれば、「財閥は、その政商的性格のゆえに、軍需工業と密接な関係をもち、したがって特に戦争のたびごとに、その資本の集積と集中を高めてきたのであり、軍国主義的、侵略的性格を強くもっている。(4)」

シャウプ勧告のなかには、日本軍国主義と結びついていた財閥の復活に対する危機意識が強くあり、この財閥の復活を阻止する手段こそ税制にほかならないという主張がある。

「その名に値する累進税制ならば、経済組織の支配権を少数の富裕な個人の手に集中させる恐れのある、膨大な財産の蓄積を有効に阻止する準備がなければならない。膨大な富の蓄積は、日本にとって特に重大な危険であるが、このような蓄積を税制によって阻止しなければ、かれらは遅かれ早かれ必ずや再起するであろう。」（一〇八ページ）。

もちろんシャウプ勧告の「富裕者課税論」には、財閥復活に対する警戒だけでなく、富裕者に対し「正当な税負担」を求める「税の公平」論、つまりは応能負担論があり、それは福祉国家の考え方に通じるものといえる。つぎのような主張はその例である。「富裕階級は、現代においては、その所得の大部分を、政府の歳出を通じて社会全体の福祉のために提供することを求められており、……。」（一一四ページ）。

（2）富裕税の創設

シャウプ勧告のなかには二つの新税、付加価値税と富裕税が盛り込まれた。付加価値税は、事業税に代わる地方税として勧告されたが、世界的にも例のない税であったことや、税負担の変化をきらう経営者の反対もあって、ついに実施されずに終わった。

一方の富裕税は、純資産額五〇〇万円超の資産家を対象に、〇・五%から三%までの低い累進税率で課される国税として勧告された。それは差し当り、所得税の最高税率引き下げの代償措置という面をもった。すなわち、五〇%を超えるような高い税率は「脱税の誘因」になるという理由により、所得税の最高税率を下げる代わりに導入されたものである。同じく新税ながら、富裕税のほうが曲がりなりにも実施にこぎつけたのは、ヨーロッパ諸国の先例もさることながら、所得税の最高税率引き下げとセットにされたためと思われる。

この富裕税に反対する論者の多くは、面倒な税務のわりに税収が少ないことを理由にあげたが、シャウプ勧告では、それを見越したかのような反論が展開されている。「富裕税の税収は、今後数年間は多額にのぼることはない。しかし、これは税を課さない理由にならない。経済復興が進むにつれ、富の集中と蓄積が顕著となってくる。富裕税は将来に対して設けるもの……。」(一一五ページ) これを見ると、シャウプ勧告では富裕税を、単に累進税率引き下げの代償措置にとどまらず、まさに将来を見越した「富裕者」税として位置づけ、大きな期待をかけていたことがわかる。

(3) 富裕者には「複雑な税務行政で差支えない」

シャウプの掲げる「公平の追求」とは、富裕者が「税逃れ」や「脱税」のできない仕組み(税制)をつくることであった。したがって富裕者にかかわる税務行政は、一般の納税者のそれより「複雑」であっても差し支えないどころか、かえって「公平」としている。

たとえば、「生まれて始めて直接税を納める多くの個人」に対しては「簡素」でよいが、「経済的利害の複雑な富裕な納税者や事業を営む法人」に対しては、「簡素化にかたよるべきでない。」「このような納税者は完備した帳簿を作成する労を惜しまないと期待されるからである。」「かれらは合法的な租税逃れの抜け道を塞ぐために立案された複雑で詳細にわたる法律を十分理解できるはずである。」（四一ページ）

シャウプ勧告では、その第一次報告書（一九四九年）のなかで、富裕者の「税逃れ」を防止するための具体的提案を用意していた。すなわち、

①「あらゆる種類の資産の匿名所有に対する制限。例えば、株式の裏書は、これを一月以内に限定し、これを過ぎた時は、新株主は株主名簿に記載されなくてはならないことにする。富裕税の新設は、キャピタル・ゲインに対する全額課税を確保するに与って力があるだろう。有力な手段を適切に使用すれば、キャピタル・ゲインに対する課税を完璧な段階にまで引上げることができよう。」（勧告の付録、三二六ページ）

②「裕福な人々が自分の税をしっかりと納税していることが保証されれば、平均的な納税者の協力は促進されるであろう。それゆえ、ある一定額を超える所得の申告は、すべて調査されなければならない。」（同上、三八一ページ）

③「銀行預金を照査しなければならない。税務署の銀行の記録検査に関する規定は、より広範に調査

しうるように改正すべきである。」「証券取引委員会およびその他の公共団体に提出された資料を調べるべきである。」「不動産の個人的取引、多額の保険またはその他の資産の買い入れなどは、彼等の申告した所得と、これら支出とが一致しているかどうかを見るために照査すべきである。中告した所得の照査の手段として、純資産の調査を行うことを発達させるべきである。」（同上、三八二ページ）

④「現在、銀行預金の多くは偽名、または他人名義で行われている。これらは効果的な税の調査を妨げるし、なんら正当な理由はない。こういう預金口座の設定を認められないようにすることを勧告する。このような規定は、適当な罰則によって実行可能になるが、調査官の銀行記録調査を認める改正と相まって、所得税の納税協力を著しく増進させるであろう。銀行の預金高は一時的には、これによって影響を受けるかも知れないが、その悪影響は、この規定によって得られる利益に比べてより大きくはない。」（同上、三八三―三八四ページ）

⑤「現在は、株式または社債の有効な登録制度はない。よって、株券および債務証書を含むすべての法人証券に登録制度を適用し、それによって税務職員がある株式または公債の所有者は誰か、または誰であったかを確かめられるようにすることを勧告する。」（同上、三八四ページ）

しかし、第一次報告に盛られていたこれらの具体策は、一九五〇年の第二次報告ではすっぽり抜け落ちていた。第一次報告と第二次報告の間になにがあったのだろうか。

3　シャウプ勧告に対する日本側の反応

（1）日本租税研究協会

ここでは主に日本租税研究協会の議論を取り上げる。日本租税研究協会は、シャウプの肝いりで設立された。会員は租税に関心の深い財界人が主体で、学者、実務家、官僚などが加わり、シャウプも顧問となっている。その第一回研究大会は、シャウプ勧告発表から間もなく（一九四九年一一月）開かれたが、その後も研究大会は毎年開催されている。

初代会長の汐見三郎（京都大学教授）は第一回大会の挨拶で、「研究成果を国会における法案審議に反映せしめる」と述べたが、第一回大会の報告記録の場合、英訳してGHQ担当官ならびにシャウプ博士に提出している(5)。

また、同協会のなかに設置された国税委員会（委員長松隈秀雄）の活動状況を見ると、シャウプ勧告に対する対応としては、第一回大会から第二回大会までの間に一〇回の委員会を開催し、その間、大蔵省主税局、同主計局、国税庁、民自党政調会、衆参の大蔵委員会、地方行政委員会などとの研究討議・懇談を重ね、改正税法の立案・審議、実施面の改善に、同協会の意見を反映させている(6)。

汐見会長は、シャウプ勧告に対する日本租税研究協会の空気が、早くも一九五〇年の第二回大会には変化したことを指摘している。「第一回は、シャウプ税制の注釈で、本会としては受身の形、第二回は、批判的になり、理論と実際の両面から批判、第三回は、むしろ建設的な含みをもっている(7)。」

（2）大蔵当局者

「富裕者課税」提案に対する日本側当局者の態度の例として、当時の大蔵省主税局長平田敬一郎を代表例に取り上げる。平田主税局長のシャウプ勧告直後の発言に見るかぎり、基本的に勧告の趣旨を理解したうえで、それに忠実に従うという姿勢が出ている。「譲渡所得課税は、法人所得税の課税理論に関連した結果出てきた結論ですが、これも当然理論上課税すべきもので、全額課税する。……銀行預金の利子、これにも理論的に課税すべきである。なかんずく大所得者の場合、無記名預金等も廃止すべきだという強い勧告になってきている。いやしくも脱税の余地を認むべきでない、という考え方のようであります。(8)」「勧告が法人課税、株主課税、配当課税、譲渡所得課税、を全部まとまった一つのシステムとして考えておる。ここに非常に重点を置いている。こういう考え方をとりましたのは、極力、法人の事業活動を促進する、容易ならしめるという考え方が強く響いている。そのかわり場合によっては、株主の譲渡所得の全額課税等は、株主の投資に障害を来たすのではないかという議論がございますが、しかしそれはそれとしてしかたがない。(9)」

平田主税局長は、譲渡所得の全額課税が、法人課税など「全部まとまった一つのシステム」の一環であり、「当然理論上課税すべきもの」であること、したがって株式投資にとってマイナスなどと反対したところで通るものでなく、勧告に従うしか「しかたがない」という姿勢を示していた。

とはいえ、池田蔵相はじめ大蔵当局の姿勢は、基本的に面従腹背というべきものだったようである。当時、大蔵省主税局にあって使節団と接触していた、塩崎潤の回想が参考になる。「全部の勧告書が出た後に、私ども内部で、これを実際に受け入れるかどうかを検討したことも、もちろんあります。……池田蔵相は、とくに株式の譲渡所得課税を全額課税すると勧告されているが、そのような税金中告によって、課税し徴収できるか、結局は税金が取れないことになるという意見でした。」(10)

(3)「実情主義」を唱える大蔵省OB

日本租税研究協会の第一回研究大会では、汐見会長が指摘したように、シャウプ勧告の内容を理解しようという空気が一般的であった。そのなかで特徴的なのは、池田勇人蔵相に代る水田三喜男大蔵政務次官の挨拶と大矢半次郎農林中金副理事長（元大蔵省主税局長）の報告であった。この二人は、シャウプ勧告を「恒久的」・「理想的」などと持ち上げたあと、「実情主義」を持ち出し、「果たして出来るか」、「現在の我が国の場合、支障がないか」、と疑問を投げかけている。これはのちのいわゆる「現実主義」と呼ばれるものと同根で、この例に限らず、日本保守派の伝統的な思考パターンのように思われる。

それにしても異論の口火を切ったのが、池田蔵相に近い水田大蔵政務次官や大蔵省高級官僚OBの大矢半次郎だったのは注目される。しかもその「実情主義」とは、つぎに示すように、現状維持の別名にすぎないものであった。

水田三喜男、「日本の経済が本当の安定を見ていない時期でありますから、この過渡的な時期に果たして恒久的な税制改革が出来るか、非常に疑問……。税制としても過渡的税制を立てざるを得ない。むしろそれが実情に即する税制ではないか。したがってシャウプ案の大綱は受入れて、これに則るつもりであるが、個々の問題については必ずしもシャウプ案によらないで実情主義で行きたいという方針であります。(11)」

大矢半次郎、「富裕な投資階級、戦前は相当存在したが、現在は全く寥々たるもの……。預金利子の総合課税は実情に合わない。大衆の零細な貯蓄が主で、直接投資に向わない。当分の間、源泉選択課税の制度は存続すべきである。」「譲渡所得に重きをおいているが、果たして数年内にその完全な把握ができるか。無記名証券の登録制がうまく行くかどうか疑わしい。また無記名預金は預金者の心理にアピールし、長期資金たる定期預金を増加させた施策。今暫く資本蓄積を優先して、過渡的にそういう措置が望ましい。」「税務官吏による預金調査も過渡期においては、さじ加減があって然るべき。(12)」

学者では鈴木武雄（武蔵大学教授）が、勧告が銀行に対し「風当たりが強い」（無記名預金や架空名義預金の禁止、利子の比例課税）のは、銀行を通じる間接投資でなく、個人の直接投資を推奨しているためと解説し、これを「シャウプ式蓄積」と名づけたうえで、「日本の銀行について、シャウプに認識不足がある」と批判している。(13)

（4）「富裕者課税」反対論の拡がり

一九五〇年の第二回大会では、シャウプ勧告に対する批判、とりわけ富裕者課税案に対する反対論の拡がりが見られる。

飯田清三（日本証券投資協会専務理事）、「銀行預金の名寄せとか、社債の登録とか、株式の名義書換もしくは売買申告制とかの案を、仮にこういう方法を実施することになりますと、徒に業者の申告手続きを複雑にし、税務署で受け入れ態勢を整備せねばならぬ。しかも国庫収入はいくらもない。」「資本蓄積という経済の要請のためには、税制の理論や技術は二次的に取り扱われるべきでないか。[14]」

熊本吉郎（大和銀行調査部長）、「ここ数年間、銀行に対し目をつむってもらう……無記名預金復活、利子の源泉選択制、譲渡所得の総合の代りに移転税。」「今日、税金の納まらない原因の一つは、過去の所得がばれる、脱税がばれること……。富裕税の問題にしても、財産税当時に比較して増加分がどうして生じたかを、税務署に知られることを非常におそれている。」「知らないうちに納める税金、つまり消費税が日本人の納税思想に合う。[15]」

原吉平（大日本紡績社長）、「勧告は負担の公平を強調しすぎる。……資本蓄積という立場から考えて、ある程度傾斜的な税制が必要[16]」。木村元一（一橋大学教授）は、当時の日本資本主義の状態を分析してみせて、「……所得税中心を実施する条件が整っていない[17]」と「実情主義」の主張に肩入れしている。

シャウプ勧告批判の論客として、注目すべき人物に松隈秀雄（中央酒類社長）がいる。松隈秀雄は戦時中、大蔵省主税局長や大蔵次官を歴任し、戦後、公職追放になったが、日本租税研究協会に顔を出すようになり、第一回大会以来、大矢半次郎と同じく「経過的措置」の必要を説いてきた。一九五一年の第三回大会時には、同協会の事務局長におさまるほどの大きな発言力をもっていた。松隈の発言、「熊本さんの意見と一致している点が多い。こういう意見を日本租税研究協会が採り上げていく。」「シャウプ勧告の特色は、資本蓄積への配慮である。法人課税制度の根本的改正、資本再評価の解決、所得税の最高税率引下げ等、すべて資本蓄積尊重の観点に出ており、極めて妥当と思う。しかし負担均衡上、本質的に重要であります場合には、負担均衡の原則の方を特に尊重しまして、どこまでもこれを貫いておる。例えば、株式譲渡所得を全額課税するとか、富裕税、固定資産税の問題もこの観点から理解ができるのであります。」「富裕税も理論的にうなずけるが、僅か二〇億円程度の税収のために煩雑な財産調査を行うとなると、その得失が議論されるのであります。」(18)

4 シャウプ使節団第二次報告書（一九五〇年九月）から除かれた問題

（1）総司令部内部に証券登録制度反対の動き

一九四九年一一月の段階では、さきに紹介した平田主税局長の発言のように、「譲渡所得課税、これも当然理論上課税すべきもので、全額課税する」というのが、政府当局者の態度であった。したがって有価証券の登録制度など、譲渡所得課税に必要な税務行政上の措置も、実施していくつもりであったと思われる。

しかし間もなく、雲行きは変わる。たとえば、一九四九年一二月、池田勇人蔵相が衆院大蔵委員会で、「一カ月以内の株式名義変更、その実施は困難」と発言したのを受けて、一九五〇年一月、政府は株式市場不振打開を理由に、有価証券の登録制度の実施見送りを決定した。平田主税局長も一九五〇年三月の参院大蔵委員会で、「譲渡所得の捕捉は非常に難しい。名義書換……ある程度の時日を要する。ここであわてて、そういう措置をやることは、しばらく見送る」と弁明するなど、従来の態度を変えている。なにがこの変化をもたらしたのか。

実は総司令部内部、具体的には経済科学局銀行・為替課が、有価証券の登録制度について、実施反対に動いていた。『昭和財政史』第八巻の記述によれば、「いちばん問題になったのは、シャウプが勧告していた有価証券の登録制度であった」とあり、その資料として、第二次勧告のために訪日予定のシャウプ博士へ宛てた、総司令部経済科学局内国歳入課租税班長サノーからの書簡が紹介されている。

「国税の分野では、貴方の勧告のすべてが現在、日本税法の中に具体化している。一つの例外が、有価証券の登録である。銀行・為替課はＥＳＳ（経済科学局）の財政顧問の支持をうけ、登録は株式移転の自由を破壊し、かつ市場を沈滞させる効果をもつと、強い態度をとった。（多分その理由は、株主がその稼得に課税されるからということだろう。）選択的な解決は有価証券登録の代りをみつけるよう示唆することであるが、しかしすべてが脱税のための抜け穴となっている。反対は非常に強いので、望ましい目標が達成されない方策をとるより、むしろ貴方の再訪問を待っている方がよいように感じた。」

この書簡に対するシャウプの返信（一九五〇年五月五日付）は、自信に満ちていて、自らの提案に対するあらゆる異議を論破してみせる、というふうであった。「もしその反対が、完全に課税すると市場を沈滞させる効果をもつという考えに立脚しているなら、私はこのような異議に対し、確固たる反対の立場をとる用意がある。もし証券に補助を与えるべきなら、租税回避以外の手段で、そうしよう。」(19)

実際にシャウプは第二次報告書の付録に、「当時使用されていた配給通帳の番号を活用して、預貯金口座の名寄せや有価証券の登録をさせる方法を具体的に提案」していたという。それにもかかわらず、一九五〇年九月の第二次報告書の付録書には、その提案は盛り込まれなかった。これについて、『昭和財政史』第八巻はつぎのように推測している。「もしこの措置がそのまま盛り込まれたなら、大きな騒ぎになっていただろう。司令部内部でも、公表した際の反響の大きさを危惧したものと思われる。結局、この提案は付録から除外され、陽の目をみないで葬り去られた。[20]」

この問題では、塩崎潤（元大蔵省主税局長）の証言がある。「無記名や偽名の銀行預金の禁止については、当時私が担当し、法案等をつくって司令部へもっていきました。その時、司令部の税制課は通ったのだけれども、銀行関係を監督していた金融課というところがあったのです。みんな軍人でしたが、その人たちが私を呼んで、当時の日本の金融状況、とくにヤミ取引があるような段階で無記名預金をやめると、預金が極めて減退して、大変大きな影響をきたすから、金融課として認めるわけにいかない。これは中止せよという命令を下しました。その時は、すでにシャウプは帰国した後だったけれども、残っていた使節団の人が、それでは仕方ないと言われて、それで諦めたのです。また、株式の名義書換えの強制法案についても、司令部の金融課が賛成しませんでした。[21]」

シャウプ自身の回想的論稿では、この問題を具体的に取り扱うことは避けているようで、やや一般的に、アメリカと日本で「政治の保守化」が進んだと指摘しているのみである。おそらくレッドパージや朝鮮戦争など、アメリカの対日政策の歴史的転換、いわゆる逆コースの進行を念頭においた指摘と思われる。

なお、二見明『戦後租税史年表』には、つぎの事項が採録されている。

一九五〇年九月　東証理事会、譲渡所得課税のための株式売買に関する税務署への報告は、投資家を考慮して提出しない旨を、シャウプ使節団へ提出すると発表。

一九五〇年一〇月　モス歳入課長の談話、「シャウプ第二次勧告に、株式売買出来高の報告、株式の名義書換の強制などは勧告されていない。」

（2）シャウプ勧告の「修正」へ

一九五〇年一一月に行われた日本租税研究協会第二回大会の議論から引く。

平田敬一郎主税局長、「例の株式の名義書換、預金課税の問題については、これは総司令部の方のお話によると、大分研究されたらしいのですが、勧告にはならなかった由であります。中途の段階でどういうことになったか、その点は私ども承知いたしておりませんが、結論はいま申し上げた通り、間違いないのではないかと思います。(22)」

松隈秀雄（中央酒類社長）は、シャウプ勧告の特色として、第一に資本蓄積への配慮（法人税制度の改正、資本再評価、所得税の最高税率引下げ等）をあげて評価する一方で、第二の特色として、株式譲渡所得の全額課税、富裕税などを例に、「負担均衡の原則を尊重し、どこまでも貫いている」ことを問題としている。「株式名義書換の強制、あるいは無記名定期預金の廃止、その他に銀行において預金者の異常取引を報告するとか、あるいは預金利子は比較的少額の金額まで報告するとか」の厄介な問題が生じるのは、ほかでもなくこの第二の特色に関連しているというのである。

その松隈にとって、今回のシャウプ第二次勧告において、「幸い株式名義書換の強制とか、銀行預金者の異常取引報告等の問題には触れておらない」のは、まさに我が意を得たもので、「資本の蓄積が特に必要になってきておる現状におきましては、これらの問題はこれを見送ることが適当であると思います。それから株式売買資料の報告とか、預金利子の資料の報告等につきましても、理論はこれら資料を一切集めて総合課税すべきでありますが、これらの資料提出義務には自ずから一定の限度があると思うのであります。」「現在、配当資料の総合課税にいたしましても、なかなか整理がうまく行われていません。株式売買資料とか、預金利子資料等を収集してみても、結局複雑を増して総合事務を一層困難にしてしまうという恐れがあります。これらは漸次、資料総合の技術面の改良を待って範囲を広くすべきものと思います。」「そういう細かい点まで追ってゆかなければならんという理由を考えますと、シャウプ税制勧告が直接税中心主義、ことに所得税重点主義に傾き過ぎているためと思われます。すなわち負担均衡を全うするためには、他に及ぼす影響を無視しても、細かい資料まで集めて総合しなければならないというところに追い込まれておる。もう少し間接税に重点をおく要があるのではないか。」(23)

こういう主張は、一九五一年九月の第三回研究大会では一層明確になる。

山田義見（日本勧業銀行会長・元大蔵次官）、「終戦後、日本的でないもの、全然違った社会に妥当しているところの原則を、そのまま適用された。その最後があのシャウプ税制であります。とにかく外来的の思想、それは一応払拭して、あらためて出直したい。根本がそれ。シャウプ勧告によってできた税はご破算にしてもらいたい。一つは富裕税、そのかわり所得税の累進税率を上げることはやむを得ない。」(24)

松隈秀雄（日本租税研究協会事務局長）、「私自身はシャウプ税制に共鳴するが、財界の多数が直接税中心主義の行き過ぎを唱え、学者のなかにも賛成者があるということになると、大勢のおもむくところを無視できない。何とかして間接税の比率を重くすることを考えねばなりません。」そして会員の意見紹介というかたちで、「シャウプさんが日本の税制をあまりきれいに洗いすぎてしまったのがいけない。取引高税をやめる必要なかった。広く軽く課税するのがよい。日本がシャウプさんの言うことを聞いて、英米の税制をまねて直接税の比率を高めたのは、ばかなことをした。独仏にならって、直接税を三分の一にとどめ、取引高税でも、もう少し改善を加えて、税収を多くしておいたならば、もっと徴税上の摩擦が少なかった。[25]」

汐見三郎（京都大学教授）、「シャウプ勧告は精緻に過ぎ、これによる税制は我が国に適しないところもあるから、部分的に改正を行うべきであるというのが大多数の意見でありました。今日、資本蓄積を高めていくことが重要な政策目的となっておる。この状態で所得税中心の税体系は多くの矛盾を含む。総合課税に例外を設け、間接税の相対的増大。富裕税は税収から見ても、手数を要することから見ても、これをやめ、代わりに所得税の最高税率を上げる方がいいというのが多数意見。相続税の軽減も主張されました。[26]」

諸井貫一、原安三郎など財界人は、売上税論をぶち上げる。「あれが一番よけいにとれる。一番公平だ。[27]」平田敬一郎（主税局長）も、ヨーロッパ諸国で売上税が重要な地位を占めていることに触れ、自身は直接税中心主義の立場ながら、「果たしてそれが一般に受け容れられるかどうか。現実の政策は両面を考えて、その時々で決めていかなければならぬ。[28]」

一九五三年、シャウプ税制の修正（骨抜き）が行われる——富裕税廃止（所得税の最高税率を六五％

へ引き上げ)、キャピタル・ゲイン課税廃止。利子所得の分離課税。

日本租税研究協会の研究大会記録にあらわれている議論を検討するなかで、印象的なのはシャウプ勧告税制の「修正」を先導した中心グループに、大矢半次郎、山田義見、松隈秀雄など大蔵官僚OBが顔を揃えていることである。

注

(1) 福田幸弘監修『シャウプの税制勧告』(霞出版社、一九八五年)四四九、四五三ページ。本書からの引用は多数にのぼるため、以下では注記せずに、引用の末尾にページのみを示す。
(2) 日本租税研究協会『第一回大会記録』(一九五〇年一月)二五ページ。
(3) 林栄夫『戦後日本の租税構造』(有斐閣、一九五八年)二二五ページの第15図。
(4) 宇佐美誠次郎「財閥」(『経済学小辞典』岩波書店、一九五一年所収)。
(5) 日本租税研究協会『第一回大会記録』三ページ。
(6) 日本租税研究協会『第二回大会記録』(一九五一年三月)五九二ページ。
(7) 日本租税研究協会『第三回大会記録』(一九五一年一一月)三ページ。
(8)(9) 日本租税研究協会『第一回大会記録』六三、一〇八ページ。
(10)『経済』二〇〇五年五月号、六九ページ。
(11)(12)(13) 日本租税研究協会『第一回大会記録』一九、三九、五三ページ。
(14)(15)(16)(17)(18) 日本租税研究協会『第二回大会記録』一〇、四一三、四六三、一一五、四二〇ページ。
(19)(20) 大蔵省財政史室『昭和財政史』第八巻(東洋経済新報社、一九七七年)一九五、二二一ページ。

（21）『経済』二〇〇五年五月号、七七ページ。
（22）（23）日本租税研究協会『第二回大会記録』六〇、四二〇ページ。
（24）（25）（26）（27）（28）日本租税研究協会『第三回大会記録』二四、九四、一四八、一〇三、一〇〇ページ。

第二節　利子所得課税の特別措置について

はじめに

一九五〇年のシャウプ勧告税制では、「富裕者」をターゲットに、個人所得税の総合課税が行われるなか、利子所得の源泉選択制度は廃止された。これはまさに画期的なことであり、とりわけ金融業界に大きな衝撃を与えた。そのため「預金の秘密」と「貯蓄増強」を二枚看板として、利子所得の総合課税に対する反対論が巻き起こり、それが譲渡益（キャピタル・ゲイン）全額課税の反対とも連動して、シャウプ税制「修正」の突破口となったのは故なしとしない。

実際に、利子所得に対する総合課税が実施されたのは一九五〇年度限りであった。一九五一年には源泉選択制に戻り、一九五三年、「貯蓄増強」のスローガンのもと、利子所得は一〇％の比例税率による分離課税となる。さらに長期貯蓄の場合、その税率は一九五四年から五％に下げられ、一九五五年には、ついに非課税となった。この非課税措置は一九五九年までつづけられた。その後一九六〇年代前半は、五％から一〇％の税率で推移し、いわゆる高度成長期、富裕者層の税負担を大きく軽減してきた。

利子所得の課税をめぐる問題は、いわば不公平税制の代表格でもあるので、ここではシャウプ勧告にさかのぼって検討を試みたい。

1　シャウプ勧告までの利子所得課税

わが国の個人所得税は、一九四〇年の税制改正で分類所得税（不動産、利子配当、事業、勤労、山林、退職の六種）が創設され、それぞれ異なる税率により課税された。また各種所得の合計額が五〇〇〇円を超える部分については、累進税率を賦課する総合所得税の二本立てとなった。そのうち利子所得に対しては、総合所得税に代わり、税率一五％の源泉選択の制度が設けられた。

一九四〇年二月、桜内幸雄蔵相の衆議院本会議での説明。「多額の財源を求めようとすれば、所得税に依る外ない」、そのため「現在の累進税率の外に、新たに比例税率を導入して、税制に大きな弾力性を付するとともに、なるべく多くの国民をして所得税を負担せしむる普遍化」をねらった、と。また、分類所得税は所得の性質に応じ課税できるので、「資産所得（不動産や利子配当）に最も重く（税率一〇％、免税点なし）、勤労所得に最も軽い（税率六％、基礎控除六〇〇円）」ため、「負担の均衡を図る」ことができる、と。(1)

この分類所得税について、谷山治雄（税制経営研究所所長）の指摘がある。「一つ注目してよい点がある。税率は比例税率であったが、所得の種類ごとに税率を異にしていて、不完全ながら勤労所得軽課、不労所得重課という応能負担の原則に即応していた。(2)」

占領下、一九四七年の税制改正では、譲渡所得や一時所得などを加え、所得区分を九種に分類した。そして、分類所得税を廃止し、あらゆる所得を総合して超過累進税率（二〇―七五％、一二段階）により課税することに改められた。この場合も、利子所得に対する源泉選択制度は残された。また、アメリカにならって申告納税制度が導入された。

2　シャウプ勧告は利子所得課税の特別措置に反対した

シャウプ勧告では、利子所得の比例税率での課税とキャピタル・ゲイン（譲渡所得）の半額課税を、税の「抜け道」としている。「所得税は、表面的には非常な累進性だが、実際の結果は、かなり違う。富裕な納税者が、いわゆる『抜け道』によって合法的に多額の所得税を免れるいくつかの方法がある。『抜け道』のうち、著しいものとして、課税所得からキャピタル・ゲインの五〇％を除いていること、また、ある種の利子およびその他の所得に対しても比例税率が適用されていることである。(3)」

また、当時の日本で利子所得の比例課税がどういう理由で行われているかを、つぎの二点に整理し、それぞれ批判を加えている。

(1)　「脱税が横行して、正当な徴税が困難なのだから、比例税率で課税するしかない」という理由。

この議論は原因と結果を取り違えているとし、脱税が横行するのは、むしろ脱税を許す政策に原因があると述べている。「利子所得ばかりでなく他の源泉から生ずる所得をも隠す目的のために、預金を匿名で無数の口座に分散することを容認するような政策に、その責めが負わされる」。

したがって脱税を許さない対策は、偽名・無記名口座の禁止と税務調査官による銀行の調査だという。こういう対策をしないままで利子所得に比例税率を課すのであれば、「巨額な利子所得といえども、比較的過少な税を課されるに過ぎず、かくて銀行預金は富裕階級のための脱税の避難所と化し、累進所得税の原則は完全に蹂躙されてしまう。(4)」

(2) 「利子所得の比例税率課税は、資本蓄積を助長する」という理由。
これに対しては、「逆効果を生じるだろう」と批判している。なぜなら大多数の少額貯蓄者にとっては、自分たちの所得税の税率と利子所得の比例税率とはほとんど同一なのだから、「この特権はなんらの効果を有しない。」「この特権の主たる効果は高額所得者にあたえられるが、高額所得者は銀行預金以外の方法で投資でき、……事実、他の投資方法の方が、単に銀行預金する方法よりも新資本の形成を促進することがはるかに大きいであろう。(5)」

シャウプ勧告にもとづく一九五〇年の税制改正は、こういう考え方を具体化したもので、利子所得の源泉分離課税制度の廃止・総合課税化が織り込まれていた。また、関連した措置としてキャピタル・ゲインの全額課税、富裕税の創設、相続税を一生累積方式に改め、その最高税率の引き上げ（六〇％↓九〇％）等も実施された。

3　金融業界は利子所得課税の特別措置を強く求めた

シャウプ勧告を受けて、いち早く声を上げたのは金融業界であった。日本租税研究協会の初期（一九四九年から五〇年代前半）の大会記録から、この問題に関する議論を見てみよう。そこでは金融業界を中心に、利子所得に対する特別措置（分離課税）を求める声が強く出されている。

シャウプ勧告直後の第一回大会（一九四九年）で、元大蔵省主税局長の大矢半次郎（農林中央金庫副理事長）が口火を切っている。かれによると、利子所得の総合課税は、「恒久税制としてはまさに然るべきこと……。問題は、今直ちにこのような建前を実行に移すのが果たしてよいかどうかという点にある」という。

そしてシャウプの基本的考えが、日本の投資家を銀行を利用する間接投資から、直接に株式等に投資させることにあり、そのため間接投資たる銀行預金を「極端に抑圧」していると述べ、「この点は全くわが国の実情に通じていない」と断じている。すなわち「会社の当座預金は出入りの頻繁な手許現金の類であり、……普通預金や定期預金は一般大衆預金を主とするものでありますが、これは安全を第一とする零細な貯蓄で、こういう預金者は従来から直接投資に経験のない層であります。従いまして銀行預金がなんらかの原因で減ったといたしましても、これは直接投資に向うというよりも、それだけ退蔵されるという傾向が遥かに強い。……銀行預金が減るだけ、投資額が減ることになる。」

さらに大矢は、無記名定期預金の禁止についても、「このような預金は平常時においてはこれを排除すべきは当然のこと」と述べながら、この無記名預金の設定事情を持ち出す。それによれば、財産税施行のさい銀行預金が、その他資産に比し、きびしく課税されたことにより、現金の退蔵を招き、産業資金が枯渇したこと、その救済策として設けられたものだという。「この無記名預金が預金者の心理にアッピールして長期資金たる定期預金が増加した……まことに時宜に適した施策で、成功と申されたもの。……現在大銀行の定期預金の五〇%以上が無記名預金。……無記名預金廃止の結果、これだけの預金が引き出されて退蔵されることになれば、資金不足は更に拍車をかけられ……。徒に租税理論の見地のみを固執いたしまして、民族資本の蓄積を阻害する結果になれば、国家経済の発展は見込み得ないのではなかろうか。もちろん無記名預金を廃止する方向に進む努力は惜しむべきでないのでありますが、今しばらく資本蓄積を優先して、過渡的にそういう措置が望ましいのであります。」(6)この大矢報告に対し、丸の内の日本工業クラブに集まった日本租税研究協会の会員たちが盛んな拍手を送っている。

同じ第一回大会で、鈴木武雄（武蔵大学教授）は、「間接的な銀行預金でなく、直接投資を」というシャウプ勧告の考え方を、「経済が安定した段階における正常な蓄積方法」と評価しながらも、「現在は、この理想どおりには、運ばないのじゃないか。……日本の金融制度の現実からみて、短期的方策としては、かなり見当違いではないか。やはり銀行預金に向う間接的な投資が必要ではないか」(7)と述べている。

こういう意見に対し、平田敬一郎主税局長は、その立場上シャウプ勧告に理解を示していた。「金融政策、貯蓄政策の見地から申しますと、いろいろ議論があるかも知れませんが、所得税を重視するときに、銀行預金の利子……これにも理論的に課税すべきである。いやしくも脱税の余地を税法上……認められ難い。なかんずく大所得者の場合、無記名定期預金等も廃止すべきだという強い勧告になっている。

所得税は極力公平なものにしなければならない。いやしくも脱税の余地を認むべきでない、という考え方のようで、これは理論としてはもっともな考え方だと思っている。(8)」

第二回大会では、飯田清三（日本証券投資協会専務理事）が経済活動を阻害する例として、「銀行預金の名寄せ、社債の登録、株式の名義書換、売買申告制」をあげ、「徒に業者の申告手続きを複雑にし、税務署で容易ならぬ受け入れ態勢を整備せねばならぬ。しかも国庫に対する収入はいくらもない。……今日の経済が異常状態にあり、これを切り抜けて自立経済を達成する必要からは、税制の体系を再検討してでも、経済の要請のために席をゆずる必要があるのではないか。(9)」

また、熊本吉郎（大和銀行調査部長）、「シャウプ第一次勧告では、酒と銀行とに非常に風当たりが強かったといわれていますが、それについて何らかの緩和措置が第二次勧告で示されるのではないかと期待したのであります。……預貯金の吸収をあまり阻害しない仕組みが望まれる。ここ数年間でも結構でありますから、税制上若干のゆとりを持たしていただけたらと考える。……例えば無記名預金をもう一度復活してもらうとか、預金利子の課税について源泉選択にするとか。所得に総合することは税の理想であるとしましても、今後二、三年間でも、しばらく眼をつむってもらうことが必要ではないでしょうか。(10)」

また、第三回大会での板倉菫一（三和銀行調査部長）の報告、「預金利子の課税諸問題については、前々から銀行では源泉比例課税を採用すること、無記名定期預金を復活すること、銀行の税務署に対する預金利子支払調書の提出をやめること、ならびに税務署からの銀行調査をやめることを主張していますが、今まで（一九五一年九月現在）実現していません。この主張の可否は結局するところ、預金に対するある程度の秘密性を認めていいか悪いかということに帰着するわけであります。われわれはこの預金に対する秘密性は日本の国民経済全体という見地から是非認める必要があると主張するものです。ところが税の方からいいますと、その主張は容れられないのであります。すなわち、公平の原則からいえば、預金に対する秘密性を認め難い。銀行利子も他の所得と同様に、総合して累進課税する制度が良いということになるわけであります。公平の原則からいえば、全くその通りでありまして、銀行といえどもその点は否定していないと思います。しかし租税制度そのものは、その国の経済事情、経済発達の段階あるいは国民性等、いろいろの条件を合わせて考慮しなければならぬものであります。このような国民経済全体という広い見地から考えますと、銀行の主張するような税制が適当ということになるかと考えられるわけであります。(11)」

第四回大会。宇佐美洵（千代田銀行営業部長）の報告、「現在の日本は、設備の合理化あるいは近代化のための資金の蓄積が必要でありまして、その魅力といたしまして、何とかして手取りの利息を増やす必要があります。……その方法として、預金利子に対する課税を配当に対する税程度に緩和すること、長期性預金を伸ばすために、定期預金に対する利子源泉課税を緩和ないし廃止すること、ならびに預金利子の支払調書を廃止して銀行事務の合理化をはかっていただきたい、この三点を申し上げたわけであります。(12)」

こういう金融界の主張が通り、利子課税が免税にまでなっていた一九五六年の第八回大会で、望月威

（三菱銀行経理部長）の発言も特徴的である。すなわち、利子の免税が「民間資本の蓄積を促進……という経済政策的目的を遂行するため」であること、したがって「目的達成した暁は、所得課税の公平を期する必要上、ある程度の改定もやむを得ない」ことは一応認める。しかし本音はそのあとである。「現状におきましては、まだ当初期待した効果がようやくその軌道に乗ったところでございまして、今しばらく本制度を存置しなければ、せっかくの企図も中途で挫折するというおそれがあるように考えるのでございます。[13]」

これらの議論に見る要点は、特別措置の温存におかれている。利子所得の総合累進課税を「租税理論、あるいは恒久税制」としては当然のことと持ち上げはするが、それは建前にすぎず、本音はそのあとにくる。「今の日本」、「現在の経済事情」が、資金を必要とする以上、「租税理論にはしばらく眼をつぶってもらい」、利子課税を減免し、利子支払いの税務調査をやめよ、という言い分である。はたしてそういう「事情」がいつ終わるかはわからないわけだから、「特別措置」のほうはどこまでも残ることになる。

4　政府税制調査会答申は利子所得課税の特別措置を追認した

利子所得課税の特別措置に対する政府税制調査会の姿勢を点検しよう。

(1)　一九五三年一一月の政府税制調査会答申

この答申では、特別措置を「やむを得ない臨時措置」としている。

「利子所得に対する現行の特例措置（すなわち他の所得と区分して、一〇％の税率で課税すること。）は、他の所得に比して負担が軽く権衡を失しているものと思われるが、この際としては貯蓄励行のため、やむを得ない措置と認められるから、臨時的措置としてこれを存置すること。[14]」

(2)　一九五六年一二月の臨時税制調査会答申

この答申では、「激変緩和の措置」が必要としている。

「最近五年間で預貯金残高が急増し、戦前基準に近づいていること、……利子所得が資産所得として強い担税力を有すること」などを指摘し、その「税負担を他の所得よりも軽くすることは、公平の原則に反するといわねばならない。ことに、預金利子非課税の措置が、預貯金の額を税務当局に知られることをおそれてのものであるとすれば、このような制度は税制上受け入れることはできない」と言い切っている。

では、ここできっぱりおやめるのかと思ったら、そうはならない。「現行金利体系に衝撃的な影響を与えないようにとの配慮」から、「利子所得非課税の措置は適用期限をもって廃止するが、さしあたり経過的に緩和措置を講ずべきであるとの結論に達した」という。どういう緩和措置かといえば、「適用期限経過後二年間、激変緩和の意味で、一〇％の税率による分離課税を行う。[15]」

(3)　一九六一年一二月の政府税制調査会答申

この答申では、「微妙な貯蓄心理」を持ち出している。

ここでは貯蓄と税制の相関関係について注意が払われている。たとえば、「特別措置については、ある形態の貯蓄に対する優遇策は、それと競争関係にある他の形態の貯蓄に対する特別措置を誘発し、結果的には単に貯蓄をする余裕のある高額所得者の負担を軽減するにとどまるおそれが多分にある。[16]」「貯蓄性向が高くなる原因については、所得水準の増加が主なるもの」で、「所得税の減税も影響（つまり、要因の一つにすぎないの意）……。したがって貯蓄優遇の税制上の特別措置だけが貯蓄奨励策とはいえない。[17]」「利子所得に対する課税方式の変遷は必ずしも全体としての貯蓄の増加に影響せず、課税上有利な形態の方向へ増加の流れを変えるにすぎない[18]」。

このように、特別措置そのものの貯蓄に及ぼす効果について基本的な疑問を提示しながら、答申の結論では、「利子所得の源泉分離課税の廃止が大衆の微妙な貯蓄心理上及ぼす影響を考慮するならば、その存続が望ましい[19]」と「微妙な貯蓄心理」に逃げ込んでいる。

(4)　同じ論法は、一九六四年一二月の政府税制調査会答申でも踏襲されている。

「利子配当課税の特例等、資産所得に対する租税特別措置は、一部の高額資産所得者を著しく優遇するものであって、この措置に伴って生ずる弊害が大きく、しかもその弊害を償うに足るほどの政策的効果も実証しがたいので、これを廃止すべきものと考えられる。なお、これを廃止する際には、何分にも長期にわたる措置だけに国民に与える心理的影響等を考慮して、経過的措置を設ける等の配慮が必要である。[20]」

5　政府税制調査会による特例維持の論理

いわゆる高度成長期における政府税制調査会の、利子課税特例措置に対する態度、あるいはその弁護論の論理構造をまとめるとつぎのようになる。

(1)　利子など資産所得は、最も担税力の高い所得であって、基本的には特例措置の必要はない。こういう特例は、一部の高額所得者を優遇するという弊害をもっている。高額所得者ほど負担軽減となる現行の特別措置は所得税の本質である負担の公平を阻害するもので、きわめて問題である。

(2)　利子課税のあり方は、全体としての資本蓄積（貯蓄量）には影響を与えない。貯蓄は国民の可処分所得の増加に照応して伸びており、この相関度はきわめて高い。一方で税制の変遷との相関関係は見られない。税制が影響するのは、貯蓄の形態（預貯金、株式、債券等々）に対してである。

(3)　税制が間接投資たる預貯金の優遇に傾いているのは、税の中立性という見地から見て問題がある。利子所得の分離課税制度とのバランスの面から、配当所得についても優遇せよとの要望が出され、「特例が特例を生む」[21]ことになっている点から見ても、利子所得の分離課税制度の存続については疑問をもたざるをえない。

(4)　銀行などの利子支払機関が支払調書を提出しないことが、預金の秘密性を守ることになり、預金の秘密性が預金増をもたらすという主張についていえば、預金の秘密性が預金元本の課税もれの期待までも含めての要請であるとすれば、税制上、とうていその正当性を容認することはできない。

このように、政府税制調査会の検討内容は、利子所得の分離課税にかかわる主要な問題点を、かなり明確に浮かび上がらせてはいる。しかしこれらの検討の結果として打ち出されている具体的対策となると、いまひとつ歯切れが悪い。どうやら税調答申に特有なスタイルがあるらしく、まず、この種の特例措置には問題があると首をかしげてみせ、つぎに顔を上げて、「原則的には廃止すべき」と声高に言い放ってはみせるものの、ハッと我に返り、「長年にわたる措置であるだけに、国民に与える心理的影響」とか「微妙な貯蓄心理上に及ぼす影響」を持ち出して、「経過的措置が必要」とおもむろにのたまうのである。

6　国会の論議と政府当局者の姿勢

利子所得課税の特例措置については、当然ながら国会で論議されてきた。

(1)　一九六二年三月二日の『衆議院大蔵委員会議録』から。

広瀬秀吉委員、「やはり期限の付されたもの、たとえば利子課税の問題。一九六一年三月三一日ということで、もうすでに一回延ばされてきた。これをまた二年延ばそうという。貯蓄奨励は永久に続く。去年は国際金利水準にさやよせする必要……ということで一年延ばす。ことしは金詰り、来年は自由化対策と……いくらでも理由をつけて、何度でも無制限に延ばしていける。配当の問題もそうだ。税制調査会が慎重に検討したうえで、期限を切っている。それすら切らない。新しい理屈をくっつけて既得権をふるう。……与党に対する政治献金の度合いが、これを存続するか、廃止するかということの基準になっているという噂すらあるのです。」

堀昌雄委員、「利子所得の分離課税をしておるのは日本だけのようで、……よそではやらない。やらない国の方が、実は貯蓄性向が低い。低いにもかかわらずやらない。わが国は貯蓄性向が著しく高い。高いのにまだやっておる。これは私はどうも論理としては何かつながらないものがあると思う。」

これらの質問に対し、大蔵省の大月高銀行局長の答弁が模範的である。「単に税制上の純理論ということでなしに、国民の貯蓄心理という問題に非常に影響のあるものでございますので、慎重なお取扱いを……。」

(2) 一九七〇年四月一日の『衆議院大蔵委員会議録』から。

細見卓主税局長の説明、「物価騰貴の現状におきまして、消費もせずに貯蓄されている方々について、それなりの優遇をするというのは、経済政策としての意味もある。……またそういう国民の貯蓄意欲をそこなわないようにする。……この特別措置と貯蓄との関係は、あるといえばある、ないといえばない。……水掛け論である。」

(3) 一九七〇年四月二八日の『参議院大蔵委員会議録』から。

福田赳夫蔵相の答弁、「貯蓄は大事だ。いまあるこの利子や配当に対する特別措置が撤廃された場合の影響を真剣に考えている。これに誘導的な援助を与えるということは極めて大事である。」「因果関係の有無は、その判断が非常にむずかしい。もしここで利子あるいは配当に対する重課をする、従来よりも重くする。この場合どうなるか。容易ならざる問題が起こってくるのではあるまいか。日本の経済のなかで、世界中から目をみはらされているところの設備投資、工場ができ、職場を与えている、その力は何か。これは貯蓄なんです。貯蓄水準が高いというところにこそ原因がある。私どもは貯蓄を、日本経済を支える原動力だと見ている。で、この扱いにつきましては、非常に神経質に力点をおいて推進していかなきゃならない。税制上、貯蓄に対する措置が変わった、それがどういう影響を及ぼすか、慎重の上にも慎重を期さなきゃならない。」

これらの政府当局者による答弁や説明に共通しているのは、ことがらに対する主観的扱いである。いずれも「貯蓄心理」を持ち出している。

(4)　この点では、大蔵省幹部の執筆になる「租税特別措置をめぐる諸問題」という論稿が参考になる。[22]執筆者の大倉真隆主税局総務課長によれば、租税特別措置とは、「租税を利用し、税本来の原則に特例を設けて、なんらかの政策目標を政府が望んでいる、それを奨励していることを明示するための措置である。効果は計数的にとらえる要がないのだ」という。つまり税の特例は政府の姿勢を示すもので、たとえば利子課税に対する特例が、貯蓄にどれだけの効果があるかを数字で示す必要はない。そういう特例の存続自体が、政府の貯蓄奨励の意図をあらわしている。それで十分なのであり、そこに特例の意味があるというのである。

実際に利子課税の特例の場合、「預金量の趨勢を決定する要因が、税制以外にあまりに多い」ため、「現状では、それぞれの立場からの主観的判断によって結論が左右される」と述べて、特例の効果を、おおっぴらに主観の領域に移している。

(5)　一九七五年一月二九日の『衆院大蔵委員会議録』から。

小林政子委員が利子・配当課税の特例措置の期限が来るのに、さらに五年間延ばす、なぜきっぱりやめないのかと迫ったのに対し、大平正芳蔵相の答弁、「ただいまのわが国の行政能力では、利子配当の実態の掌握がむずかしいからという理由でございます。」また、中橋敬次郎主税局長の答弁、「名寄せを完全に行えるというシステムが利子なり配当について確立することが一番必要でございます。いわゆる国民背番号といったようなものができれば実に総合課税ができやすい環境になると思います。……これを把握する体制がなくして……なかなか税務当局として踏み切れない。」さらに、先の見通しを聞かれて、大平蔵相の答弁、「それでは五年間に成案が得られる自信がおまえにあるかと聞かれれば、私はそれに断定的に答える用意はございません。」

(6) 一九七五年三月一九日、二〇日の『衆院大蔵委員会議録』から。

三木武夫首相の答弁、「利子などについても、まだ無記名預金とか架空預金などもあって、なかなか把握しにくい。これでいきなり総合課税ということにすれば、何か不公平な面も起ってくる。」

佐藤観樹委員、「政府は税務執行上の難点を上げて制度の存続を図っておりますが、架空預金の横行は業者の営業姿勢にも一半の責任がある。その前提のもとに制度を考えるのは、不公正の上に不公正を重ねるようなものであります。」

(7) 一九七五年三月二六日の『参院大蔵委員会議録』から。

友末洋治政府税制調査会会長代理の説明、「税調でも、五年間は長過ぎるという意見が強かったのですが、実態の把握のためには慎重を期していきたいというのでようやく落ち着いた。五年以内でも、実態把握の見通しがつき次第、改正にふみきるという了解……。」しかし、このあと登場する大平蔵相や三木首相の答弁を聞くかぎり、税調のいう「実態把握の見通し」がいつになるやら、わけがわからなくなる。

大平蔵相、「無記名預金、架空名義預金の解明、なかなか妙案が出ない。銀行局の指導が生ぬるいということですが、がみがみ怒るばかりが芸じゃないのでございまして、まあ、お母さんの憂いを含んだ涙というものも、やはり非常に琴線を打つもので……。だんだんと無記名預金や架空名義の比重は減ってきておる。日本人はだんだんと自覚してきておると思うわけでございます。……幸いにだんだん腫れ物が大きくなっておるんじゃなくて、だんだんと症状がもう固定してきておりますので、もうしばらくの辛抱じゃないかという感じをいたしておるんです。」

一方、三木首相の答弁は、「むずかしい」の繰り返しである。「利子というものは、なかなか御承知のように把握しにくいわけですからね。」「現実においてはなかなか正確な把握がむずかしい。」「利子の問題については、いろいろな種類の貯金があるわけで、そして、利子の把握というものはむずかしい。」

シャウプ勧告では、利子の把握（銀行口座などの名寄せ）のために具体的提案があった。しかし「貯蓄増強」や「預金の秘密」を盾に、その実施は拒まれ、シャウプ税制は修正された。それから四半世紀、日本の国会でのやりとりや政府税調の議論を見ると、あらためて「預金の秘密」の不可侵性がつづいていることに強い印象を受ける。同じ納税者でも、大多数の給与所得者の場合と比べれば、一層その感は深い。

政府税調に関係の深い学者は、この問題をタブー視している。石弘光（一橋大学教授）は、次のように述べている。「株式等譲渡益や利子所得の総合課税など、今日では到底考えられない大変革[23]」「今日、利子所得の総合課税は、執行面の問題もあり、ほとんど不可能と考えられている。[24]」「（シャウプの具体的措置について）日本の経済社会では、このような露骨な脱税防止手段に拒否反応が強く[25]」など。

こういう特例措置のしわ寄せは、どこに行くのか。一九七二年に、元シャウプ使節団員のサリー教授が日本に招かれ、シャウプ勧告税制に関して意見を聴かれたときの発言が、その答えになっている。「シャウプ勧告税制は、日本の保守政治によって、多くの改正を受けた。……所得税の総合課税の原則がくずれて、利子・配当について分離課税となったのは、その最たるもの。……全体として、日本の税制はシャウプ勧告以後、益々投資促進、資本蓄積、したがって相対的に消費に依存してきた。……一見、奇妙に聞こえるが、日本の消費者が相対的に重い税負担を負っている。[26]」

注

（1）大蔵省財政史室『昭和財政史』V巻「租税」（東洋経済新報社、一九六三年）五二四ページ。

（2）谷山治雄「シャウプ勧告に先行する税制改革」、『税制研究』五四号（シャウプ勧告60年記念特集）一四ページ。

（3）福田幸弘監修『シャウプの税制勧告』（霞出版社、一九八五年）一〇五ページ。

（4）同右、一二四ページ。
（5）同右、一二五ページ。
（6）日本租税研究協会『シャウプ勧告の総合的研究』（有斐閣、一九四九年）四〇ページ。
（7）同右、五二ページ。
（8）同右、六三ページ。
（9）日本租税研究協会『税制合理化の理論と実際』（一九五一年）一一ページ。
（10）同右、四一四ページ。
（11）日本租税研究協会『講和条約後の日本税制』（一九五一年）五六一ページ。
（12）日本租税研究協会『第四回研究大会記録』（一九五二年）一四六ページ。
（13）日本租税研究協会『第八回研究大会記録』（一九五六年）二八五ページ。
（14）『昭和二八年以降　税制調査会答申集』（一九六二年）一一ページ。
（15）『臨時税制調査会答申』（一九五六年）八二ページ。
（16）政府税制調査会『一九六一年一二月答申』四二五ページ。
（17）同右、四二七ページ。
（18）同右、四三四ページ。
（19）同右、四四三ページ。
（20）政府税制調査会『一九六四年一二月答申』一〇ページ。
（21）林栄夫『戦後日本の租税構造』（有斐閣、一九六八年）三八二ページ。
（22）『金融財政事情』（一九六九年）。
（23）石弘光『利子・株式譲渡益課税論』（日本経済新聞社、一九九三年）五一ページ。

(24) 同右、五四ページ。
(25) 同右、五七ページ。
(26) 中橋敬次郎編『付加価値税等をめぐる欧米税制の動向と背景』(大蔵省印刷局、一九七五年)三四〇ページ。

第三節　証券優遇税制

1　総合所得税と分類所得税

(1) 所得税の類型

所得課税の類型としては、所得をその源泉ないし性質、担税力の度合い等により分類して、それぞれ異なった税率を適用する分類所得税と、各種の所得をすべて合算し、これに累進税率を適用する総合所得税に大別される。

一九四〇年の税制改革で、分類所得税(不動産、利子配当、事業、勤労、山林、退職の六種)が創設されたが、たとえば勤労所得は六%、利子配当所得は一〇%の税率で課税された。これは担税力の差を配慮してのことである。勤労所得は、失業、定年、病気、死亡等の事情による変動が避けられないのに対し、利子配当所得の場合は、元本所有者の個人的事情に影響されず、永く安定的に発生するという違いがある。

この一九四〇年税制改革では、すべての所得を総合して五〇〇〇円以上の所得者に対し、五〇〇〇円を超える部分に対し一〇%から六五%にいたる累進税率で賦課された。公社債や銀行預金の利子も、総合課税されたわけである。

戦後一九四七年の税制改正では、所得区分を利子、配当、臨時配当、給与、退職、山林、譲渡、一時および事業の九種に分類した。すでに一九四二年から、不動産の譲渡所得には課税されるようになっていたが、このとき、有価証券の譲渡益（その二分の一）を譲渡所得に含めた。また、一時的な所得を加えた。そして従来の分類所得税と総合所得税の二本立てを廃止し、あらゆる所得を総合して超過累進税率（二〇―七五%、一二段階）により課税する近代的な制度に改められた。利子所得については、二〇%の税率による源泉徴収後、累進税率による総合課税となったが、源泉選択制度は残された。また、申告納税制度が導入され、「民主的な税制」が志向される。しかしながら実態は、インフレが進むなか、重い税負担と納税モラルの低下、さらに占領軍の強権発動と税務行政システムの混乱が加わり、適正な課税・徴税は望むべくもなかった。

シャウプ勧告税制では、利子所得等を含め総合課税とされたが、それに対する日本側の対応とシャウプ税制の「修正」、そして高度成長期における利子所得課税制度の変遷や問題点については、前節で詳細に取り上げた。この節では、その後の時期、一九八〇年代から今日までの金融所得課税について検討する。

配当所得	配当控除	株式の譲渡所得等	所得税率
～46.8　分類所得税19%の源泉徴収		課税なし	不動産所得23% 事業所得21% 勤労所得18%
46.9　30%の源泉徴収			
47.4　総合課税で20%の源泉徴収	48.7　15%	47.4　1/2総合課税	47.4　20～75%の12段階
50.4～51.12　総合課税で源泉徴収廃止 52.1～　総合課税で20%の源泉徴収	50.1　25%	50.4　全額総合課税 52.4　1/2総合課税	50.1　20～55%の8段階
54.4　15%に引き下げ		53.1　原則非課税（営利を目的とした継続的取引を除く），有価証券取引税導入	53.1　15～65%の11段階
55.7　10%に引き下げ	55.1　30% 57.1　課税所得1000万円以下20%，同超10%	55.7　原則非課税（買い占め，事業譲渡類似を除く）	57.1　10～70%の13段階
63.4　5%に引き下げ	63.1　課税所得1000万円以下15%，同超7.5%	62.1　継続的取引50回・20万株以上は課税	62.1　8～75%の15段階
65.4　総合課税で10%の源泉徴収または15%の源泉分離課税，2万5000円以下申告不要 67.7　総合課税で15%の源泉徴収または20%の源泉徴収		65.4　事業譲渡類似に25%以上の公開による譲渡を含める	67.1　9～75%の15段階 69.1　10～75%の16段階

表1-1　戦後の利子・配当所得，株式の譲渡所得等の主な推移

	関連する主な税制改正等	利子所得	非課税制度
1940年代		～46.8　分類所得税，23％の源泉徴収または30％の源泉選択	～46.8　1万円の少額貯蓄非課税，郵貯5000円
		46.9　30％の源泉徴収または45％の源泉選択	46.9　郵貯1万円
	47.4　申告納税制度導入，分類所得税および総合所得税の種別廃止，超過累進税率による総合課税 49.9　シャウプ勧告	47.4　総合課税で20％の源泉徴収または60％の源泉選択	47.4　少額，郵貯とも3万円
1950年代	50.4　富裕税創設（53.12　廃止） 相続税に一生累積課税方式による遺産取得税方式導入	同上（50.4～51.3は源泉選択廃止） 51.4　50％の源泉選択復活	52.4　少額，郵貯とも10万円
	53.1　贈与税復活，相続税は取得者ごとの遺産取得税方式	53.1　10％の源泉分離課税（54.4　5％に引き下げ）	
		55.7　全額非課税	55.7　郵貯20万円に
	58～　相続税は法定相続課税方式による遺産取得税方式に	57.4　長期預金は非課税，短期預金は10％の源泉分離課税	57.4　少額20万円に
1960年代	63.4　少額貯蓄非課税制度導入	63.4　源泉分離課税で5％の源泉徴収	63.4　少額，郵貯とも100万円に
	65.4　少額配当申告不要制度・配当所得源泉分離選択課税制度創設 69.1　土地等の譲渡所得に分離課税制度導入	65.4　源泉分離課税で10％の源泉徴収	68.1　国債に50万円の非課税導入（72.1以降は100万円に）

配当所得	配当控除	株式の譲渡所得等	所得税率
74.4　1銘柄5万円以下申告不要	71.1　課税所得1000万円以下12.5%，同超6.25%		70.1　10〜75%の19段階
78.1　総合課税で20%の源泉徴収または35%の源泉分離課税	78.1　1000万円以下10%，同超5%		
		88.1　継続的取引30回・12万株以上に	84.1　10.5〜70%の15段階
		89.4　原則課税，申告分離または源泉分離選択，源泉分離の所得税20%（みなし利益率5%）	87.1　10.5〜60%の12段階 88.1　10〜60%の6段階 89.1　10〜50%の5段階
		96.4〜　源泉分離のみなし利益率5.25%に	99.1　10〜37%の4段階
同上，ただし上場株式等（大口以外）について，03.4〜03.12は10%の源泉徴収 04.1〜08.3は所得税7%，住民税3%（08.4〜　15%と5%），35%の源泉分離は03.3廃止		03.1　申告分離課税に一本化，上場株式等については，03.1〜07.12は所得税7%，住民税3%（08.1〜　15%と5%）。非上場株式は26%→20%に	07.1　5〜40%の6段階（住民税10%の比例税率に）
07.4　上場株式等に係る10%の軽減税率（所得税7%，住民税3%），09.3まで延長		07.4　上場株式等に係る10%の軽減税率（所得税7%，住民税3%）。08.12まで延長	
08.4　上場株式等（大口以外）については10.12まで10%の軽減税率。ただし，配当等の合計が100万円超の者は申告不要の特例なし 11.1以降は軽減税率廃止		08.4　上場株式等の譲渡所得のうち500万円以下の部分は10.12まで10%の軽減税率，500万円超の部分は20%の原則税率，11.1以降は軽減税率廃止	

軽減税率は11年末まで延長。および少額（年間100万円以下）の株式投資に対する配当・譲渡益の非

	関連する主な税制改正等	利子所得	非課税制度
1970年代	71.1　利子所得に源泉分離課税選択制度創設	71.1　総合課税で15%の源泉徴収または20%の源泉分離課税	72.1　財形非課税制度100万円導入，少額・郵貯150万円に 74.4　少額・郵貯・財形 300万円，国債500万円に
		78.1　総合課税で20%の源泉徴収または35%の源泉分離課税	
1980年代		88.4　20%の源泉分離課税	88.4　少額貯蓄非課税制度廃止（65歳以上の高齢者・母子家庭・障害者除く）
	89.4　消費税導入 有価証券取引税税率き引き下げ 都道府県民税利子割創設	89.4　20%の源泉分離課税（所得税15%，住民税5%）	
1990年代	99.4　地方消費税導入 有価証券取引税廃止（税収2000億円，ピーク時2兆円強）		
2000年代	03.1　相続時精算課税制度導入（相続・贈与課税の一体化） 上場株式等の譲渡に係る申告不要制度創設 「特定口座」制度導入 上場株式の譲渡損失の繰越控除制度創設	03.4　同上（公募株式投信の収益分配金については所得税7%，住民税3%）	03.4　高齢者マル優段階的廃止（05末で完全に廃止） 障害者等の少額貯蓄非課税制度として存続
	08.4　上場株式の譲渡損失と上場株式の配当所得との間の損益通算の特例の創設（適用は09以降）	08.4　同上（公募株式投信の収益分配金については09.4以降，所得税15%，住民税5%）	

注：2008年12月12日の与党税制大綱で，上場株式等に係る配当所得および譲渡所得に対する10%の課税制度創設が決定となっている。

（2）金融所得課税の推移

表1-1で、これら金融所得課税の主な推移を示しておいた。一九五〇年、シャウプ勧告税制による総合課税ののち、五一年四月、利子所得の源泉分離選択課税制度の復活がシャウプ税制「修正」の一番手となる。有価証券譲渡益の全額総合課税から半額総合課税への逆戻り（五一年四月）がつぎにつづく。一九五三年には、二年間の暫定措置として利子所得の源泉選択税率が五〇%から一挙に一〇%に引き下げられ、それとのバランスで、配当課税の源泉徴収税率も二〇%から一五%に引き下げられる。さらに、有価証券譲渡益の原則非課税、富裕税廃止、贈与税復活（累積的取得税制度廃止）など、シャウプ税制の「骨抜き」が居並ぶ。

一九五五年、利子所得は非課税とされ、五九年までつづく。一九六〇年代には、限度額五〇万円の少額貯蓄非課税制度が導入され（六三年）、配当所得の源泉分離選択課税制度と少額配当申告の不要制度創設（六五年）、土地等の分離課税制度創設（六九年）、そして株式の譲渡所得等に対する原則非課税がつづく。

この間、利子所得の源泉分離課税の税率が五%から順次引き上げられるなか、一九七一年、利子所得の源泉分離課税選択制度（総合課税か分離課税か選択できる）が創設される。七〇年代には、少額非課税貯蓄制度の非課税枠が一〇〇万円からやがて三〇〇万円にまで拡がり、国債にも適用（非課税枠五〇〇万円）となる。あたかも、特例公債の発行額の膨張に合わせるかのようである。

これら一連の経過からは、総合所得課税のほうへではなく、むしろそれから遠ざかっているように見える。

2　グリーン・カード制度の挫折

一九七九年一二月の政府税調答申（一九八〇年度の税制改正に関する答申）で、利子所得の総合課税をめざす具体的な制度として、グリーン・カード制度（少額貯蓄等利用者カード）が提案される。その法制化は、意外にも順調に進行し、一九八〇年三月に法律として成立し、一九八四年一月一日から実施されることが決まった。これにより、利子所得の源泉分離課税は廃止され、永年の懸案だった総合課税に移行するはずだった。

グリーン・カード制度は、「現行の非課税貯蓄申込書の提出に代るもので、少額貯蓄、少額公債の非課税制度を利用する者に交付され、本人確認のために使用される。」政府税調の説明によれば、この制度は納税者番号制度導入の「十分な環境が整っていない現実をふまえ、本人確認および名寄せのための現実的かつ有効な方策」という位置づけだった。

しかしグリーン・カード制度が実施されることになれば、シャウプの言う「公然たる税逃れ」が許されなくなること、そしていわゆるアングラ・マネーがあぶり出されることを怖れる資産家、また金融資産の間で、資金シフトが大量に起こることを懸念する金融業界などが一斉に騒ぎ出し、政界を動かした。自民党内に結成されたグリーン・カードに反対する議員同盟には二八〇人もの議員が集まったという。結局、自民党、郵政族議員、郵政省、金融業界などの反対運動が功を奏し、八三年一月、三年間の実施延期となり、八五年三月には廃止となってしまった。

グリーン・カードを、利子所得の総合課税化への条件整備としてとらえていた政府税調にとって、この挫折の影響は大きいものがあった。これ以後、「政府税調の意見も、総合課税への『移行一辺倒』ではなくなり、分離課税の存在を認める方向も表面化してくる。[1]」「グリーンカード騒動から得た教訓は、わが国税制において利子所得を一挙に総合課税にすることは困難であるということであった。[2]」

そういうわけで一九八三年の税調答申でも、「所得税制は、総合課税を基本としながらも、それぞれの所得の性格に応じた課税方式……。利子配当所得についても、総合課税を原則とし、源泉分離選択制度を残す現行の枠組みを維持し……[3]」とあるように、総合課税のほうは、「基本」とか「原則」とかの決り文句で片づけられ、政府税調にとっては、「現行の源泉分離選択制度」の「維持」こそが、唯一安全な方針となっている。

3　一九八六年「税制の抜本的見直し」答申

（1）　金融所得課税

政府税調が中曽根首相に提出した一九八六年一〇月の「税制の抜本的見直しについての答申」では、この利子・配当など金融所得課税の問題を、どのように取り上げているだろうか。

まず、基本的な視点は、「負担の公平の確保に置かれなければならない[4]」とされている。つぎに、具体的な視点として、①利子・配当所得に対する課税方式が、貯蓄・投資等に与える影響、②利子・配当所得の担税力、③貯蓄者、金融機関および税務当局にとっての事務負担、の三点をあげ、検討を加えている。

この検討の結果、出された要点を示すと、①については、「課税方式と総体としての貯蓄水準の間に、実証的に明確な相関関係を見出すことは困難であって、税制の影響を過大視することは適当ではない。」②については、「そもそも利子・配当所得のような資産所得は、勤労所得よりむしろ担税力が大きいと考えるべきで……、他の所得に比して課税上優遇することは、基本的には適当でないとする意見が大勢であった。」

③については、「利子・配当所得は、発生の大量性、その元本である金融商品の多様性等の特異性を有している。したがって本人の確認、名寄せを確実に行い、利子・配当所得の完全な把握を行うとすれば、大掛かりで精緻な仕組みと相当膨大な費用が必要となるとともに、貯蓄者や金融機関にも煩雑な手続きを求めることとなるが、それにはやはり、おのずから限界があると言わざるを得ない。……結局、費用対効果など、総合勘案し、……現実的かつ実行可能な制度を求めていく必要がある。」(5)

これを見ると、利子・配当所得課税に対する基本的視点をはじめ、具体的視点の①、②についての検討結果は、理論的にも、事実のうえでも適切な内容である。ただ、グリーン・カードの挫折が尾を引いてか、③の結果は、政府税調が、全体として「現実的かつ実行可能な制度」に傾斜していることを示している。

すなわち、利子・配当所得課税は、「その把握が技術的に容易でないことから、……制度のあり方もおのずから限界が画される」こと、わが国では従来、「源泉徴収制度が幅広く有効に活用されており、実質的にはかなりの程度、把握体制が整備されているから」、それを活用していけばよい、という主張である。

また、有価証券譲渡益については、「継続的取引から生ずる所得など、一定の有価証券の譲渡による所得を除き、所得税および個人住民税が非課税となっている。……総合課税の対象とすることが望ましいが、有価証券取引を把握する体制が十分整備されないままに、総合課税に移行する場合には、新たな不公平を招くおそれがあるとして、かねてより当調査会は段階的課税強化を答申してきたところである。たとえば年間の大量取引に係る所得を課税対象とする等、段階的課税強化を一層推進するなどして、究極的には原則課税を志向すべきであると考える。(6)」

したがって、資産性所得に対する総合課税の実現は、政府税調の「究極的な志向」に祭り上げられ、現実的措置は、「段階的課税強化」に限られる。

（2）「活力」論

中曽根首相は、この政府税制調査会の総会で、「個人と企業を通じて、経済社会の活力ある発展を期して、税制全般の抜本的見直しを行うのが喫緊の課題だ」と述べた（一九八五年九月二〇日）。それを受けて、税制の一般的問題を審議する税調第一特別部会では、「民間経済に対する介入を極力避けることによって、経済の活性化に資する」という方針を打ち出した。

一九八六年の政府税調答申は、租税の基本理念として新たに「活力」を加えたことが特徴的である。(7)

この「民間経済に対する介入を極力避ける」、それが「経済を活性化する」という新自由主義の考え方が、公然と「税制改革」に持ち込まれたわけである。当時、中曽根首相が「暴れ馬」と名づけたメンバー一〇人を特別委員として、政府税調に送り込んだことが話題になった。そのなかには、第二次臨時行政調査会以来の中曽根人脈に連なる数名の人物がおり、そのため「臨調行革の税制版」というイメージが、この税調答申には付きまとっている。

中曽根首相は、大型間接税（売上税）の導入をこの税調に期待していた。その意味では「暴れ馬」の正体は見え見えだった。税調答申の大筋は、直接税と間接税のバランスをとり、税制全体として負担の公平・適正化をはかる、その場合、「広く薄い負担」の大型間接税が「簡素」で「中立的」だから、経済の「活性化」に役立つという筋書きだった。まもなく、「暴れ馬」の半数近くが、こういう答申をつくる過程で、リクルート・コスモス株の配分を受け、多額の譲渡益を得ていた事実が明るみに出た。

金融所得の分離課税と売上税には、一つの共通性があること、そこにこそ中曽根「税制改革」の本質があることを喝破した加藤睦夫（立命館大学教授）の指摘が、あらためて想起される。「もっとも基本的な問題は、税制全体を通じ……総合累進課税の原則をきっぱりと放棄したということである。大型間接税の創設と、所得税の総合累進課税原則の放棄。……見るも無残な税制の改革だ。総合累進課税というのは、資本主義諸国税制の基本的な税の原則となってきた。これは所得税だけの問題では決してない。売上税の基本的な仕組みでは、すべての取引に一様に課税する。……総合累進というのは、所得の大きい人ほど、より高い税率で負担するという原則であるから、売上税は、そのことにまったく逆行する税制なのである。…利子に対する一律分離課税も同じ発想にもとづいており、少額の預金者も大金持ちも、同じ税率ということがポイントであった。そのような考え方の基本には、あらゆる税を貫いた同率の税負担（フラット化）という考え方があるが、それは新しい段階での大企業の経済行為に対する新しい税負担の形態だということができ、それこそが税制の国際化をあらわすものといわなければならない。つまり、国際的な大企業の経済活動に、こういう税制がピッタリ合うということである。[8]」

4 一九九七年金融課税小委員会中間報告

一九九〇年代に入って、たとえば一九九二年一一月、政府税制調査会の利子・株式等譲渡益課税小委員会報告では、利子および株式譲渡益も、「基本的には総合課税を目指す」という決り文句を忘れないが、その障害になる理由を列挙して見せて、やはり現行の分離課税を評価し、その維持に重点を置いている。[9]すなわち、

(1) 総合課税を適正・公平に行うためには、本人確認と名寄せを行う必要があり、大掛かりなシステム構築（納税者番号制度を含め）が必要である。

(2) 利子所得等に総合課税が実施されると、限界税率が適用され、海外への資金シフトを招く恐れがある。

(3) 総合課税では、納税者に確定申告が必要になり、納税者、課税当局に負担増となる。

さらに、一九九七年一二月の金融課税小委員会中間報告を見ると、この傾向は一層露骨になる。それ

によると、二一世紀を控えた日本で、金融システムの変革が進んでいて、その理念は、フリー（市場原理が働く自由な市場）、フェア（透明で信頼できる市場）、グローバル（国際的市場）だ、という。そこで税制も、この新しい流れに対応しなければならないという問題意識になっている。(10)

このように陣立てこそにぎにぎしいが、全体の論調は、わが国で行われてきた金融所得課税に対する分離課税を基本的に是認し、踏襲する方向である。たとえば、これまでの「金融所得課税の推移」からは、つぎのような教訓を引き出している。「シャウプ勧告を受けて利子、配当、株式等譲渡益の総合課税が実施された戦後の一時期はあったものの、利子非課税貯蓄制度や、株式等譲渡益の原則非課税など、多くの金融所得が課税ベースから外れた状態が続いていた。……このことは資本蓄積に資したものであった。」また、事務負担や執行への考慮から、簡素な税制が「これまで常に要請されてきている。……現在、多く採用されている分離課税制度や源泉徴収制度は、簡素で実質的公平の確保に資する制度として評価されている。(11)」

こういう評価は、「金融商品に対する所得課税の在り方」でも見られ、利子（源泉分離課税）、配当（総合課税で少額配当軽課措置）、株式等譲渡益（分離課税）に対する、「現行の課税方式は、それぞれの所得の性格を踏まえつつ、現実の把握体制や保有階層等をも考慮すると、相応のバランスが図られており、むしろ現実的な方策と考えられる。……利子、配当、株式等譲渡益課税についても、基本的には現行の枠組みを維持しつつ、その中で必要な適正化を行っていくことが適当である。(12)」

「新しい流れに対応」という触れ込みながら、その「新しい対応」なるものがなかなか見えてこない。

たとえば、グローバル化にかかわる「諸外国の税制との比較」のところでは、小委員会による海外調査の結果が披露され、アメリカは「利子、株式等譲渡益のいずれも総合課税が原則」、イギリスは「利子について、源泉徴収制度を基礎に総合課税。株式等譲渡益についても従来の一律分離課税から総合課税に転換」、ドイツ、スイスは、利子が総合課税、フランスは総合課税と源泉分離課税の選択という具合いで、日本の税制とは異なり、金融所得については総合課税がむしろ主流である。そのためもあってか、いまひとつ調子は上がらず、「グローバル化により、必然的に各国の税制が均一化していくとは限らない」(13)で結んでいる。

この中間報告では、「金融関係税制に関する理論的な考え方」として、包括所得課税論と最適課税論との比較が行われている。小委員長が最適課税論者の本間正明（大阪大学教授）ということもあってか、最適課税論に軍配を上げている。「いわゆる包括所得課税論（総合累進課税を公平原則とする）は、……本来、最も望ましい課税方法とされる。ただし、所得の把握体制が十分に整備されていることが前提である。……把握体制が十分でない下では、分離課税が実質的な公平を確保するための方策である。」その点、資源配分の効率性を重視する最適課税論の立場からは、「貯蓄が課税によって影響を受けやすいとの仮定の下で、金融所得については、分離課税が適当であるとされる」(14)と。しかし貯蓄と税制の関係については、従来の政府税制調査会答申でも研究ずみのテーマであり(15)、その結果、「影響はない」とされてきているのだから、最適課税論者が得意とする「仮定」そのものが成り立たないと思われる。

この中間報告ではまた、勤労所得と資本所得に大別する二元的所得税論に言及している。「これは、勤労所得に対して累進税率を適用する一方、国際的な資本移動の中立性を確保するため、資本所得には勤労所得よりも低い均一税率で課税する」もので、「勤労所得、資本所得それぞれの中では総合課税を目指す」考え方である。(16) この考え方は、後述の金融所得課税一体化論につながる。

5　金融所得課税一体化

（1）政府税調答申は一体化に批判的だった

二〇〇〇年の政府税調答申では、金融資産所得の課税について、株式等譲渡益の源泉分離課税が「諸外国にも例のない、みなし利益課税であること、申告分離課税との使い分けによって、意図的に税負担の軽減が図られること、また住民税が非課税であることからも、適正化が必要であると指摘してきた」こと、その結果、一九九九年度の税制改正で、有価証券取引税の廃止とともに、「株式等譲渡益課税について、申告分離課税に一本化」が実現したと述べている。(17)

この答申で注目されるのは、「多様化、複雑化する金融商品を利用して、租税回避行為がより一層巧妙になり、ますます実態把握が困難になっている」ことに対し、「適正な課税を確保するための方策」の必要に触れていることである。そのための対策として、「操作性の高い投資活動から生じた損失と事業活動などから生じた所得との損益計算の制限」を検討するとしている。

この問題に関連し、注記というかたちながら、金融資産からの所得を中立性や整合性を理由に、一律的に取り扱うべきとする意見（いわゆる金融所得課税一体化論）に反論を加えている。具体的には、利子と譲渡所得では、「所得の性質、発生形態、計算の枠組みが異なり、それぞれに応じた所得の算出と、それに対応する課税が必要」であり、「一律的な区分を設けても、異なる取扱いが依然として必要であり、かえって複雑になるおそれ」を指摘し、「一律的な取扱いを設けることについては、慎重に考える必要がある」としている(18)。

二〇〇二年六月の政府税調答申の補論で、二元的所得税と金融税制の一体化に関する議論が紹介されている。そこではまず、二元的所得税が行われている北欧諸国と日本の事情が「異なること」が力説されている。そして政府税調が、従来から「包括的所得税論の立場に立脚しつつ、総合課税への移行を目標としてきた」こと、しかし「金融関連では、所得捕捉体制の問題から、現状では総合課税を基本に、一部は分離課税を認めることが現実的としてきている」ことが確認される。

この立場からすれば、「二元的所得税の考え方については、総合課税の前段階と捉え得るのか」どうかが問題である。その意味では、二元的所得税論を援用した「金融所得」の新設については、「金融商品の所得金額の計算方法が、それぞれ異なっているのを、一括して新たに分類することに特段の意義を見出せない」、「株式譲渡益は裁量性や操作性の点で、利子や配当と異なること。他の所得との通算は、税負担の意図的軽減の側面があり、適当でない」など、否定的な結論が出されている(19)。しかし政府税調のなかで、このような慎重な意見が出されていたにもかかわらず、むしろ金融所得課税一体化の動きが活発になる。

（2）金融所得課税一体化の流れ

石弘光政府税制調査会会長（二〇〇〇―〇六年）は、金融所得課税一体化についてつぎのように述べている。「日本の税制においては、タテマエの上ではあくまで総合課税が生き続けていることになっている。そこで資産所得のみ別扱いにすることは、総合課税が原則の下での例外的な措置であり、また一時的な暫定措置として弁明されてきた。この不自然な説明をいずれ解消する必要に迫られている……。このような議論に決着を付けようとするのが、金融所得課税の一体化である。資産所得（土地・建物等の譲渡益を除く）を金融所得の名の下に一括して、他の所得と総合課税するという原則から解放し、労働所得とは別に、独自の所得区分で比例税率を適用する狙いをもっている。[20]」

つまり金融所得課税一体化とは、利子、配当、株式等譲渡益といった金融所得を、累進税率で課税されている汗臭い労働所得とは別に「総合」、つまり「一体化」することで、シャウプ以来の総合累進課税の呪文から解放し、天下晴れてフラットな税率ですまそうというものである。いうなれば、例外措置の「総合化」であり、「一体化」である。

政府税制調査会答申に、「貯蓄から投資へ」というスローガンが登場するのは二〇〇二年六月答申の補論が最初と思われるが、同じ〇二年六月、日本証券業協会が「今後の金融・証券税制のあり方について」を発表した。そこでは「金融所得課税一体化」を先取りするかのように、金融商品間の損益通算についていて、その範囲を拡大するよう求めている。この年の後半にかけて、「証券税制見直し」をめぐる関係団体や官庁の動きが報道を賑わせた。株式市場活性化のための緊急措置と銘打って、株式譲渡益の非課税化を求めた証券業協会など金融五団体の要望や、「金融所得課税一体化」を目指す金融庁の「株式の譲渡益と配当、投資信託の分配金の損益を相殺した上で、一元課税」という提案も出される。これに対し、財務省が「金持ち減税」であり、税収減につながるとして抵抗している。

この「証券税制見直し」の結果は、二〇〇三年一月から、税率の軽減（五年間の時限措置）のほか、株式売買益と株式投資信託の損失の通算（一体化）であった。同年一月一一日、日刊紙に日本証券業協会の半ページ広告が掲載された。曰く、「個人投資家の皆様へ　証券税制が簡素に　有利に大幅見直し」という見出しで、「株式売買益の税率は一〇％と従来に比べ、大幅に軽減。申告・納税という面倒な手続きは不要。特定口座の利用で、税務署に行かなくてもよくなり、預貯金並みの手軽さとなります。売買損については、三年間の繰越が可能。」「株式配当金の税率は一〇％と大幅に軽減（これまでは二〇％、三五％の源泉徴収又は総合課税等）。さらに源泉徴収で簡素化（申告・納税という面倒な手続きは不要）。」「株式投資信託の税率は一〇％の源泉徴収と、大幅に軽減（これまでは二〇％の源泉分離課税）。損失については、株式売買益と通算可能。」[21]

この「株式譲渡益と株式投資信託の損失の通算」が「金融所得課税一体化」実現の先駆けであり、これと五年間の軽減税率が、「株式市場の活性化を目指す」とした二〇〇三年の新証券税制の目玉となる。「株式市場に個人投資家を呼び込む、その先頭に立ちたい」と公言していた竹中平蔵金融経財相は早速、株価指数に連動する投資信託（ETF）を、閣僚が率先購入するよう閣僚懇談会で訴えたという。この呼びかけに、福田官房長官、「買わんといかんな。」竹中氏自身も「買う。絶対もうかる」[22]。

（３）二〇〇四年政府税調金融小委員会報告

二〇〇三年六月の政府税調中期答申において、金融資産性所得に対する課税のあり方として、「貯蓄から投資へ」という政策要請に応え、〇三年度から五年間、配当、譲渡益および株式投信の収益分配金に対し、「税率を一〇％に軽減する措置が講じられ、また、申告不要制度の導入など投資家利便にも配慮」されたこと、「今後は、金融商品間の中立性を確保し、出来る限り一体化する方向を目指す」[23]としたことを受けて、政府税調の金融小委員会は、二〇〇四年六月、「金融所得課税の一体化についての基本的考え方」をまとめた[24]。

そのキーワードは「貯蓄から投資へ」であり、「現存する金融資産を効率的に活用することこそが、経済の活力を維持するための鍵」とされる。「従来、わが国においては、家計金融資産の大宗は預貯金」、その預貯金をもつ一般の個人が、より一層「投資」を行いうる「環境」を整える必要がある。その一つが「簡素でわかりやすい税制」、つまり二〇％の税率による分離課税であり、その二つ目が「投資リスクの軽減を図る措置」、つまり損益通算を行うこと、それこそ「金融所得課税の一体化」であり、それとの関連で、納税者の本人確認の徹底となんらかの番号制度が必要であるとしている。

税制上、金融所得は利子、配当、株式譲渡所得など、異なる所得分類に属し、異なる所得分類間の損益通算は制限されていた。その制限を取り払い、金融所得の間で損益通算の範囲を拡大し、それだけリスクを分散させようというのである。たとえば「配当と株式譲渡損失」の通算については、二〇〇二年六月答申の補論では「否定的」であったのが、二年後、この「基本的考え方」では、「ともにリスク資産である株式から生じるもので関連性が強い」ことを理由に、「政策的に認める」というふうに変化している。それにしても、「関連性」が理由になるなら、世の中、たいていのことは通ってしまうだろう。「貯蓄から投資へ」の条件整備という点では、郵貯の限度額一〇〇〇万円を超える口座の「名寄せ」が、二〇〇四年一月に導入したシステムにより可能となる。その結果、〇四年三月時点で、約七兆円の超過が、一年後の〇五年五月、超過額は約二・五兆円（二三〇万人）に減ったという。〇五年四月には、ペイオフが全面解禁され、金融機関が破綻した場合、一〇〇〇万円を超える預金は保証されないことになる。預貯金から個人向け投資商品への資金移動が増加するなか、大手の金融グループが積極的に富裕層の獲得・囲い込みに乗り出す。

二〇〇四年六月の金融小委報告の後、「金融所得課税の一体化」が具体的に進んだかといえば、二〇〇四年一一月の政府税調答申で、その具体的スケジュールの明示は見送られ、二〇〇五年一一月の政府税調答申ではこの問題にはとくに触れられず、いわば小休止の状態となる。おそらく二〇〇三年から五年間という時限措置の効果だろう。

6　証券優遇税制の延長

（1）二〇〇七年度

五年間の時限措置の後を見据えて、二〇〇六年八月頃から、経団連、証券業界そして金融庁が、軽減税率の継続を求めれば、政府税調や財務省が優遇廃止で応じるというパターンが再開され、それに政府与党がからむ。

二〇〇六年一一月、政府税制調査会会長に「法人実効税率の引き下げに強い意欲をもつ」本間正明（大阪大学教授）が新任、これは財務省の前会長留任案を退け、安倍首相直々の人事と伝えられる。一二月一日、政府税調答申。「二〇〇七年（度）末に期限切れとなる上場株式などの配当や譲渡益の優遇措置については、金融所得課税の一体化の方向に沿って、期限到来とともに廃止」が盛り込まれる。なお、留意点として、①「リスク資産への投資促進を図るため、金融所得の損益通算の範囲を本格的に拡大していく」、②「この優遇措置の廃止が、株式市場の無用な変動要因とならないよう工夫する必要がある」など。この②の意味は、「何らかの緩和措置の必要性を指摘した」ものだという（朝日新聞、一二月二日）。

政府税調答申を受けて、自民党税制調査会の小委員会が開かれ、町村信孝小委員長、「党税調が出す答えが、最後の答えだ。」安倍首相も、「証券市場に無用な影響が出ないように」と注文する。金融庁は、「勉強会」と称して記者を集め、「財務省などの金持ち優遇論はまちがい。株式保有額の伸びは、中所得層が最も高い」と減税率の維持を強く訴えた。

一二月一四日、政府与党の二〇〇七年度税制改正大綱。そこでは「激変緩和措置」が具体化される。すなわち証券優遇税制（軽減税率一〇％）の一年延長である。〇七年三月、一年延長が国会で決まった後、「財務・総務両省は〇七年度の税収見通しに基づき、昨年と同様の市況が当面続くとの条件で、軽減税率を廃止した場合の増収効果を試算。増収額は、所得税の配当分が一五八四億円、売却益分は三六九一億円、住民税では配当分が六四六億円、売却益分は九一三億円。合計で七八四四億円になる。

売却益の税額は源泉徴収分だけのため、確定申告分も合わせれば、全体の減税規模は一兆円前後に達するとみられる。」（朝日新聞、〇七年三月二五日）

この証券優遇税制の恩恵が超富裕層に集中していることが、国税庁の調査で示される。「二〇〇五年は申告所得の合計が五千万円超の層の税負担率は平均二一・八％、一方、三千万円―五千万円の層では税負担率は二二・七％で、こちらの方が重かった。高額所得層での逆転は九五年以来となる。……〇三年から、上場株式の売却益と配当について一〇％に引き下げる証券優遇税制が導入されている。……この恩恵は少数の富裕層に集中し、〇五年に個人が株式売却などで稼いだ所得として確定申告した額の六五％を、人数で四％にすぎない総所得五千万円超の人で占めている。」（朝日新聞、〇七年四月一六日）ちなみに、「二〇〇五年に株式等譲渡益の申告者数三一万四一六三人、その株式等譲渡益総額は、二兆六五一九億円。」（赤旗、〇七年四月一九日）

日銀の福井俊彦総裁も、時流に乗って「投資」に励んでいた。一九九九年、村上ファンドに一千万円を拠出したのが七年間で二・二倍に膨らんだという。村上ファンドは二〇〇〇億円を超える資金を世界中から集め、日本の上場企業の株式に投資して運用し、四〇〇〇億円以上に増やしたが、関係会社の赤字決算などにより、税金はほとんど納税していないことを公表した。

（2）二〇〇八年度

二〇〇七年の証券優遇税制の取り扱いを見ると、参院で与野党逆転の事実が大きく影響している。軽減税率については、政府税調の香西泰会長（〇六年一二月、不祥事の本間正明会長と交替）が、前年と同様、廃止の態度を打ち出したほか、財務省も廃止、参院第一党の民主党も「金持ち優遇」を理由に廃止を明確にしていた。そのなかで金融庁は、実務面で問題が多いという理由から、売却益を三〇〇〇万円超、配当は一律一〇%を主張。当然、証券業界の意向に配慮した提案だった。

本来、軽減税率をすんなり廃止し、〇九年より本則（二〇%）に戻すところを、自民党税制調査会の津島雄二会長、折からのサブプライム問題の影響を理由に、「今のこの経済状況の中で、決断をちゅうちょしている。（廃止と）決まったことだから、はいその通りに、というような単純な話ではない。」（朝日新聞、〇七年一二月七日）、結局、民主党などの批判をかわす妥協策として、富裕層が受ける高額の配当や譲渡所得に対する軽減税率は打ち切る代わりに、多くの一般投資家については優遇の二年間延長を決めた。

二〇〇七年一二月、政府与党の〇八年度税制大綱では、特例措置として上場株式等の譲渡益五〇〇万円以下と同配当一〇〇万円以下については、引きつづき二年間の軽減税率の適用を認めた。また、「個人投資家の株式投資のリスクを軽減するため」、二〇〇九年より上場株式等の譲渡損失と配当所得との間の損益通算の仕組みを導入した。

本則の二〇%が適用される大口投資家について、「ある大手証券の場合、年間の売却益が五〇〇万円を超える投資家は全体の五%以下。配当収入が一〇〇万円を超えるには、時価で五〇〇〇万円以上の株を持つことが必要で、そうした大口投資家は一五%。投資信託だと利回りが高いので、一〇〇〇万円程度で上限を超える」（朝日新聞、〇八年一月一六年）。これら大口投資家は、軽減税率と本則税率の二本立てになり、申告が必要になる。

（3）二〇〇九年度

二〇〇八年八月、麻生太郎自民党幹事長の「一人当り三〇〇万円までの株式投資について、配当金を非課税にする」という「証券マル優制度」提案が話題になる。「自分が首相になったらやりたいと思っていたが、とても待ってはいられない。政府が一円も出さずにできる景気対策」とぶち上げた。この発言に飛びついたのが茂木敏夫金融担当相、「金融庁の〇九年度税制改正要望に盛り込む」と。福田首相も、「できるならやったらいい。」しかし証券税制の優遇措置に関しては、前年に原則廃止の方向で決着ずみだから、麻生発言はそれに逆行している。だから財務省の杉本和行次官は、「〇八年度税制改正の着実な実施を望む」と相手にしたくないふうであった。

ところが九月、麻生内閣誕生。念願の配当金非課税の推進だけでなく、三年後の消費税増税まで見得を切って見せた。この麻生太郎という人物の粗野な租税感覚を示す発言がある。小泉内閣が各種控除を整理して、所得税の課税最低限の引き下げを進めたとき、自民党政調会長だった麻生太郎がその推進役で、「金持ちから取り上げて、貧しい人に回す社会主義的発想を根底から洗い直す」というのが、彼の租税理念と伝えられた（朝日新聞、〇二年一月二七日）。竹中平蔵の「みんなが少しずつ払うのが税。がんばればいいことがある制度にすべきだ」と同根である。それにしても、資本主義国家で発達した所得税の所得再配分機能を、頭から敵視し、「社会主義的」と呼ぶのは偏見であろう。こういう人物だからこそ、配当金非課税という発想が出てくるのだろう。「政府が一円も出さぬ景気対策」というのも、認識不足である。配当金に本来かかる税金分を勘定に入れていないからである。

この麻生首相のもと、二〇〇八年一二月、政府与党の〇九年度税制大綱では、〇九年から本則の二〇％課税に戻ることになっていた売却益五〇〇万円超、配当一〇〇万円超のところをチャラにしてしまい、(24)すべての売却益と配当に対し、軽減税率一〇％という優遇措置を、二〇〇九年から二〇一一年までの三年間適用することにした。したがって二〇〇三年に導入された軽減税率は、これで九年間継続されることになる。

しかも軽減税率が廃止になる際には、金融庁が提案していた、少額の株式投資のための非課税措置を創設することも決まった。また、金融所得課税の一体化については、損益通算の範囲の拡大が謳われている。

日本経済新聞の解説記事、「投資家が懸念していた複雑な税制の導入は回避されそうです。……〇九年度与党税制改正大綱によると、年明け以降も一一年末まで、今までと同じように税率を一〇％とすることになりました。大綱を反映した関連法案が国会で成立すれば、現在の法律は見直され、今までと同じ軽減税率が一一年まで三年間延長されることが確定します。民主党も軽減税率延長の意向です。」（日経新聞、〇八年一二月二八日）

この〇九年度税制に関しては、政府税制調査会はほとんど機能不全の状態だった。会議も開かず、ものも言わない。政治情勢に配慮したためと指摘された。これが税制に責任をもつ機関の現状である。

いったん始めた特例措置を、期限がきても「無用な影響が出ないように」ずるずると引き延ばすのが、自民党とその連立政府の政治スタイルである。利子優遇税制、特例公債、道路特定財源、みな然り、そして証券優遇税制も。

7　主要国の金融課税制度

アメリカをはじめ、主要各国の金融所得課税は、どうなっているのか、現状を確認しておきたい（表1-2参照）。

アメリカ、イギリスは総合課税を基本としており、株式譲渡益に対する優遇措置も長期あるいは少額の非課税枠にとどまっている（アメリカは総合課税の担保として納税者番号制度あり）。

フランス	スウェーデン
6.83～48.09％＋社会保障関連税（11％）	20％，25％＋地方税（30.05％）[5]
6.83～46.09％[4]の総合課税か16％[4]の源泉分離課税の選択制	資本所得として課税（30％）
源泉分離課税選択の場合16％徴収[4]	30％源泉徴収
総合課税5.5～40％[4]，08年以降は総合課税と源泉分離課税の選択制（案）	資本所得として課税（30％）
配当所得一部控除方式（受取配当の60％を課税所得に算入）	調節措置なし
源泉徴収なし	30％源泉徴収
申告分離課税16％[4]	資本所得として課税（30％）
年間譲渡額１万5000ユーロ（約240万円）以下の場合は非課税，超えれば譲渡益全額課税	なし

課税所得に算入し，算出税額から受取配当額の

勤労所得が31万6700SEK（約532万円）超になる
に５％の国の所得税を上乗せする。資本所得に
2007年のものである。
16.8円（2007年12月から2008年５月までの実勢

表1-2　主要国の金融所得に対する課税制度の概要（2007年7月現在）

		日　本	アメリカ	イギリス	ドイツ
通常所得		5〜40％＋住民税（10％）	10〜35％＋地方税[1]	10％，20％，40％	15〜45％＋連帯付加税（税額の5.5％）
利子	課税方式（税率）	源泉分離課税20％	総合課税10〜35％＋地方税[1]	総合課税10％，20％，40％	08年までは，総合課税15〜45％[3]，09年以降は25％の源泉分離課税[3]
	源泉徴収	20％源泉徴収	源泉徴収なし	20％源泉徴収	30％，09年以降は25％[3] 徴収
配当	課税方式（税率）	申告不要と総合課税の選択〔申告不要〕20％（09年3月までは10％）〔総合課税〕15〜50％	総合課税5％，15％＋地方税[1]（ただし，08〜10年は0％，15％）	総合課税10％，32.5％	総合課税15〜45％[3]，09年以降は25％の源泉分離課税[3]
	法人税との調整	配当所得税額控除方式	調整措置なし	部分的インピュテーション方式[2]	配当所得一部控除方式（受取配当の1/2を課税所得に参入），09年以降はなし
	源泉徴収	10％，09年4月以降は20％徴収	源泉徴収なし	源泉徴収なし	20％，09年以降は25％源泉徴収[3]
株式譲渡益	課税方式（税率）	申告分離課税と申告不要（源泉徴収の特定口座）の選択20％（08年末までは10％）	総合課税5％，15％＋地方税[1]，12ヵ月以下保有の場合10〜35％＋地方税[1]	総合課税10％，20％，40％	原則非課税，12ヵ月以下保有の場合は15〜45％の総合課税[3]，09年以降は源泉分離課税25％[3]
	非課税枠	なし	なし	土地の譲渡益とあわせ9200ポンド（約189万円）が非課税	投機売買（12ヵ月以下保有）の場合，譲渡益年間512ユーロ（約8万2000円）以下非課税，09年以降は非課税枠なし

出所：政府税制調査会2007年10月第18回企画会合資料をもとに作成。
注：1）アメリカの税率等は州・地方政府によって異なる。
　2）イギリスにおける部分的インピュテーション方式とは，受取配当にその1/9を加えた金額を
　　1/9を控除する方式である。
　3）ドイツはほかに連帯付加税（税額の5.5％）が課税される。
　4）フランスはほかに社会保障関連税（11％）が課税される。
　5）スウェーデンの所得税は地方所得税が基本であり，まず約30％の地方所得税が課税され，
　　と20％の国の所得税が上乗せされ，さらに所得が47万6700SEK（約800万円）超になるとさら
　　対する30％は国税である。国の所得税が課税される勤労所得は年度によって異なる。数字は
備考：邦貨換算レートは1ポンド＝206円，1ユーロ＝160円，1スウェーデンクローネ（SEK）＝
　相場の平均値）。

ドイツは、二〇〇八年まで総合課税制度であったが、〇九年より源泉分離課税制度に移行することが決まっている。しかしながら、株式の譲渡益に対する原則非課税（投機売買を除く）および配当所得一部控除の優遇措置を廃止し、源泉徴収する税率も二五％と日本より高く、金融所得に対する極端な優遇は感じられない。

フランスは、各所得により課税方法も種々であるが、源泉分離課税を選択した場合の税率は合計二七％であり、やはり日本より高い。

二元的所得税を採用するスウェーデンは、資本所得として利子・配当・株式譲渡益に対する課税は三〇％の税率である。勤労所得に対する課税も約三〇％の地方所得税が基本であり、国の所得税が上乗せされるのは、相当の勤労所得を有する者に限定されており、決して勤労所得重課、資産所得軽課とはいえない状況である。

早々に総合課税を放棄し、さらに資産所得軽課、勤労所得重課に突き進もうとする日本の税制の特異性が顕著となっている。

おわりに

「サブプライム問題」を発端とする金融危機は、「貯蓄から投資へ」をスローガンに、金融立国を目指してきた自公連立政府の政策はもとより、その存立自体をも揺るがしている。政府当局者が先頭に立ち、「金を儲けなさい、税金をおまけします」とブームを煽り立て、広く一般市民をまきこみ、リスク資産に向かわせた罪は、決して小さいものではない。

そもそも税制とはなにか。シャウプ税制も「貯蓄から投資へ」を意図していた。しかし、税制をねじ曲げてではなく、利子所得や株式譲渡益を含めて、総合累進課税という正道に戻して達成しようとしたところに大きな違いがある。

「バブルとその破綻」が繰り返されるのは、歪んだ税制がそれを助長するからでもある。税制を正道に戻せば、バブルを予防する効果が生じるだろう。ルールある資本主義社会には、正しい税制が必要である。経済社会の構造変化、多様化とともに、租税制度にも変化・改革が必要であるが、租税本来の「財源調達機能」、「所得再配分機能」を発揮するための、最も重要な原則は、応能負担（担税力）にもとづく「公平」である。これこそ民主主義国家の税制である。今回の経過のなかでも、そのことがあらためて確認されたと思う。

〝チェンジ（Change）〟を旗印に勝利した、新しい米大統領オバマ氏は、「高所得層への増税」を政策の一つに掲げている。ヨーロッパ各国からも、富裕者に対する課税の強化が聞こえてくる。負担を一般大衆に押しつけることしか念頭にない、日本の政財界首脳とは大違いである。

金融所得に対する課税を振り返ると、シャウプ勧告直後の一時期を除き、低率の比例分離課税が主体であり、株式譲渡益にいたっては、消費税導入まで原則非課税の状態であり、まさに総合累進課税を破壊し、不公平税制の元凶であった。これを歴代の自民党政府は、「過渡期の税制」、「資本蓄積の促進」、「預金の秘密」、「微妙な貯蓄心理」、「執行上の困難」、「プライバシー」、「激変緩和」、「グローバル化」、

「国際競争」、「投資家ニーズ」、「百年に一度の危機」などと、それこそ手を変え品を変えて、善良な国民をあざむき、財界とりわけ金融業界とぐるになって、巨大資産家の税負担を長期にわたり、かつ大幅に軽減してきた。個人所得税の本来の地位を取り戻すためにも、「金融所得一体化」の本質を見抜き、その流れを押しとどめねばならない。その意味でも、「シャウプの精神」に立ち返ることが必要と思われる。

（安藤実・吉田孝敏）

注

（1）石弘光『利子・株式譲渡益課税論』（日本経済新聞社、一九九九年）七六ページ。
（2）同右、一〇九ページ。
（3）政府税制調査会『一九八三年答申』。
（4）政府税制調査会『一九八六年答申』四六ページ。
（5）同右、四七ページ。
（6）同右、五八ページ。
（7）同右、四ページ。
（8）加藤睦夫『日本の税制』（大月書店、一九八九年）一四五ページ。
（9）森信茂樹『日本の税制――グローバル時代の公平と活力』（PHP新書、二〇〇一年）六四ページ。
（10）政府税制調査会『一九九七年金融課税小委員会中間報告』一一八ページ。
（11）同右、一四五ページ。
（12）同右、一二五ページ。

(13) 同右、一四四ページ。
(14) 同右、一四六ページ。
(15) 政府税制調査会『一九八六年答申』四六ページ。
(16) 政府税制調査会『一九九八年基本問題小委員会中間とりまとめ』一四七ページ。
(17) 政府税制調査会『二〇〇〇年答申』一三一ページ。
(18) 同右、一三六ページ。
(19) 政府税制調査会『二〇〇二年答申・補論』五ページ。
(20) 石弘光『税制改革の渦中にあって』(岩波書店、二〇〇八年) 一六二ページ。
(21) 日本経済新聞、二〇〇三年一月一一日。
(22) 朝日新聞、二〇〇三年二月七日。
(23) 政府税制調査会『二〇〇三年答申』一三ページ。
(24) もしこれら富裕者の課税を本則の二〇%に戻さず、一〇%の軽減税率のままにすれば、国税分の平年度の減収額は、三〇九〇億円に達する。衆議院調査局財務金融調査室『所得税法等の一部を改正する法律案について』五ページ。

第四節　相続税の課税最低限について

はじめに

ここでは相続税の仕組みのうち、主に課税最低限について、これまでの政府税制調査会の論調を取り上げる。相続税を歴史的に取り扱うよう心がけたが、とくに一九六〇年代以降、政府税制調査会が積み重ねてきた課税最低限についての論点を整理することにより、今日の相続税「改正」の特徴と問題点の解明に資したいと考えている。

1　相続税創設の趣旨

相続税は、日露戦争中に創設された新税である。日露戦時の増税は、既存の税を増税する非常特別税という形態が主であり、新税の創設は例外的だった。『明治三七・三八年戦時財政始末報告』によれば、相続税は「納税の苦痛極めて少ない」上、税収が確実かつ巨大で、将来の収入増も期待できるため、「一時非常の租税となさず……将来永久の制度となす」[1]ということで、「単行法」として一九〇五年四月、施行された。したがって、担税力のある有産者課税という位置づけであったことがわかる。その意味もあって、低いながらも超過累進税率を採用したことを、「極めて公平」な仕組みと誇っている。

この税は、相続による財産取得に課税するもので、被相続人が遺した相続財産の価格を課税標準とし、その価格の多寡に応じ累進税率を課す遺産税体系に属した。わが国では家督相続と遺産相続の二種が認められており、財産の承継が家族扶養の義務をともなう家督相続は、遺産相続の場合より、相続税の課税最低限でも、税率でも優遇されていた。

2　相続税創設に対する評価

相続税の創設当時、『東洋経済新報』は大財産に対する相続税重課を当然とする論説を発表しているが、そのなかで富の再配分、経済活動を阻害しないこと、富者の社会的責任など三点を理由にあげている。これらの論点は、相続税に対する基本的視点を提供しているといえる。すなわち、「①巨万の富は、それを成した人にとっては、勤労に対する報酬だが、それを相続する人にとっては、偶然の恩沢である。したがってその大部分を社会公共に頒《わか》つ義務がある。②人は子孫のために働く動物であるが、その蓄積した富のうち、適当な程度を子孫に遺すことができれば、その全部を子孫に遺せないからといって、働かなくなるというものではない。③巨万の富を成すのは、その人の働きの結果である反面、社会のおかげでもある。遺産の一部を国家に差し出すのは、社会に対する義務である。[2]」

明治財政を論じた一著作も、相続税創設を高く評価している。「この税法は由来、……一部の富者階級の激烈なる反対を受くべき性質を有し、かかる税法の成立は平常の日において或いは困難を感ずべき懸念あるものなりしが、戦時怱忙《そうぼう》の際、格別の異論なく成立し、この最も進歩したる税法改善の端緒を開くを得たるは、この非難多き戦時増税中の一つの僥倖的成功と見るべきものなるべし。[3]」

3　戦前における相続税の特徴

一九一〇年代から二〇年代、相続税の負担軽減が行われており、とくに家督相続に対する税率が引き下げられ、また課税最低限が引き上げられた。その結果を受けて大内兵衛（東京大学教授）は、相続税を所得税の補完と位置づけるとともに、とくに日本の場合、家族制度尊重の名のもとで、相続財産に対する課税が軽減されていると指摘している。

「近時における相続税は、所得税の発達に伴い、その延長として相続を見、これによって所得税を補完し、その負担を軽減せんとするものである。……一九世紀の末葉より英・仏・伊・米・独・日等において、相次いで遺産税・相続財産取得税・贈与税を採用。それはたいてい①親等の遠近により差別し、②相続財産の大小により累進率を設け、③小財産の相続は免税し、④相続税捕脱のための贈与には特別税を課すというような規定を伴っている。」「ヨーロッパ戦後、この租税は……右の諸国においては、今や国税の体系中、所得税の補完として欠くべからざる一翼となっている。ただし、日本のそれは、特に強く家族制度尊重の意味をもっている。またその口実において相続財産尊重の制度となっている。すなわちその税率は低く、したがってその収入は少ない。(4)」

一九三〇年代以降、戦時増税のなか、相続税も増税が相次いだ。相続税増税の特徴は、累進税率の強化の一方で、家族控除の新設など小資産の負担緩和がはかられたことであった。たとえば一九四〇年二月、相続税の総税額を三割程度増徴した際、「新たに家族控除の制度を認め、小資産の負担増加を緩和することにした。」また一九四二年一月、相続税を総税額で二割程度増徴した際も、扶養家族に対する

扶養控除額を引き上げている。(5)

4　戦後の相続税改革──シャウプ税制とその修正

一九四七年、「日本の相続税及び贈与税に対する原則と勧告」(シャウプ勧告)を受けて、相続税制度は大きく変わった。新民法の制定にともない、家督相続が廃止され、均分相続が定められたことにより、遺産相続に対する課税のみとなる。ただし被相続人との親疎に応じた差別課税が行われ、一〇％から六〇％までの超過累進税率となった。また、相続税の補完税として贈与税が創設された。

そしてシャウプ税制改革(一九五〇年)により、相続税は従来と異なり、被相続人の遺産総額に関係なく、相続人が取得した財産価額を基礎とする遺産取得税体系がとられ、相続、遺贈または贈与により取得した財産の価額を累積して課税する方法となった。シャウプは、取得税体系の長所として、多数者が相続すれば税負担が少なくなるので、富のより広い分割の誘引となることを指摘した。

さらに「徹底的な累進課税制」が勧告された。とりわけ最高税率を高く設定することについて、「経済力の不当な集中を最大限に抑え、一定の税収を経済的上層階級から確保するため」とされ、相続税の最高税率は所得税の最高税率より高く設定された。その税率構造は、相続・贈与ともに、相続者の親疎を問わず、三〇万円以下の最低二五％から、五〇〇〇万円超に対する最高税率九〇％までの累進税率であった。

総じてシャウプ税制は、富の集中抑制のため、大財産に対する課税強化が特徴であり、富裕税とならんで相続税も、そのような役割を持たされた。その一方、小財産に対する負担軽減のために、基礎控除のほか、配偶者控除、未成年者控除、年長者控除などさまざまな控除が設けられた。これらのうち、配偶者控除が「妻の座」の評価と関連させられたことが注目される。(6)

しかしこの累積課税方法は、一九五三年の税制改正により廃止され、相続または遺贈により取得した財産には相続税、贈与により取得した財産には贈与税を課税することに変わった。廃止理由は、一般にシャウプ税制の修正に際し持ち出されたと同じ理由、すなわち税務執行上の問題など「実情論」(日本の現状に合わない)であった。

そして一九五八年から、相続税制度は遺産税体系的要素を加味した遺産取得税体系へ変更され、現実にどのような相続が行われたかにかかわらず、民法に規定する法定相続分に応じて、遺産を取得したものとして各相続人の相続税額を計算し、その合計額とされた。各相続人および受遺者の現実に納付すべき税額は、相続税の総額を各人の実際の取得額に応じて配分される。課税最低限は、基礎控除のほか配偶者や未成年者等の控除で構成される。

5 相続税の課税最低限引き上げの経過

相続税の課税最低限は、配偶者を含む相続人五人の場合、一九五八年の三〇〇万円から、六二年四五〇万円、六四年五〇〇万円、六六年一〇〇〇万円、七一年一二〇〇万円、七三年一八〇〇万円、七五年四〇〇〇万円、八八年八〇〇〇万円、九二年九五五〇万円、そして九四年一億円という具合いに引き上げられてきた。これらのうち上げ幅の大きいのは、五割アップの一九六二年、二倍増の六六年、五割アップの七三年、二・二倍に引き上げた七五年、二倍増の八八年である。上げ幅の大きいこれらの年度に注意しながら、課税最低限引き上げの経過と問題点を取り上げる。

6　課税最低限の問題点――一九六〇年代

相続税の課税最低限とは、「相続税が富の集中化を抑制するという立場からみれば、課税される財産階層の水準をどの程度におくかという問題[7]」である。たとえば一九五八年から、課税最低限は三〇〇万円（配偶者を含め相続人五人の場合）に引き上げられたが、その考え方は、納税人員も比較的多く、財産の保有状況も把握しやすい自立経営農家を「中小財産階層」に見立て、相当規模（二ヘクタール程度）の階層まで非課税とするというものだった。しかし経済の高成長がつづくなか、所得水準の向上、資産価格とりわけ地価の高騰により、個人財産の保有状況が変化し、「中小財産階層」の範囲が広がり、中小企業者や都市勤労者等にも相続税の課税が行われるようになった。

したがって一九六〇年代には、これら「中小財産階層、すなわち通常の農家及びこれに準ずる程度の中小企業その他一般世帯の相続の場合には、課税関係が生じないような配慮を払う[8]」というのが、基本方針となる。一九六二年に課税最低限を四五〇万円へ引き上げたのも、これら「中小財産階層」に対する配慮によるもので、このときは、これにより「通常の農家及びこれに準ずる中小企業及び一般世帯の資産相続問題を解決できる[9]」と考えられた。

この課税最低限見直しの基準について、政府税調はつぎのように説明している。「このためには国民の財産状況及びその階層別の分布状況を明らかにする必要がある。しかしこのような資料は得られなかったので……これにかえて、死亡者のうち相続税の課税対象となる被相続人の占める状況を検討した」[10]と。したがって死亡件数に対する課税件数の比率は、国民の財産階層の分布状況をある程度反映するものと考えられ、課税最低限設定の基準として用いられていることがわかる。

そういう観点から、この比率の推移を見ると、一九五八年の〇・八%が、一九六一年には一・六%まで増えた。それで一九六二年に課税最低限を引き上げたことにより、一・三%に下がった。しかしその後ふたたび増加し、一九六五年には一・九%になった。このため一九六六年に、課税最低限を一挙に二倍に引き上げた。それにより、この比率は一・四%まで下がった。したがって一九六〇年代は、一・三%ないし一・四%が課税最低限設定の基準とされていたことになる。

これらの課税最低限引き上げに際し、「相続税の負担は、税収入を期待するよりも、富の再分配機能に重点をおいて定めるべきで、その際、中小財産階層に課税しない配慮と、ゆとりのある家計（中堅財産階層）の育成に障害とならない配慮」や「社会の中枢となるべき中間階層の育成」[11]を強調していることが注目される。

一九六六年の場合も、中間階層の育成のために、「思い切った課税最低限の引き上げ」[12]が行われたわけである。この引き上げに際し、配偶者控除二〇〇万円が新設された。これは「妻の座」優遇の見地からで、「夫婦間の財産は、夫婦の協力により形成されたものであるという認識が強くなり」、「親に対する子の扶養義務の観念が希薄になった」ためと説明されている。[13]この「妻の座」については、シャウプ勧告でも、「配偶者はそう永く生きながらえない」こと、相続財産は「夫婦双方の協力の結果である」ことをあげ、「妻に対する遺産の課税を軽くする」よう提言していた。[14]

一九六六年の一・四％という課税比率は、一九五八年来の最低水準であった。税調答申も、具体的に東京、大阪、名古屋の標準的な住宅地の住宅（宅地七〇坪、家屋三〇坪）を例にとり、それらの相続税評価額は、東京の世田谷区で四六五万円から六四〇万円、大阪の阿倍野区で四九六万円、名古屋の千種区で三八八万円なので、住居以外の財産を加えても、この程度の世帯には、相続税の課税はなく、「現在の相続税は、国民のうちごく一部の高額な財産階層にのみ課税されているものと認められる」[15]と言い切っていた。

しかし経済の高成長がつづき、都市周辺を中心とする商工業者や給与所得者の財産額が名目的に膨張したため、相続税の課税対象件数も、これらの階層で著しく増加した。死亡件数に対する相続税の課税件数の比率は、一九六六年の一・四％が、一九六九年には二・八％へと倍増し、一九七〇年には三・四％と、さらに増えつづけた。これはことに大都市を中心に、地価高騰による資産水ぶくれの結果、中小財産階層に課税が及ぶようになったことをあらわすものだった。

7　課税最低限の問題点――一九七〇年代

一九七〇年代、相続税の課税最低限の引き上げは、さきに述べたように、七一年の二割アップ、七三年の五割アップ、そして七五年の二・二倍増がある。七一年の場合は、「妻の座」優遇の見地から、配偶者控除の最高限度を二〇〇万円から四〇〇万円へ引き上げたものである。この引き上げに際しても、従来と同じく「ゆとりのある家計」、「社会の中枢となるべき中間階層の育成を図る必要」[16]が唱えられていた。

しかし大都市を中心とする地価の急騰により、七一年には、東京世田谷区の標準的な住宅地における住宅（宅地七〇坪、家屋三〇坪）の相続税評価額は、五年前の最高六四〇〇万円が二倍近い一二〇〇万円となり、大阪や名古屋も似たような傾向を示した。したがって課税最低限の二割アップでは十分な対応とはいえなかった。現に死亡件数に対する課税件数の比率を見ても、七〇年の三・四%が、課税最低限の引き上げにもかかわらず、七一年には三・八%に上がった。それでも政府税調は、五年前と同様、「住宅以外の相続財産を考慮しても、この程度の住居を有する世帯には相続税が課税されることはない」[17]を繰り返していた。

一九七二年、この課税比率が四・四%まで上がり、七三年に、一二〇〇万円から一八〇〇万円へ、課税最低限を五割アップする。それでも四・一%にしか下がらず、とても六〇年代の一・三―一・四%という水準には戻らない。

この点について、七三年二月、衆院大蔵委員会で行われた政府側の説明を見ると、従来どおりの表現ながら、その内容は変化していることがわかる。たとえば大倉真隆大蔵審議官、「最近は課税件数の増加が著しい。……急ぐのは課税最低限の引き上げ。勤労者財産形成に、相続税の課税最低限の水準を求めていく。」また高木文雄主税局長、「課税最低限を一八〇〇万円まで上げれば、中堅階層は対象外になる。」

それに対し荒木茂委員が、「主税局資料によると、標準的な住宅地における平均的持ち家（宅地七〇坪、家屋三〇坪）の人で、相続税を払わなくてもいい案件が一例もない」ことを指摘し、「相続税を払う苦しみからのがれようとすれば、世田谷の成城や経堂からは出て行くのもやむを得ないということか」。高木主税局長の答え、「東京世田谷の成城なり経堂という地域の持つ意味合いが一九六六年度と七三年度とでは、たいへん変わってきて……当時は課税しないという配慮があったが……現在は課税があってもいたし方ない。……標準的とは、あるときの標準であった。……相続税を払わないということであれば、出て行かなければならぬ[18]。」

土地価格の急上昇に、相続税の課税最低限引き上げが追いつかず、従来、課税対象外とされた階層に、広く課税が及ぶ状況になったこと、その状況を大蔵当局がある程度是認し、その際、課税最低限の水準そのものも変えようとしていることがうかがえる。

同じ現象は大阪でも見られた。「大阪の帝塚山に宅地七〇坪、家屋三〇坪とすれば、相続税の評価額は、一九六六年には約五〇〇万円だった。七四年には、これが二〇〇〇万円を超し、四倍になった。こういう状態では、五割程度課税最低限を引き上げても、相続税がかかるということになってきたわけです。……こういうケースが続々出てきた[19]。」

こういう異常事態のなかで、一九七五年に課税最低限の倍増、すなわち四〇〇〇万円への引き上げが行われた。この引き上げをめぐる議論を、大蔵委員会議録から引く。

中橋敬次郎主税局長の説明。「今回の相続税改正は、異常な地価上昇に対応するための調整措置である。……一九六六年に、七〇万人死亡で、相続税を課税される遺産を持っておった人は、一・四％でした。その後二、三回課税最低限の引き上げ。けれども、ほとんど価格の上昇を反映し切れません。現在の課税最低限が設けられた一九七三年には、この一・四％が四・二％になっております。このまま現行法を続けますと、七五年は四・九％になる見込みです。」「今回の改正では、課税人員の（比率）をある程度の数字にするということで、まず課税最低限の問題を考えた。この場合、相続税の課税対象の七割が土地です。土地の価格は、六六年から七四年まで、宅地価格指数で約四倍になっております。この四倍を目標に、六六年当時の課税最低限一〇〇〇万円を、七五年度改正では四〇〇〇万円に……そうすると、死亡者に対する課税比率が四・九％から二・八％程度に下がり、ヨーロッパ諸国の数字に比べて、そんなに不当なものでもない。」「それ（一九六六年当時の非課税限度）を大体基準にいたしまして……東京都内に……ある程度の面積の宅地・建物を持っておりましても、今回の改正であれば課税にならないような線を見出したわけでございます。[20]」また、「四〇〇〇万円が実現すれば、かなりの程度の農家については、相続税の問題は起こらなくなる。」

これとの関連で松浦利尚委員が、「将来のあり方として、控除部分を金額でなく、生存権を守る財産として、一定面積で控除するのも一つの方法でないか。」中橋主税局長、「どのような財産形態で遺産を持っておるのかということを、税法は干渉しないのが一番いい。東京と地方の値段の違いはのみ込んでいただき、課税最低限を超えれば、……東京が高ければ売って、地方で買えば、もう少し広いところが買える。全体として課税最低限の高さ（金額）で考えることにならざるを得ない。四〇〇〇万円のものを持っておられれば、それとして課税を受けていただくよりしかたがありません。」[21]

この一九七五年度改正による、相続税の課税最低限の引き上げを吟味すると、一九六六年を基準にするといいながら、課税人員比率が二・八％と、従来の二倍の水準に変えられていることが、まず目につく。また具体的に、東京都内の宅地・建物の場合、従来の標準例でなく、「ある程度の面積」というふうにぼかしていること、さらにこの改正により非課税になるものとして、「かなりの程度の農家」しか上げられていないなど、従来の基準がなしくずしに変えられている。しかもこの四〇〇〇万円の課税最低限が、その後一九八八年まで据え置かれたわけだから、問題はさらに深刻になる。

8　一九八八年の課税最低限引き上げ

一九七五年から一三年間、相続税の課税最低限が据え置かれた結果、死亡件数に対する課税人員比率を見ると、一九七五年の改正により二％台に下がったあと、まもなく増加に転じ、一九八二年には初めて五％に達し、一九八七年には七・九％を記録するにいたった。

政府税制調査会も、「諸控除の水準が一九七五年以来据え置かれてきており、……死亡者中に占める課税割合の著しい上昇等を考慮すれば、……ある程度の見直しを行うことが適当である。……特に中堅財産階層に過度の負担を求めることのないよう……引き上げを行う。」[22]

そこで一九八八年に一三年ぶりの改正が行われ、課税最低限は四〇〇〇万円から八〇〇〇万円に引き上げられ、その結果、課税人員比率は四・六%まで下がったが、一九六六年の一・四%に比べると三倍以上の水準ということになる。これが「中堅階層に過度の負担を求めることのない」水準かどうか。「課税してはいけない資産水準にまで」課税が及んできたとする、つぎの指摘が注目される。「相続税の課税最低限は、一九七五年のあと……一九八八年まで見直されなかった。この間、資産水準の大きな上昇があり、根本的な対応が必要だったのに、それが行われなかった。さらに一九八八年の対応も不十分だった。そのため被相続人の配偶者が、それまで住んでいた住居に住み続けられない状況が生じている。相続税は富の再配分を行う税というのが本来なのに、課税対象が広がってしまい、課税してはいけない資産水準にまで及んできている……。」(23)

9 課税最低限に関する論調の変化

一九八八年の大幅な課税最低限引き上げにより、課税人員比率は四・六%に下がったが、すぐに増え始め、翌八九年に五・二%、九〇年に五・九%、そして九一年には六・八%となった。そこで九二年と九四年に手直しが行われ、課税最低限は一億円になった。それ以後、課税人員比率はおおむね五%台で推移している。この場合、死亡者数が従来七〇万人台であったものが、八〇年代に八〇万人台になり、九〇年代には九〇万人台を超えて増加しつづけていることを考えれば、相続税の課税範囲が「課税してはいけない資産水準」へ拡大していることは否めない。

そういうなかで政府税制調査会は相続税の課税最低限引き下げ方針を打ち出している。ここでは、二〇〇〇年七月の『わが国税制の現状と課題』、いわゆる二〇〇〇年中期答申の相続税論を検討する。これ以後に出された、二〇〇二年六月の『あるべき税制の構築に向けた基本方針』、そして二〇〇三年六月の『少子・高齢化社会における税制のあり方』は、この中期答申の繰り返しにすぎない。

二〇〇〇年中期答申は、「一九五七年以来、中間層の生活基盤の形成を阻害しない水準という考え方を踏襲してきたが、高齢化の進展や経済のストック化の進展により、……仮に相続税の課税される層が広がったとしても、その負担が軽度であれば、直ちに生活基盤の形成が阻害されることになるとは言えない」(24)という。これは課税最低限について、従来の考え方とは正反対であり、まさに「中間層」に対する公然たる課税宣言である。

課税最低限に関する従来の考え方は、一九六〇年代を通して、「ゆとりのある家計の基礎となる財産形成に資する」、「中小財産階層に課税を及ぼさない」、「都市近辺の通常の勤労世帯に、相続税が課税されないよう配慮する」という考え方が貫かれ、死亡件数に対する課税件数の比率も一・二―一・四％を基準としていた。

それが七〇年代に入り、課税比率も三％から四％台へ上昇するなかで、「中間階層に過重な負担とならない」、「中小財産階層育成の見地から、これらの者に対し重い負担とならない」という文言が加えられるようになり、従来の「課税を及ぼさない」という考え方に変化が生じる。一九七五年の課税最低限の倍増により、課税比率は二・一％まで下がる。これが七〇年代後半以降の基準とみなされる。

この七五年の課税最低限は、一九八〇年代の前半を通して据え置かれ、その間、課税比率は年々増加し、八七年には七・九％と、これまでの最高の比率を示す。そこで一九八八年の大幅な課税最低限引き上げとなるが、そこでの課税比率は四・六％だから、七五年と比べて二倍以上の水準である。それでも七〇年代と同じく、「特に中堅財産階層に過度の負担を求めることのないよう」という考え方は維持されている。

こういう七〇年代・八〇年代の考え方と、二〇〇〇年中期答申の考え方は、一見したところ似ている。しかし同じ表現を用いながら、七〇年代・八〇年代は課税最低限引き上げの主張であったに対し、二〇〇〇年中期答申はその引き下げの提案であり、方向は正反対である。

10 「中間層」に対する課税強化

二〇〇〇年中期答申は、従来とはちがって、相続税の課税最低限引き下げを提起するとともに、そのための仕掛けをいろいろ工夫している。それらをやや詳細に検討しよう。

第一は、死亡件数に対する課税件数比率の扱い方である。そこでは一九九八年の比率五・三％をあげて、その意味を、「ごく限られた一部の資産家層のみを対象に負担を求める税となっています[25]」と解釈している。思えば、かつて政府税調はこれと同じことを述べていた。それは一九六六年、この比率が一・四％のときであった。六六年当時の課税件数は一万件だった。一方、九八年の五・三％は約五万件になる。一・四％と五・三％、一万件と五万件を、同じように描き出すことはできないはずである。

さきに述べたように、政府税調は、この比率を財産分布の状況を反映する資料としており、「中小財産階層」すなわち「中間層」を相続税の負担から守るためには、一％台（六〇年代）、あるいは二％前後（七〇年代）を基準としていた。ところが、ここではそういう経過を一切無視し、「課税してはならない層へ広がっている」五・三％という数字を、「ごく限られた一部の資産家層」を指すと言い張っている。それというのも、この比率をさらに増やしたい、つまり課税最低限を引き下げようという意図があるからである。

第二に、課税最低限引き下げのためには、現在の課税最低限の水準が高いという印象をふりまきたい。そこで数字比較のトリック。現在の課税最低限を一九八七年の課税最低限と比較し、「二・五倍に上昇」(26)しているという。しかし八七年は、比較の基準にならない。なぜなら、その課税最低限は七五年の課税最低限だからである。それは一〇年あまり据え置かれていたものである。比較するならば、この七五年か、あるいは課税最低限が大きく改定された八八年と比較すべきところである。しかし八八年と比較すると一・二五倍にしかならない。そのためあえて、引き上げ直前の八七年の数字を持ち出したのだろう。

数字のトリックはまだある。平均課税価格（約三億円）以上の者が課税対象者の二割なのに、「納付税額は全体の八割となっており、相続税負担は上位の課税価格階級層に集中しています」(27)という。これだと少数の高額資産家層に負担が偏っているという印象になり、これらの負担を減らし、多数の平均以下の階層を増税すべきというバランス論が通りやすくなる。しかし相続税という税は、もともと高額資産家層が負担する税なのであり、負担が偏るアンバランスは、なにも現在だけでなく、これまでもそうだったのである。

第三に、相続税を「より広い範囲に課税していく」ために、意図的に押し出されている論法がある。その一は、「税制改正の流れ」である。ここでは「国民皆で広く分かち合う」という、政府税調ご推奨のご託宣が「流れ」だという。そしてまた、「資産家層に過度の負担を求めるのは、経済活性化にマイナスの影響」をもたらすので、相続税の場合、「最高税率を引き下げつつ、広い範囲に適切な負担を求める」のも、「流れ」(28)だという。

これは高額資産家には減税、国民の小資産には増税という図式である。これが「税制改正の流れ」の正体にほかならない。現に、二〇〇三年から相続税の税率が見直され、四億円超の階層は六〇％から五〇％へ一〇％減、最高税率の二〇億円超の階層は七〇％が一挙に五〇％へ二〇％も減税になった。こういう税率引き下げが先行したあとは、いよいよ課税最低限の引き下げの番である。こういう「流れ」は、「租税理論の逆流」ではないのか。

その二は、「経済社会の構造変化」なるものである。ここでは「少子・高齢化の進展により、相続人にとって、資産形成の意味合いが薄れつつある」とか、「高齢者層に資産集中し、高齢の資産家は、数の上で比較的厚い層を成している」などを理由に、これら高齢者に対し相続税を課税しても、「その影響は小さい」(29)という。

資産分布についても、年齢別の資料を示すだけだから、高齢者をターゲットに課税強化という政府税調の思わくは見え透いている。ついでに、「老後扶養の社会化」を理由に、「資産引継ぎの社会化」(30)なるものが主張されている。これはたとえば、介護保険等を理由に資産を差し出せというもので、わが政府税調にとっては、今日の貧弱な社会保障水準でさえ相続税増税の理由になるというわけである。

こういう政府税調の論法は、あらゆる税を「国民皆で広く分かち合う」税に還元しようとするものであり、それぞれの税の特質を失わせるものである。大資産家課税を本来とする相続税をも、大衆課税化しようというのだから、他の税の運命は推して知るべし、である。

注

(1) 大蔵省『明治三七・三八年戦時財政始末報告』二二〇ページ。
(2) 『東洋経済新報』第三九五号（一九〇六年一一月二三日）七七五ページ。
(3) 東洋経済新報社『明治財政史綱』（一九一一年）三〇五ページ。
(4) 大内兵衛『財政学大綱』中巻（岩波書店、一九三一年）四一一ページ。
(5) 大蔵省財政史室『昭和財政史』V「租税」（東洋経済新報社、一九五三年）五三四―六九七ページ。
(6) 福田幸弘監修『シャウプの税制勧告』（霞出版社、一九八五年）一七二―一七五ページ。
(7) 政府税制調査会『一九六四年長期答申』一五八ページ。
(8) 同右、一六〇ページ。
(9) 政府税制調査会『一九六一年長期答申』二一六―二一九ページ。
(10) 政府税制調査会『一九六四年長期答申』一五六ページ。
(11) 政府税制調査会『一九六八年長期答申』一五五、一七一ページ。
(12) 同右、一五五ページ。

(13) 同右、一六三ページ。
(14) 前掲『シャウプの税制勧告』一七五ページ。
(15) 政府税制調査会『一九六八年長期答申』一六〇ページ。
(16)(17) 政府税制調査会『一九七一年答申』一七一ページ。
(18) 『大蔵委員会議録』一九七三年二月二一日。
(19) 旦弘昌(大蔵省審議官)の報告、『日本租税研究協会第二六回(一九七四年)大会記録』。
(20) 『大蔵委員会議録』一九七五年二月一九日。
(21) 同右、二月二一日。
(22) 政府税制調査会『一九八六年答申』七二ページ。
(23) 尾内正道(公認会計士)の報告、『日本租税研究協会第四三回(一九九一年)大会記録』。
(24) 政府税制調査会『二〇〇〇年中期答申』三〇四ページ。
(25)(26) 同右、二九四ページ。
(27) 同右、二九六ページ。
(28) 政府税制調査会『二〇〇二年基本方針』四ページ。
(29) 政府税制調査会『二〇〇〇年中期答申』三〇四ページ。
(30) 同右、二九〇ページ。

第五節　相続税――現状と問題点

はじめに

事業承継税制の見直しが進んでいる。具体的には、二〇〇九年度税制改正で中小企業の事業の後継者を対象とした「取引相場のない株式等に係る相続税の納税猶予制度」を創設するというものである。二〇〇八年一月一一日の閣議決定では、「この新しい事業承継税制の制度化にあわせて、相続税の課税方式をいわゆる遺産取得課税方式に改めることを検討する。」「その際、格差の固定の防止、老後扶養の社会化への対処等、相続税を巡る今日的課題を踏まえ、相続税の総合的見直しを検討する」とした。

現行の「法定相続分課税方式」が一九五八年に導入されて五〇年、「制度疲労」が喧伝され、さまざまな問題点が久しく指摘されてきた。今回漸く課税方式変更のために、重い腰を上げたのは、事業承継税制の拡充に際し、現行方式のままで後継者に優遇措置を講ずると、後継者以外の相続人の相続税も軽減されるという問題が生じたからである。しかしシャウプ勧告により、一九五〇年に実施された「遺産取得課税方式」に回帰する以上、その精神を踏まえることが重要と思われる。

また、相続税の総合的見直しが、「老後扶養の社会化への対処」と関連させられているのは、二〇〇〇年代の政府税調答申中に顕著な傾向、すなわち増大する社会保障財源として「広く薄く、皆で公平に分かち合う」増税路線の具体化ともいえる。

相続税制が大きな変革を迫られている今日、その役割、課税根拠の原点に立ち帰るとともに、現状の抱える問題点等を検討したい。

1　相続税の目的・根拠

国税収入に占める相続税収入の割合は、それほど大きくなく、ピーク時の一九九三年度で二兆九三七七億円、五・四％から、二〇〇七年度には一兆五〇二六億円、二・九％（いずれも一般会計決算額）と低下傾向にある。とはいえ、富の再配分や社会還元といった租税の機能、すなわち社会的公平・公正をはかる手段としての役割、また「応能負担原則」を最もよく体現する租税として、その存在意義はまったく薄れていない。

相続税の目的として、伝統的に最もよく理解され、受け入れやすい説明は、「特定の富裕者が形成した相当大きな規模の財産が、相続人に偶発的に移転することに担税力を見出し、富の不当な集中を防止し、累進課税を通して富の再配分をはかる」(1)というものである。

こういう観点からは、「広く薄く」課税するという根拠は見出しえない。あくまで、課税をとおして社会的公平の実現をはかるというべきである。

相続税は、相続を原因として被相続人から相続人に財が移転する事実をとらえて課される。課税の根拠としては、以下のような説がある。

① 財産の無償取得に担税力を見出して課税するもので、個人所得税を補完する。

②　蓄積された富の一部は、生前において受けた課税漏れ等により形成されたものだから、相続開始を機に、一生を通じた所得税を清算する。

③　被相続人の富の蓄積は、国家社会から受けた恩恵利益によるから、相続税を課すことで社会に還元する、また富の集中を抑制するという社会政策的な意味。

④　遺産取得は、相続という偶発的・一時的な財産の帰属であり、つまり不労所得である。よって大資産の取得には重い税を課すべきである、というもの。

前記の①と②、すなわち所得税の補完税、あるいは生前所得の清算課税という考え方にもとづけば、相続税の税率は、所得税の税率と連動すべきものかもしれない。しかし、相続そのものは、一般の所得とちがって、反復・継続的に生ずるのではなく、一時的・偶発的に発生するものである。その点に着目すれば、前記の③と④の考え方が重要である。すなわち経済力の不当な集中を抑制し、税制をとおして所得の再配分を行い、さらに一定の税収を経済的富者から確保するためには、相続税の最高税率が所得税の最高税率を上回ることは差し支えないし、むしろ当然である。

2　シャウプ勧告における相続税

わが国の相続税は一九〇五年、日露戦争中に戦費調達のため恒久財源として創設された。担税力のある有産者に対する課税という位置づけで、累進税率を課し、遺産課税方式を採用してきた。シャウプ勧告はこれに大きな変革をもたらした。シャウプ勧告にもとづき、一九五〇年の相続税制において、被相続人の遺産全体を課税対象ととらえる遺産課税方式から、遺産総額に関係なく遺産を取得した各人ごとに、別々に課税標準および税額を算定する遺産取得課税方式へ転換した。

財産取得者が生涯を通じて受け取る相続、遺贈、贈与等をすべて累積して相続税を課税する、この遺産取得課税方式の採用により、相続者が多数になるほど遺産の分割を促進し、富の過度な集中を抑制するという資産再配分機能がある。また、遺産取得者の担税力に応じた課税ができるので、応能主義に適合しており、公平とされている。

シャウプが純粋な遺産取得課税方式を目指したのは、公平な資産の再配分、富の集中排除が、戦後日本の民主主義の礎となること、また遺産課税方式を採用するアメリカにおいて、巧妙な脱税が跡を絶たない実態を強く意識していたからである。

そのためシャウプは、相続税の最高税率を所得税の最高税率より高く（九〇％）するよう勧告した。「経済の営みに対する損害を最小限にとどめ、経済力の不当な集中を最大限に抑えて、一定の税収を経済的上層階級から確保しようとするならば、相続税の最高税率が所得税の最高税率より高い場合にのみ、この目的が達せられる。(2)」

これは、高額所得者に対して、税負担の公平を実現する立場からとられた一連の措置（富裕税創設、利子所得等の源泉選択廃止による総合課税、有価証券譲渡益の全額総合課税等）と関連していた。その一方、財産形成に貢献した配偶者に対する控除、未成年者控除、相次相続控除など、家族の実情に配慮したさまざまな控除を設けることで、小財産に対する負担軽減、遺族の生活保障がはかられた。

しかし、この遺産取得課税方式による一生課税方式は、税務執行上、煩瑣で公平性を期しがたいという理由で、一九五三年に廃止となり、相続、遺贈については、相続の都度の遺産取得課税方式とし、贈与については受贈者課税とする贈与税に改正された。

さらに、遺産取得課税方式についても、一九五八年にはつぎの理由で改正された。第一に、遺産取得課税方式は分割相続を前提とするものであるが、財産相続の現状は長子による相続が一般的であり、分割相続がされていない。第二に、税負担を軽減するため仮装分割が多発し、税務執行上対処しにくい。第三に、実際にも分割困難である農業用、中小企業用資産の場合、それ以外の資産に比し相続税が高くなり、公平性が保てない、など。

これにより、現行の「法定相続分離課税方式による遺産取得課税方式」となったわけだが、これは「利子所得の分離課税」、「有価証券譲渡益の原則非課税」、「富裕税廃止」に並ぶ、シャウプ税制の「修正」であった。

3　二〇〇〇年代の政府税調答申に見る相続税論、その変質

(1)　二〇〇〇年七月、政府税制調査会答申において、相続税の意義や役割として「公的な社会保障の充実による老後保障の社会化に対応した資産の引継ぎの社会化を図るという議論がある(3)」と述べられている。

これが、社会保障とのかかわりでの「社会化」論の端緒かと思われる。さらに、高齢化の進展による

経済のストック化（金融資産の増大）、また相続人自体も、ある程度の資産蓄積ができていることに加え、少子化の進展で相続する財産がこれまでより拡大することをあげて、相続税については、「ごく一部の資産家層を対象に課税するという従来の位置づけから、より広い範囲に課税していくという方向で、そのあり方を検討していくことが必要[(4)]」と大きく舵を切ったのである。

(2) 二〇〇二年六月答申のなかでは、社会保障（老後保障）の公的な役割の高まりを理由に、「相続時に残された個人資産については、その一部を社会に還元する必要がある[(5)]」という主張が登場した。

これは従来の、富者の社会的責任論とは、明らかに違う論理、いわば「自助自立」論の変種といえる。そして「広く薄く」負担の観点から、バブル時に大幅に引き上げられた課税最低限（基礎控除）を引き下げることに加え、相続税の最高税率（七〇％）は、「個人所得課税の最高税率（五〇％）との較差が大きく、諸外国の例に比しても相当高いことに鑑み、引き下げることが適当[(6)]」とした。実際に二〇〇三年税制改正で、相続税率は一〇％―七〇％（二〇億円超）の九段階から一〇％―五〇％（三億円超）の六段階に引き下げ、フラット化された。「薄く」の実行である（この影響等は後述）。

(3) 二〇〇七年一一月の政府税調答申では、「格差の固定化の防止や老後扶養の社会化に対する還元といった今日的な観点も踏まえれば、地価上昇時に引き上げられ高止まりしている現在の基礎控除の水準は引き下げが適当と考えられる。[(7)]」としている。少子・高齢化の進展による老後扶養の社会化にともない、現役世代の負担増大を根拠に相続税の課税ベース拡大に取り組むことが重要とした二〇〇四年一一月の答申以来三年ぶりに相続税について言及した。これは、二〇〇三年改正で「薄く」を達成したことから、いよいよ「広く」を目指して、小泉「改革」がもたらした「格差の固定化」を「防止」するという名分まで追加して、再び動きだしたという感である。

だから今回の答申では、もの言いも露骨になっている。「今日では公的な社会保障が充実し、老後の扶養を社会的に支えていることが、高齢者の資産の維持に寄与することとなっている。そこで、被相続人が生涯にわたり社会から受けた給付に対応する負担を、死亡時に清算する」(8)と。わかりやすく言えば、「国の手厚い医療・介護・年金等のおかげで、おまえの貯めた金も残ったのだから、死んだら差し出せ」というわけである。さすが立派な社会保障制度を整備している政府の言い分というほかない。

いずれにしろ、相続税の資産再配分機能の回復をはかると言いながら、実態は相続税が本来有する応能負担原則にもとづく「富の集中排除や再配分」からは遠く離れ、死亡者が生涯にわたり社会から受けた（社会保障）給付に対する負担を清算するという考え方を強調し、「相続資産を社会保障の財源として応益税化」する。その手段として、課税ベースの拡大、すなわち相続税の大衆課税化を意図しているように感じずにはいられない。

4　相続税の課税ベース・税率

（1）基礎控除

基礎控除の考え方の基本としては、たとえば相続人の居住用地を売却しなければ相続税を納付しえないような事態が発生しないこと、残された相続人（とくに配偶者、事業承継者）が、その後の生活維持に支障をきたさないことを配慮することが必要である。要は、基礎控除は、都市に居住する中間層の個人生活の経済的基盤を損なわない程度に設定されねばならない。

基礎控除（相続税の課税最低限）の金額は、配偶者を含む相続人四人の場合、一九五八年の二七〇万円から六二年四〇〇万円、六四年四五〇万円、六六年九二〇万円、七一年一一二〇万円、七三年一六八〇万円、七五年三六〇〇万円、八八年七二〇〇万円、九二年八六〇〇万円そして九四年九〇〇〇万円というように順次引き上げられてきた。七五年、八八年に大きく引き上げられたのは「列島改造」「オイル・ショック」「バブル」による物価・土地高騰に対処したものであり、六六年は配偶者控除制度を別途新設したことによるものであった。都市のサラリーマン家庭を意識し、高度成長期の「一億総中流社会」を後押しする側面もあったといえる。

最近の政府税調による声高な課税ベース拡大（基礎控除引き下げ）の主張は、「近年地価がバブル期以前の水準まで下落し、相続税の負担が大幅に緩和された結果、年間死亡者数のうち相続税の課税が発生する割合が四%程度まで減少している」(9)ことに起因している。たしかにバブル崩壊後、土地価格の低下（ここ数年、大都市部中心に再び上昇傾向ではあるが）により、死亡者に対する課税割合は低下している。

ここで、課税割合の推移を確認してみる。一九六〇年代は概ね一%台後半であった。七〇年代はオイル・ショックの頃に、四%を超したことがあったが、ただちに基礎控除の引き上げがあり、二%台後半から三%台半ばで経過した。八〇年代に入ると土地価格の急騰、基礎控除の引き上げを長期間放置したことで、徐々に上昇し、八七年には七・九%もの課税割合となった。ここで漸く基礎控除が二倍に引き上げられたのである。九〇年代はバブルのピーク九一年に六・八%となったが、その後は、土地価格の低下により五%台で推移し、二〇〇〇年代に入ると四%台となっている。一時の異常な時期を脱し、正常な状態に戻りつつあるといえるのではないか。「中間層の生活基盤の形成を阻害しない水準」[10]という考え方が踏襲されていた一九六〇年代や七〇年代と比較すればまだかなり高い水準であるが、当時と比して、個人の生活水準も上昇し、金融資産も増加（偏在は問題であるが）してきた現在の状況下では、若干の増加ならば致し方ないという気もするが、「ごく限られた一部の資産家層のみを対象に負担を求める税」という解釈の放棄は容認できるものではない。さらに、この課税割合は全死亡者に対するものであり、資産保有の主な担い手である壮老層の男性に限れば、比率はぐっと高まるはずである。このことを忘れてはならない。

現在の政府税調が、課税割合の引き上げをどの程度に目指しているのか不明であるが、石弘光元会長の言うように一〇%程度になれば、これまで相続税に無縁だった「本来負担すべきでない中間層」も巻き込む「大衆課税」となり、大資産家課税を本来とする相続税の意義すら、失いかねないといえる。

相続税の国際比較は、各国の社会経済的発展の差異・文化等を反映し、相続財産制度・課税方式も異なるためあまりなじまないが、主要国の課税割合・課税最低限を確認しておく（表1−3参照）。課税最低限は、アメリカ、ドイツは日本よりかなり高く、イギリスは近い水準、フランスはかなり低い。課税割合は、アメリカはかなり低く、イギリスは同程度、ドイツ、フランスについては、課税方式が遺産取

表 1-3　主要諸外国における相続税の概要

区　分	日　本	アメリカ	イギリス	ドイツ	フランス
課税方式	遺産取得課税方式（法定相続分課税）	遺産課税方式	遺産課税方式	遺産取得課税方式	遺産取得課税方式
最低税率（07年）	10%	18%	40%	7%	5%
最高税率（07年）	50%	45%		30%	40%
税率の刻み数（07年）	6	14	1	7	7
課税最低限（06年）	8000万円	2億3560万円	6720万円	1億1558万円	2837万円
課税割合（03年）	4.2%	1.4%	4.5%	14.6%	27.3%
負担割合（03年）	11.3%	17.9%	17.3%	18.4%	n.a
相続・贈与税の租税収入に占める割合	2.94%	1.87%	0.97%	1.04%	2.61%

出所：政府税制調査会第45回総会，第54回基礎問題小委員会（06年5月23日）資料をもとに，『財政金融統計月報』第660号，「世界における相続税の現状」『日税研論集』56巻を参考に作成。

注：1）ドイツの税率は配偶者および子女に対するものであり，兄弟姉妹，その他により異なり最高税率50%。フランスの場合も続柄の親疎により，6種類の税率表があり，最高税率60%。

2）課税最低限は，配偶者と子2人で算出。ただし，アメリカについては適用除外額，イギリスについては基礎控除金額を記載。ドイツ・フランスについては配偶者，子女（代襲相続の孫を含む），兄弟姉妹，その他等で基礎控除額に差異あり。為替レートは1ドル117.8円，1ポンド235.8円，1ユーロ161.2円で算出（2007年の年間平均TTSおよびTTB為替相場の中間値）。

3）課税割合は死亡者に対する課税件数，負担割合は課税価格総計に対する納付税額の割合である。日本については，05年の数字である。

4）相続・贈与税の租税収入に占める割合は，日本は07年度決算，アメリカは05年度決算，イギリスは05年度実績，ドイツは05年度決算，フランスは04年度実績の数字である。

5）フランスでは，2007年8月の税制改正により，配偶者への課税の免除，基礎控除の拡大等を実施。課税割合は5%になるとの政府試算あり。

得課税方式のため、一人の死亡者に対して課税件数が膨らむため比較は困難であるが、実質は大差ないものと思われる。課税最低限、課税割合に関しては、政府税調お得意の国際比較からでは増税根拠は見えない。

基礎控除に関してもう一点指摘しておきたい。現在の基礎控除は画一的な基準で構成されている。同一家族構成の都市圏住居と地方の住居に相続が発生した場合でも、同額の基礎控除が適用される。

両者の地価の差を考慮した場合、このままでよいのか。都市間における較差導入も検討余地があるのではないかと思われる。死亡者に対する課税割合を各国税局ごとに確認すると二〇〇五年では、東京六・五%、名古屋六・一%、大阪四・四%、関東信越四・〇%、金沢三・六%、高松三・六%、沖縄三・五%、広島三・二%、熊本二・二%、仙台二・〇%、福岡一・九%、札幌一・六%となっている。土地価格だけではなく、地域経済の好不調による金融資産の大小、蓄財に対する考え方等を反映した数字かとも思うが、放置できない問題である。

（2）税率構造

現行の相続税率は一〇%—五〇%（三億円超）の六段階である。相続税の最高税率は、一九五八年以降、七五—八七年の七五%を除き、累進構造の修正はあるものの七〇%で推移してきた。これを前述のとおり、二〇〇二年六月の政府税調答申を受け、二〇〇三年にそれまでの一〇%—七〇%（二〇億円超）の九段階から引き下げ、累進構造の緩和も実施したからである。この影響等を両年の比較で確認しておきたい（表1-4参照）。被相続人数、課税価格については大きな変動はなかったが、納付税額は一五八六億円余の減少、負担割合も一・一%少なくなっている。そして、最も税率引き下げによる恩恵を享受したのは、高資産家層である。たとえば被相続人一人当たりの平均納付税額を計算すると、二〇億円超の階級では、〇二年の一一億一八〇〇万円が、〇三年には八億一九〇〇万円へ、約三億円の減税となった。これに対し一億円以下の階級では、一二七万円から一一七万円へ、一〇万円の減税にすぎない。まさに高資産家層のための最高税率の引き下げだったわけである。

課税価格二〇億円超の相続における負担割合も三二・六％から二七・六％に大きく低下した。そもそも相続税は各種の非課税、評価減の優遇措置で実効税率は所得税の最高税率五〇％より低い。税収不足が叫ばれ、富の社会還元を求められているなか、「広く薄く」や「活力」をスローガンに、巨大資産家層に減税を実施しているのである。

この負担割合を国際比較すると（表1-3参照）、最高税率が最も高い日本の負担割合は、他国に比べかなり低い。これは配偶者税額軽減制度が大きく影響していると思われる（〇五年で四・三％のマイナス要因）。残された配偶者の生活保障、財産形成に対する貢献を考慮したものであるが、「法定相続比率ならば、どれだけ相続しても妻は非課税」というのは問題である。相続人である配偶者の年齢、婚姻期間を考慮するとともに、大資産を相続する場合、ある程度の制限を設けることも必要である。

最高税率の引き下げ、税率のフラット化は当然のごとく相続税収の減少をもたらした。この減収分を基礎控除引き下げ（課税ベース拡大）で補おうというのも、二〇〇七年一一月政府税調答申の意図である。また、この答申では、経済のグローバル化のなかで進行している格差問題については「固定化への懸念も生じており、国民に対し真摯に対応することが大きな課題である」と指摘し、税の所得や資産の再配分機能の強化が重要だとして、所得税の最高税率（住民税と合わせ五〇％）の見直しをあげているが、相続税の税率には触

（単位：人，百万円）

納付税額（b）	負担割合（b/a）
10,644	1.5％
114,948	4.0
138,346	8.2
225,123	12.6
160,560	16.5
156,051	19.1
252,408	23.4
224,821	32.6
1,282,903	12.0

表 1-4　相続財産価格階級別人員，課税価格，税額，負担割合

課税価格階級	2003年				2002年	
	被相続人の数	課税価格(a)	納付税額(b)	負担割合(b/a)	被相続人の数	課税価格(a)
1億円以下	8,344	707,035	9,833	1.4%	8,317	706,814
1億円超	21,083	2,930,093	107,247	3.7	20,643	2,880,917
2億円超	6,948	1,666,105	124,114	7.4	6,981	1,681,000
3億円超	4,571	1,715,517	204,337	11.9	4,747	1,780,920
5億円超	1,586	919,286	145,241	15.8	1,674	974,381
7億円超	940	767,585	138,648	18.1	996	816,119
10億円超	748	989,894	216,158	21.8	811	1,078,468
20億円超	218	647,017	178,694	27.6	201	700,624
合計	44,438	10,342,533	1,124,272	10.9	44,370	10,619,243

出所：国税庁のホームページより作成。
注：数字は各年中に相続が開始した被相続人から財産を取得した者の当初申告によるもの。

れていない。朝令暮改の謗りをおそれて様子見をしているのか、現状追認の姿勢なのか不明であるが、当然俎上に載せねばならない。

格差固定化への懸念を訴えるならば、相続税率引き下げの恩恵を最も享受する大資産家層に別途相応の負担を求めるべきではないのか。シャウプ税制で創設された「富裕税」の復活も十分検討に値すると思われる。廃止理由となった税務執行上の問題など当時の「実情論」(日本社会の現状にあわない、財産把握の困難性等）は、現在かなり改善しているはずである。

5　課税方式

現行の「法定相続分課税方式による遺産取得課税方式」の問題は、建前上は遺産取得課税方式によりながら、実態は限りなく遺産課税方式に近いものとなっていることである。このことを強く反映しているのは、基礎控除が、取得者自身に対するものではなく、遺産総額に対するものになっている点である。このための問題点として、①同額の相続財産額の相続においても、法定相続人の数や構成によって基礎控除額や適用される累進税率が異なり、水平的公平を侵害している。同様のことが、同額を相続しても遺産総額が異なる別個の相続の場合でも生じている。②評価誤り、申告漏れによる修正申告時に、その誤りに直接関係ない相続人にも追徴税額が発生する。③連帯納付義務や共同申告に代表される相続人の連帯責任化による相克等が指摘されてきた。

これまで政府税制調査会の答申では課税方式に関しては、徴税上の都合が優先され、納税者側の事情を考慮した姿勢を示すことはなかった。二〇〇七年一一月答申の参考資料のなかで（表1-5）、特色として初めて問題点のいくつかに触れたにすぎない。怠慢といえよう。

現行制度が採用されてからすでに半世紀、相続の実態も大きく変化している。現在では、合理的個人主義の浸透、家族や社会の流動化もあり、「争族」「争続」といわれるほど、各相続人が自らの相続分を主張するようになっており、確実に遺産分割は進んでいる。少子化による相続人の数の減少、相続税法上の法定相続人に算入できる養子の数の制限は仮装分割を困難にしている。また農業、中小事業者の比重は低下しており、事業承継資産については別個の緩和措置も講じられており、遺産分割に抑制的な現行制度を継続する理由は稀薄になっているばかりでなく、弊害のほうが目につく。

二〇〇七年一二月の与党税制改正大綱を受けた「新事業承継税制」の制度化に合わせ、ようやく課税方式が「遺産取得課税方式」に変更予定となった。基礎控除、税率等は相続人ごとの事情（配偶者等の共同生活者、事業承継者、その他等）、被相続人との親疎により設定が可能となり、より担税力に応じ

表1-5　相続税の課税方式の類型

課税方式	遺産課税方式	遺産取得課税方式	法定相続分課税方式（現行制度）
概要	遺産全体を課税物件として，たとえば，遺言執行者を納税義務者として課税する方式	相続等により遺産を取得した者を納税義務者として，その者が取得した遺産を課税物件として課税する方式	遺産取得課税方式を基本として，相続税の総額を法定相続人の数と法定相続分によって算出し，それを各人の取得財産額に応じて按分し課税する方式
採用国	アメリカ，イギリス	ドイツ，フランス 日本（1950～57年）	日本（1958年～）
考え方	被相続人の一生を通じた税負担の清算を行い，被相続人が生存中に蓄積した富の一部を死亡にあたって社会に還元するという考え方	偶然の理由による富の増加に担税力を見出して相続人に課税することにより，富の集中の抑制をはかるという考え方	①累進税率の緩和を企図した仮装分割への対応，②農業や中小企業の資産等分割が困難な資産の相続への配慮，といった観点から，実際の遺産分割の状況により負担に大幅な差異が生じることを防止するという考え方
特色	遺産分割の仕方によって遺産全体に対する税負担に差異が生じない（個々の相続人に対し，その取得した財産の額に応じて累進課税が適用されず，各々の担税力に応じた課税という点で限界がある）。	個々の相続人に対し，その取得した財産の額に応じた累進税率を適用することができ，各々の担税力に応じた課税をすることができる（遺産分割の仕方によって遺産全体に対する税負担に差異が生じる）。	それぞれの方式の長所を採り入れている。ただし，①自己が取得した財産だけでなく，他の相続人が取得したすべての財産を把握しなければ正確な税額の計算・申告ができない（したがって，一人の相続人の申告漏れにより他の共同相続人にも追徴税額が発生する）。②相続により取得した財産の額が同額であっても法定相続人の数によって税額が異なる。③居住や事業の継続に配慮した課税価格の減額措置により，居住等の継続に関係なく他の共同相続人の税負担まで緩和される。

出所：政府税制調査会『2007年答申』の参考資料，64ページより。

た課税が実現できるはずである。「資産の再配分」「富の集中排除・分割促進」のための制度設計が求められる。決して格差助長、格差の固定化を放置するような税制であってはならない。

6　事業承継税制

事業承継税制の問題は突き詰めれば、事業用宅地と取引相場のない株式の評価を相続税制のなかでいかにとらえるか（評価減額措置を講じる）ということである。一九八三年に導入された小規模宅地特例制度（居住用、事業用宅地の評価減額制度）は、制度改正により減額割合、対象面積が拡大されてきた。ただ、問題点として、相続人が事業を承継しない場合でも、被相続人が事業の用に供していた土地に五〇％の評価減を認めていたり、承継した場合でも、相続税の申告期限までという短期間での事業継続に対しても八〇％の評価減を認めていること等に疑問がある。二〇〇二年に特定事業用資産の特例のなかで創設された同族会社株式の課税価格を減額する制度は減額割合が一〇％であり、実効性があるとはいいがたいものであった。

今回の「新事業承継税制」は、中小企業の将来性不安や後継者不足問題に対し、雇用確保や活力維持のため、事業後継者に事業継続、株式の保有継続、雇用の八割維持等を条件に、納付すべき相続税額のうち相続等により取得した議決権株式の八〇％に対応する相続税の納税を猶予するというものである。中小企業の株式が高く評価され、市場性がなく売却困難という側面への対処でもあろう。

ところで、こうした事業承継税制における土地、株式の評価は時価を基準としたものであり、そこから一定割合を減少させるという方法がとられてきた。売却困難な事業用土地については収益還元法という発想も必要である。財産評価が法律に拠らず、通達を基準にしている問題と合わせ検討課題のひとつである。

ここまで、相続税の目的・課税のあり方、抱える問題点等をたどってきた。相続税の有する「富の集中排除」・「資産の再配分」機能が今日の格差社会で、社会的公平・公正をはかる手段として必要性の高まりを確認する作業でもあった。「グローバル化」・「新自由主義経済」がもたらしたものは、一部の「超富裕層」と「貧困層の増大」である。階層分化の進行は「下流社会」を出現させ、格差の固定化は、社会の衰退に結びつく。相続税には「機会の平等確保」の観点もある。「本人の努力や能力に関係なく、親からの遺産により、本人の人生が決まってしまう」状況は、健全ではない。富の不平等是正こそが、やはり相続税に最も求められるものであり、税負担を担うべき主体は高資産家層でなければならない。この視点を度外視したものならば、改革には値しない。

（吉田孝敏）

注

（1）田中治／日本租税理論学会編『相続税制の再検討』（法律文化社、二〇〇三年）四一ページ。
（2）福田幸弘監修『シャウプの税制勧告』（霞出版社、一九八五年）一七八ページ。
（3）政府税制調査会『二〇〇〇年七月答申』一九〇ページ。
（4）同右、三〇三ページ。

(5) 政府税制調査会『二〇〇二年答申』一五ページ。
(6) 同右、一六ページ。
(7) 政府税制調査会『二〇〇七年答申』二七ページ。
(7) 同右、二六ページ。
(8) 同右、二五ページ。
(10) 政府税制調査会『一九五七年一二月答申』、同『一九六四年一二月答申』など。

第二章　シャウプ勧告の理念

――公平と民主主義――

第一節　シャウプ勧告「序文」考

はじめに

シャウプ勧告が出てからほぼ六〇年になるが、依然として日本の税制を論じる場合、必ず引き合いに出される大きな存在である。本章では、シャウプ勧告の「序文」を手がかりに、シャウプ使節団の意図を探ってみる。一般に序文というものは、本文を仕上げたあとに書くわけだから、そのなかに著者の意図が込められていることが多い。シャウプ勧告の序文も、わずか三ページ足らずだが、シャウプ使節団の意図や考え方を推し量るに十分な内容をもっている。

第一節ではシャウプ勧告の序文から、①税制使節団の歴史的位置、②シャウプ勧告の目的＝恒久的税制（最新の税制）の立案、③一つのシステム＝租税制度の勧告であること、④税務行政上の使い分け＝「簡素と複雑」、などの問題を取り上げる。

ついでに、⑤シャウプ勧告の邦訳として、現在広く利用されている、福田幸弘監修『シャウプの税制勧告』（霞出版社、一九八五年）[1]の序文訳について、内容的に重要な疑問を指摘しておく。

第二節ではシャウプ勧告の意図に対して、当時の日本側関係者がどのように受け止めていたか、日本租税研究協会の第一回から第三回までの大会記録から引く。

そして第三節では、地方自治の確立を目指したシャウプの改革案について検討する。

1　税制使節団の歴史的位置

もともとシャウプを団長とする税制使節団は、連合軍最高司令官マッカーサー元帥の要請で編成されたものである。マ元帥はかねて、日本の民主主義的改革の一環として、健全な税制の創設・施行の必要を感じていたといわれる。したがって完成した報告書は、使節団長シャウプからマ元帥に提出された。シャウプ勧告（『日本税制に関する報告書』）の序文の日付は、一九四九年八月二七日になっている。前日の八月二六日に、シャウプは内外記者団に談話形式で、勧告案の概要を説明していた。

マ元帥から吉田首相へシャウプ勧告が伝達されたのは九月一五日で、この日にはまた、日本語と英語の対訳で、シャウプ勧告の全文が四分冊の形で、約二万組が公刊された。報告書全文の和英対訳による公開は、シャウプが使節団長を引き受ける条件の一つだった。

このようにシャウプ勧告は、占領軍の方針として日本政府に「伝達」されたわけだが、それが一九四九年九月という時点であったことが、その政治生命に大きな影響を与えることになった。なぜなら、シャウプ勧告直後の一九四九年一〇月、中華人民共和国が成立し、そしてシャウプ勧告税制が実施された一九五〇年の六月に、朝鮮戦争が始まるなど、日本を取り巻くアジア情勢が激変するなかで、長かった日本占領期間が終結に向かい、一九五一年九月、サンフランシスコ講和条約、日米安全保障条約の締結となり、それとの関連でアメリカの対日政策の転換が生じたからである。

シャウプ勧告税制に対する「修正」の動きが、一九五〇年度の実施から三年内に集中するのは、このような歴史的事情による。のちにシャウプ自身も、この「修正」の背景として、日米両国の「政治の保守化」をあげているところである。

2　シャウプ勧告の目的＝恒久的税制（最新の税制）の立案

序文には、シャウプ勧告による税制が、日本の当面の財政事情を超える「恒久的税制」（a permanent tax system）として立案されていること、その場合、可能な二種の税制（primitive と modern）のうち、modern な税制を選択したことが明らかにされている。

modern（最新の）税制とは、よく保存された納税資料とその分析にもとづく税制であるのに対し、primitive（旧式な）税制とは、外形標準に依存する税制という特徴づけが与えられている。

そして、もし「旧式な税制」を選択したならば、税負担の公平、市民の民主主義感覚、地方自治、経済活動のいずれに対しても、マイナスの結果を生むことになると指摘されている。それに対し、「最新の税制」の方はどうか。

シャウプ使節団は来日まもなく、実地調査を重ねるなかで、当時の所得税の問題点（脱税の横行、恣意的な更正決定、個人事業者と給与所得者の間にある執行上の不公平など）に気づくようになる。そのため使節団としての問題意識は、日本の納税者が、はたしてこのような状態からモダンな税制、すなわち帳簿をきちんと付けるなど、面倒な税務事務をこなせるかどうか確かめてみよう、というものだった。使節団のメンバーは日本各地に赴き、税務職員や納税者の意見を聴き、かれらの所得税に対する熱意や技術的能力（記帳や会計事務）の程度を把握することに努めた。

シャウプ勧告の序文には、こうして得られた結論が述べられている。「われわれは租税法規の公平かつ能率的な施行、および日本の納税者の高度な納税協力を得るための困難は必ずしも不可避なものでないとの確信を得た。」したがって業者や富裕な納税者が「記帳を励行」し、「公平の問題を論究することを辞さない」という「最新の税制を勧告」したこと、そしてこの方向を進めば、「日本は今後数年内に、おそらく世界で最もすぐれた租税制度をもつことができよう」と。

3　一つのシステム（租税制度）を勧告したこと

使節団は序文で、「勧告の一部分のみを取り入れることによって生ずる結果については、責任を負わない」と述べている。使節団が勧告したのは、「ばらばらな措置」ではなく、a tax system（租税制度）であることが強調されている。

マ元帥は、シャウプ勧告を日本政府に伝達するに際し、吉田首相に宛てて書簡を添えた。そのなかで、

「これは全体として採り上げれば、日本の中央と地方政府の財政の基礎を健全なものにし得る内容をもっている」と述べている。これに対し、吉田首相のマ元帥への返書（一九四九年九月一六日）には、「これを全体として採り入れて初めてシャウプ博士の意図されるがごとき合理的にして公正なる税制の基礎たり得ることを十分に了承しております」とあった。吉田首相のこういう返書を見るかぎり、少なくともこの段階では、日本政府がシャウプ使節団の意図を尊重しようとしていたことがわかる。

勧告事項は相互に関連していることにより、同時にpermanent tax avoidance（やむことのない合法的税逃れ）を防ぐ税制となっていた。この仕組みの結節点となったのが、キャピタル・ゲイン（譲渡所得）の全額課税である。この点について序文では、「もしキャピタル・ゲインとロスが全額ではなく、現在実施されているような、ある割合だけしか算入されないとすれば、法人所得税と個人所得税に対する勧告事項の設定内容（set）は大幅に改正を要するだろう」と述べられている。

キャピタル・ゲインの全額課税の必要については、シャウプ勧告の本文全体を通じ、繰り返し論及されている。とりわけ強調されているのは、本書第一章第一節「シャウプ勧告がめざした富裕者課税」の1(3)の、シャウプ勧告からの引用が示しているように、「課税所得からキャピタル・ゲインの五〇%を除いていること」が、合法的脱税に道を開くことになるという指摘である。

「キャピタル・ゲインは多くの所得形態の一つにすぎない。この税率を、外の種類の所得に対して適用する税率以下に引き下げれば、……多くの富裕な、そして抜け目のない投資家が高額所得を得ながら、……普通所得をキャピタル・ゲインの形に切り換えるなど」して「自己の正当な税負担額を合法的に回避」することになる。

そういう「合法的脱税は非合法な脱税よりも、一層納税モラルに対して有害となる。」（『勧告』三一四ページ）したがってまた、「キャピタル・ゲインの全額課税こそは、われわれの勧告のなかで最も強調されているところである。」（『勧告』一一八ページ）

4 税務行政上の使い分け＝「簡素と複雑」

「モダンな税制」は、納税者に税務行政への協力を求めるが、納税者を一律に扱うのではなく、税負担能力の大小によって区別している。序文のなかでも、「商工業者と相当な資産家」の場合は、記帳の励行などをもとに、「複雑かつ困難な問題の分析」を求めているのに対し、「生まれて始めて直接税を納める多くの個人」の場合は、「簡素」でよいとしている。この点について、本文の記述から補足しておく。「経済的利害の複雑な富裕な納税者や事業を営む法人」に対しては、「簡素化にかたよるべきでない。」「このような納税者は完備した帳簿を作成する労を惜しまないと期待されるからである。」「かれらは合法的な租税逃れの抜け道を塞ぐために立案された複雑で詳細にわたる法律を十分理解できるはずである。」（『勧告』四一ページ）

富裕な納税者に対する、このような厳格な税務行政上の扱いは、シャウプ使節団の社会観に負うところが大きいように思われる。それは日本経済の民主化措置として行われた財閥解体とも関連していた。この点について、シャウプ勧告の本文には、つぎのような主張が見られる。「その名に値する累進税制ならば、経済組織の支配権を少数の富裕な個人の手に集中させる恐れのある、膨大な財産の蓄積を有効に阻止する準備がなければならない。膨大な富の蓄積は、日本にとって特に重大な危険であるが、このような蓄積を税制によって阻止しなければ、かれらは遅かれ早かれ必ずや再起するであろう。」（『勧告』一〇八ページ）。「富裕階級は、現代においては、その所得の大部分を、政府の歳出を通じて社会全体の福祉のために提供することを求められており、……。」（『勧告』一一四ページ）。

これに関連し、富裕者の「脱税防止」のため勧告された税務行政上の措置を上げると、「あらゆる種類の資産の匿名所有に対する制限」（『勧告』の付録、三一六ページ）、「ある一定額を超える所得の申告は、すべて調査されなければならない。」（同上、三八一ページ）「銀行預金を照査しなければならない。税務署の銀行の記録検査に関する規定は、より広範に調査しうるように改正すべきである。」（同上、三八二ページ）、「現在、銀行預金の多くは偽名、または他人名義で行われている。これらは効果的な税の調査を妨げるし、なんら正当な理由はない。こういう預金口座の設定を認められないようにすることを勧告する。」（同上、三八三ページ）「現在は、株式または社債の有効な登録制度はない。よって、株券および債務証書を含むすべての法人証券に登録制度を適用し、それによって税務職員がある株式または公債の所有者は誰か、または誰であったかを確かめられるようにすることを勧告する。」（同上、三八四ページ）

5　福田幸弘監修『シャウプの税制勧告』序文の疑問訳

英文——a rather primitive type of tax system, one which would depend on external signs of income and

wealth and business activity,
疑問訳――「所得、富および事業活動といった外形標準によってやや粗っぽい租税制度」
説明――ここでは of を、「といった」と訳しているが、これは誤訳である。この訳では、「所得、富、事業活動」が、いずれも「外形標準」と見なされてしまう。しかし所得にせよ、富（財産）にせよ、事業活動にせよ、いずれも経済実体であって、むしろそれぞれが「外形標準」をもっている。たとえば、所得の外形標準は収入額であり、富の外形標準は不動産の面積などであり、事業活動の場合は売上額とか雇用者数などがそれにあたる。また、income と wealth の間にも、and が入っていることから、これら三者が独立したことがらであることが示されており、これらを「といった」というふうに、ひとくくりにするわけにはいかないのである。正しくは、of を「の」と訳すべきところである。なお、ここでは primitive を「粗っぽい」と訳しているが、modern との対比であることを考えれば、さきに示した拙訳の「旧式」のほうが適当のように思われる。

英文――keep the local governmental units in uneasy financial dependence on the national government
疑問訳――「地方政府の安易な国家財政依存を継続させ」
説明――ここでは、地方自治体と中央政府の財政関係を取り上げているわけだが、疑問訳は、uneasy を、「安易な」と、辞書にない訳語を当てていることである。この訳だと、問題はいかにも地方自治体側の姿勢にあるように見える。しかし uneasy は、「不安定な」の意であって、当時の地方財政調整制度の問題として指摘されていた、地方財源にまわされる特定の国税収入が、景気動向に影響されて安定的でないことを指している。だからこそ平衡交付金制度の勧告となったのである。

注

(1) 以下、同書からの引用は『勧告』と省略してページを示す。

第二節 シャウプ勧告と公平理念の今

1 シャウプ勧告税制における税負担の公平

今日の日本の税制を語るとき、どうしてもシャウプ勧告(一九四九年)に立ち戻らねばならない。なぜなら、政府税制調査会が最近の「税制改革」を「シャウプ勧告以来の抜本的改革」と称しているからである。ここでは、シャウプ勧告税制における「税負担の公平」が、「抜本的改革」でどう変わったか、なぜ変わったかを考察する。

シャウプ勧告のなかに、「われわれが公平の追求に重点を置いていることに対し、驚きを与えていることが少なくない」(『勧告』三八ページ)という記述がある。たしかにシャウプ使節団は、「税負担の公平」をキーワードとして、日本税制の改革を目指していた。そういうシャウプ使節団の公平論が、当時の日本人、とりわけ税務関係者に対し「驚きを与えた」のは、なぜだろうか。それはおそらく、シャウプ使節団の税金感覚が、日本人が伝統的にもっていた税金感覚とあまりにちがうためだったと思う。

シャウプ勧告では、税負担の公平を、税法が公平に制定される（公平な税制）だけでなく、税務行政が法に則して行われること、そして広く一般大衆が抱いている公平感と矛盾しないという三重の構造をもつものとして示している（『勧告』三八ページ）。

シャウプ使節団は、その公平理念を実現するため、所得税を中心とする税制、すなわち累進税制を構想した。シャウプ勧告のなかでは、所得税中心主義の意義と利点を、間接税と対比して説明する手法がとられている。それによって両者の差異が一層明確になり、それぞれの特徴が際立つことになった。その例を二つ示そう。

(1)　所得税が公平なことを説明するのに、「間接税では、所得や資産の格差及び家族負担の差異を適正に考慮に入れることができない」（『勧告』八〇ページ）という言い方をしている。

所得税が負担公平を実現するのは、納税者の個人的事情のちがいを、課税最低限や累進税率の仕組みをとおして配慮できるからなのに対し、間接税は、誰にも同じようにしか課税できない。つまり税負担の公平とは、人によって「ちがう扱い」をすることであり、誰をも「同じに扱う」ことではないというのである。

人によって「ちがう扱い」は、税務行政の面にも貫かれており、「簡素に偏れば」かえって「不公平」になることを指摘し、「生まれて始めて所得税を納める人には、簡素を選ぶ」が、「経済的利害関係の複雑な富裕な納税者に対しては、より複雑でよい」（『勧告』四〇ページ）と。

シャウプ勧告を受けて開かれた日本租税研究協会の第一回大会において、当時の大蔵省主税局長平田敬一郎の報告、「所得税を中心にしたシャウプ勧告案、時期としては早すぎた感がありますが、しかし方向として妥当な線。結局においては所得税が最もよく各個人の支払能力、担税力に一番応ずる課税である。公平の原則にかなった税であるということは議論のないところ……。(1)」ここで平田主税局長は、所得税中心の税制が公平原則にかなうのは当然のこととし、とくに「驚く」ふうはない。

当時の大蔵大臣池田勇人も、「わが国の税制は、制度そのものとしては、欧州大陸諸国の例をかなりよく研究してできており、その理論的裏付けも発達していたから、その限りでは特に外国人の指導を仰ぐ必要はなかった(2)」という。しかしこれらは、いずれも建前論にすぎなかった。

シャウプは鋭く指摘する。「現行の日本税制は、紙上の計画において十分に公平の要請に応じている。実際の運用あるいは各税法の細目にわたっては、話は別である。」（『勧告』三九ページ）シャウプ使節団は、四ヵ月間にわたる日本滞在中の実地調査のなかで、当時の所得税の問題点、すなわち脱税の横行と恣意的な更正決定、個人事業者と給与所得者の間にある執行上の不公平など、税制運用の実情把握に努めた。彼らの課題は、はたして所得税が日本に定着し、発展できるかどうかを見通すことであった。そのため、各種の納税者や各レベルの税務職員に直接会って意見を聴き、日本人の所得税に対する熱意や所得税制度をこなす技術的能力（会計と記帳の習慣）の程度を判断しようとしている。そういう調査を重ねたうえで、所得税中心主義への「試みを継続する」（『勧告』七四ページ）という結論に達したのである。

(2)「間接税収入に対する直接税収入の比率は、国民の納税義務に対する意識の程度を大まかに示す。」(『勧告』二三ページ)

「意識する税」たる所得税中心の税制を発展させることが、政治面で民主主義を育てることになるということを、シャウプ勧告では、「一般国民が政府のために、どの程度の寄与をしているかをあいまいにする重い間接税の制度に戻すと、政府は国民にとって縁遠い存在となり、全く関係がなくなってしまう」(『勧告』七三ページ)と説明している。

「意識する税」すなわち所得税が、民主主義を育てるというのは、戦前からの大蔵官僚たる平田主税局長の意識にはなかったようで、それを正直に告白している。「今までの私共の日本の所得税論におきましては、余り強調されていなかったところでございますが、国民は自分の政府に対し、はっきり意識して、いくら税金を払い、その税金が如何様に使われているか、それを常に批判し得る、そういうのが民主主義の政治においては最も望ましい税の形態である。間接税等におきまして、いつか分からんが税を納めている、そういう行き方でありますと、政府は何をやっているか。それに対する監視と批判が十分行われない。確かに一つの卓見と思われますが、それが所得税がよいという一つの有力な理由になっている。(3)」問題は、所得税のこの側面を、シャウプ以後、日本人がどのように「意識」してきたか、である。

2 「個人間の公平」と「階層間の公平」

鈴木武雄（東京大学教授）は、『現代日本財政史』第三巻（一九六〇年）において、シャウプ勧告を詳細に分析している。シャウプの税負担公平論についての取り扱い方を見ると、シャウプの来日当時の声明、「生産者としても消費者としても、経済的に全く同じ立場にある二人の納税者の納税額に大幅な不均衡があってよいはずがない」に依拠していることがわかる。この「経済的に全く同じ立場にある二人の納税者」間の税負担公平は、いわゆる「水平的公平」ということになるが、鈴木武雄は、これを「個人的な負担公平」と呼び、つぎのように論じる。

「けれども税負担の問題は、このような『全く経済的に同じ立場にある二人の納税者』の間における問題のみでなく、異なる経済的立場にあり、したがって所得額の異なる者の間における問題でもあるといわなければならない。それは、いわば個人としての負担の公平の問題ではなく、階級または階層としての負担の公平の問題である。累進税制こそは、この問題を解決するために導入された近代税制の主要な特徴であるといわなければならない。『勧告』は、しかし、この点にかんしては、同じ経済的立場にある個人間の負担の公平化ほどには積極的ではなかったために、間接税の廃減を除いては、『勧告』は、大衆の租税負担軽減にはあまり寄与するところはなかったということができる。」(4)

ここで鈴木武雄は、階層間の公平、いわゆる「垂直的公平」の問題を取り上げ、シャウプの累進税制に対する態度、すなわち所得税の累進税率をフラット化したこと、また所得税の人的控除を低く抑えたことなどを念頭に、シャウプが階層間の公平に「積極的ではなかった」と論断している。しかしシャウプ勧告のつぎの文章にあるとおり、シャウプは累進税制に、単なる所得再配分機能を超えた重要な役割を期待していたわけで、その意味からすれば、鈴木武雄の評価は、必ずしも当を得ていないように思う。

「その名に値する累進税制ならば、経済組織の支配権を少数の富裕な個人の手に集中させる恐れのある膨大な財産の蓄積を有効に阻止する準備がなければならない。膨大な富の蓄積は、日本にとって特に重大な危険であるが、このような蓄積を税制によって阻止しなければ、かれらは遅かれ早かれ必ずや再起するであろう。」(『勧告』一〇八ページ)

シャウプ勧告では、累進税制を所得税と富裕税の組み合わせとして提案している。富裕税は、さしあたり所得税の最高税率引き下げ分をカバーする程度という位置づけだったが、将来的には所得税の最高税率を一層引き下げていく財源として期待されている。キャピタル・ゲインの全額課税、利子所得の総合課税などの提案も、累進税制を「その名に値するもの」に仕上げようとする、シャウプ使節団の一貫した意図をあらわしている。

シャウプ勧告のなかには、「富者の社会的責任」という考えが流れており、それが累進税制というかたちをとったといえる。「富裕階級は、現代においては、その所得の大部分を、政府の歳出を通じて社会全体の福祉のために提供することを求められており、また社会を少数者の経済的支配に託すような巨大な財産の蓄積は許されなくなりつつある。」(『勧告』一一四ページ)

シャウプ勧告税制に対する財界人などの敏感な反応と強い敵意が、この「その名に値する累進税制」に集中して向けられたのも、故なしとしないわけである。そしてまた、シャウプ税制の修正、すなわち累進税制の骨抜きの結果、シャウプが警告した「個人の膨大な富の蓄積」が現実となり、巨大資産家による財力乱用や無法行為の例がつづいている。

3　所得税の課税最低限をめぐって

所得税中心の税制ができたことで、当時の日本国民の税負担はどうなっただろうか。鈴木武雄によれば、大衆の負担軽減にならなかったという。実際にシャウプ勧告税制において、所得税の課税最低限は、どのように取り扱われているのだろうか。

シャウプ勧告では、税負担は単なる負担ではない、という考え方をとる。「税収は、ただ消え去るのではない。」国民が負担する税のお返しとして、政府は国民に「福祉」、「公共サービス」を支払う（『勧告』一八ページ）。これらの「政府サービスも、衣食住や医療費とならんで、国民の「生活に欠かせない」（『勧告』八〇ページ）。

シャウプは、課税最低限を構成する、当時の基礎控除額等については、「低過ぎる」として、それらの増額を提案（一方で、事業所得などとの「負担公平」を理由に、勤労控除は引き下げを提案）した。その際、基礎控除額や扶養控除額について、「厳密な標準はない」と述べている。つまり、「低過ぎる」控除額をどれだけ増やすかという問題を、絶対的ではなく、相対的な課題にしたといえる。たとえば、最低生活費非課税をたてに、「基礎控除額一〇万円」という主張に対し、「資源に乏しい敗戦国日本で、普通の所得の国民が十分な生活必需品を手に入れながら、しかも十分な政府サービスを受けるということは、どう考えても無理」(『勧告』八〇ページ)と答えている。

この場合の論拠が、「政府もまた生活に欠くことができない」という主張であった。「基礎控除額一〇万円では、歳入不足になる」と。ここでは国民の最低生活費と政府の維持費が、ギリギリのところで切り結んでいる状態だった。代わりの案というのであれば、それは間接税の増税だが、シャウプはとらない。もし「それを取引高税のような間接税の増税でカバーすれば、生活必需品の課税になる。」残る「唯一の可能性はインフレーションだが、これは低所得者に重い……隠れた課税になる」として退けている(『勧告』八〇ページ)。

したがってシャウプの考え方は、所得税非課税の低所得階層に負担を広げるのでなく、「普通の所得の国民」にがまんを求めるというものであった。もっとも当時、「普通の所得」自体、相当に低かった。とはいえシャウプが唱えた、基礎控除等に「厳密な標準はない」とする説や「政府不可欠」論、つまり財政需要論は、当時の日本政府当局者によって、国会答弁などで繰り返し利用された。

衆院大蔵委員会で平田主税局長の説明、「最低の生活費には食い入らない税がいい。これは通説。ただ財政上の需要ということもあわせて考えなければならない。」(5)

参院大蔵委員会で、木内四郎委員の質問、「基礎控除は最低生活がこれならどうやらできるということじゃないのか。」平田主税局長の答弁、「最低生活費という物差しのみによって決定さるべきでない。むしろ財政需要の要請が強いようですから、相当低い控除を決めざるを得ないという事情にある。」「基礎控除が最低生活ということになると、これは理論上むずかしい。最低生活費は必ず、国家は所得税という形で徴収してはいかんということはないのではないか。[6]」また、板野勝次委員の質問、「基礎控除に別段の根拠といっては、ないわけですか。」平田主税局長の答弁、「2＋2＝4という意味における根拠はないと思う。いい加減に決めたかというと、勿論そうではない。やはり財政の事情、生活の状況その他所得税全体の負担ならびに各税の負担の状況等を検討し、この際としてはこの程度でよかろうということ。[7]」

財政事情がやや好転した一九五一年度予算案において、シャウプの第二次勧告（一九五〇年九月）は、基礎控除額と扶養控除額の引き上げを最優先事項としている。これは前年の勧告の引き上げでは、まだ不足だったことをシャウプが強く自覚していたためといえる。

平田敬一郎自身も日本開発銀行副総裁に天下ったのち、この当時の所得税が重い大衆課税だったと回想している。「よくもああいう所得税を徴収したものだと今日から考えますと、ぞっとするほどです。その当時の基礎控除と扶養控除がいかに低かったか、また税率が下位の所得階層から既にいかに高かったか。当時の所得税がいかに重い大衆課税であったか。例えば日雇い労務者は今日ではほとんど所得税の免税点以下ですが、当時はほとんど全部が源泉徴収を受けていました。……従いまして私共の、その後の税制改正の中心は、所得税をいかに軽くするかにあった。[8]」

4　所得税の負担構造

シャウプ勧告の「低過ぎる」基礎控除額の背景を指摘しているのは、都留重人（東京商科大学教授）である。都留教授は衆議院大蔵委員会公聴会で、「本当の所得と税務署相手の時の所得との間に開きがあること、その開きが職業や所得階層により非常に違うこと」、「しかもこの違い方は偶然的に違うのでなくて、ちゃんと法理的に説明できる。その開きは、税率の高さに依存する」として、これを「屈折作用」と呼んだ。(9)

「近代的な納税道徳が十分に発達していない国では、法文の上の税法と、国民のふところと接触する面での税法の間には、ちょうど何らかの液体の中を通るときに光線が屈折いたしますように、一種の屈折作用が働いております。」

この「屈折作用」が、当時の不十分な国民所得推計と相乗作用をする。シャウプ勧告では、納税者の収入総額は二兆二千億円と推計されているが、この額は実際より「少なめに計算」されており、そのため「所得分布図は所得の少ないところにたくさん固まってしまい、高い所得の人が非常に少ない分布」となっている。「そこに大蔵当局が、さらに第二段の手心を加える。その手心とは、申告納税の方に対して六五%しか取れないだろうというものです。源泉課税の方にはこの手心をほとんど加えない。ほぼ一〇〇%取るという推定になっている。……低く見積もられた国民所得に対して、さらに捕捉率を六五%と見るような屈折作用があるのでは、税率の体系がいかに美しいものであっても、行政当局に実際の適用税率決定を委任するに等しい。」

「屈折作用」によって、高額所得者が本来の税負担を免れるとすれば、その分「普通の所得階層」、すなわち低所得階層に負担が偏ることになる。しかも当時の国民所得推計の「低めの見積もり」のおかげで、低所得階層が相対的にウエイトを増し、この階層の税負担を増やすことになった。

こういう「屈折作用」について、シャウプ勧告でも、所得推計と実際とのズレ、高所得者に対する税額査定の誤差として指摘している。「日本の国民所得は最も低く見積もって三兆円、実際はそれを数千億円ないしは一兆円上回る額と見込まれる」（『勧告』三〇ページ）。「われわれの印象では、最高段階の所得額の査定において、現在のところ一〇%ないし二〇%の誤差は通常のことであり、五〇%以上の誤差さえもまれではない。」（『勧告』一〇六ページ）

シャウプ勧告では、所得税の累進税率構造を、当時の所得分布を前提に組み立てている。その所得分布は、前述の「屈折作用」を受けたもので、「実質所得の平均水準が非常に低く、この水準に個人所得がほとんど集中」していた。シャウプは、「この条件のもとでは、税率は相当の高さの水準から始め、かなり急激に上昇しなければならない」とした。実際、最低税率二〇%が適用される五万円以下の所得階層のところが、全体の課税所得の二分の一を占めるような状況だった。まさに、低いレベルの所得「平準化」。

中以下の所得階層に偏った所得税の負担構造に、累進税率がその威力を発揮する。シャウプ勧告当時は、ある程度事情やむを得ず、そういうかたちでスタートしたものが、その後の所得税減税において、「人的控除の引き上げに重点がおかれた(10)」といわれながら、一九五五年現在の基礎控除額は八万円にすぎなかった。シャウプ使節団を悩ませた一〇万円に達するのは、一九六二年のことであった。低所得階層に偏った所得税の負担構造を、日本政府が温存し、固定化したということである。所得税のこういう負担構造は、加藤睦夫（立命館大学教授）が特徴づけた「日本型の所得税累進税率」であり、そこでは累進税制が「大衆所得の上昇を的確に把握する道具」へ変質しているのである。(11)

5　直接税中心主義への攻撃＝シャウプ勧告税制の修正

日本側が、シャウプ勧告をどのように受け止め、どう対処したか、その場合の考え方を知るうえで、シャウプ勧告を契機に結成された日本租税研究協会の大会記録が参考になる。

一九四九年の第一回研究大会では、公表されたばかりのシャウプ勧告そのものの理解に関心が集まっており、所得税中心主義についても、だいたいのところ「理論的にはもっともだが、実際的にはどうか。時期尚早ではないか」という受け止め方であった。

翌一九五〇年の第二回大会になると、直接税中心主義に対する具体的な批判があらわれる。

熊本吉郎（大和銀行調査部長）は、日本人の伝統的な税金観が「収奪」であること、それは「国家のやっている仕事がわれわれ国民大衆に対して無縁である」ためであり、その点で、「シャウプ勧告との食い違い」を指摘している。そして、「所得税を中心とした税制は理想的であると思いますが、日本人の納税思想からいえば、直接に税金がかかってくることに非常に苦痛を感ずる。したがって所得税中心の税制を幾分緩和していただいて、知らないうちに納めるという税金もやはりいいのではないか、言い換えれば消費税にもう少し重きをおく必要がある。(12)」しかしシャウプ勧告の意図は、まさにこういう日本人の「伝統的な税金観」に転換を迫るものであったはずである。その意味では、まさに「何事も学ばず、何事も忘れず」というところか。

木村元一（一橋大学教授）は、直接税主義の理念は立派としながらも、日本の現状が直接税主義を実施する条件を満たしていないことを、証明してみせる。すなわち「正確な所得や財産金額の測定が必要だが、農家や自営業者には困難」、「国民所得水準が低いため、最低生活費免税を実施できない」、「株式売買などの源泉報告の制度が不完全」、「民間企業における簿記技術が幼稚」、「税務職員の不足、経験年数の低下」など。(13) これらの難点は、シャウプも先刻承知していた。この場合、シャウプが木村元一とちがうのは、日本での実地調査を踏まえたうえで、これらの「困難な条件」を克服可能、と判断したことにある。

シャウプ勧告税制が、「資本蓄積よりも、税負担の公平を強調し過ぎる」と不満を述べるのは、経営者として発言している、原吉平や松隈秀雄である。

原吉平（大日本紡績社長）、「今回の税制改正を貫く大きな一つの精神として、負担の公平という問題があまりにも強調され過ぎていると考える。経済が安定した時代は、この精神を以って税制を貫くことは当然……。しかしながら、確か戦争中、乏しきを憂えず、等しからざるを憂う、といわれたが、現在の日本は、まず乏しきことをこそ憂えなければならない経済状態……。生産を増加し、日本経済の自立を図るためには、今日の段階では、企業資本の蓄積こそ最も緊要……したがって負担の公平を目的とする税制も、資本蓄積という立場から再考慮し、ある程度傾斜的な税制が必要ではないか。(14)」

松隈秀雄（中央酒類社長）は一応、「シャウプ勧告の特色は資本蓄積への配慮」であることを評価し、法人擬制説による法人税や所得税の最高税率引き下げを、その例にあげる。「しかし負担均衡上、本質的に重要でありまする場合には、負担均衡の原則の方を特に尊重しまして、どこまでもこれを貫いておる点があります。」その例が、キャピタル・ゲインの全額課税であり、富裕税であり、無記名定期預金の廃止である。そのために、「細かい資料まで集め」なければならない。「資本の蓄積が特に必要になってきている現状におきましては、これらの問題は見送ることが適当で、……もう少し間接税に重点をおく必要がある。(15)」

一九五一年の第三回研究大会になると、シャウプの呪文、「税負担の公平」から逃れようという声が、合唱となる。キーワードは「資本蓄積」である。

汐見三郎（会長・京都大学教授）が「税体系円卓会議」の議長報告で、「シャウプ勧告税制の所得税中心主義は考え直すというのが、皆さん共通の意見。低い資本蓄積を高めていくことが、今日の政策目標である。そのためには、総合課税に例外を設ける。累進税率を緩和する。間接税、消費税の相対的増大などが必要。法人税の引き上げ反対論が強い。富裕税を止めて、所得税の最高税率を引き上げるほうがいい。(16)」

松隈秀雄が「法人税円卓会議」の議長報告で、「直接税中心主義は行き過ぎという財界人の意見を、学者の意見が裏書している。たとえば、井藤半弥（一橋大学教授）の意見……富の分配関係が平等化しているから、直接税も間接税も大衆課税だ。同じ大衆課税ならば、間接税の方が取りやすい。武田隆夫（東京大学教授）の意見……現状は中小商工業や農業が多く、その記帳はルーズであり、総合課税に適さない。累進課税は貯蓄を抑制し、消費を刺激するので、資本蓄積を妨げる。第二回大会の木村元一（一橋大学教授）の意見……前資本主義の要素が残存し、所得水準が低い[17]。」

「財界人の意見」の例を示す。金子佐一郎（十条製紙常務）、「所得税はむしろ軽減して、資本蓄積に役立たせ、今後増徴という場合には、間接税を考慮に入れる。富裕税実施のため、好ましくない影響が生じている。この富裕税、所得税の組み合わせは妥当かどうか、非常な疑義をもっている[18]。」荒井誠一郎（行政監察委員）、「富裕税を採用するよりも、所得税の最高税率を高める方がいい[19]。」山田義見（日本勧業銀行会長）、「シャウプ勧告によってできた税は、御破算にしてもらいたい。一つは富裕税、これはやめていただく、その代わりにある程度所得税の累進税率を上げることはやむを得ない[20]。」原安三郎（日本化薬社長）、「所得税の基礎控除が増えますと、大衆の負担部分が減っていく。……国費を負担しない階級が増えてきますから、負担公平の見地から、間接税の増額を考慮したい。間接税は補完税ではなく、所得税と並立して行くことになる。」「富裕税は、取り調べられる方も煩雑で、たいへん迷惑しております。やはり所得税の率を五五％でとめないで、そういう面からの担税能力のある人たちは、所得税一本で徴税される方がいいのじゃないか[21]。」

円卓会議の討議のなかで、松隈秀雄、「直接税を減らして間接税に振り替えてくれという論者は相当多い。消費税の増徴の仕方によっては、もっと多くの税収入を期待できます。砂糖の税率もあれほど下げる要はない。織物課税の復活、物品税の品目拡大で収入増。そして所得税を減らした方が、徴税費でもいいし、納税思想の上にもいい、と言う人が非常に多い[22]。」諸井貫一（秩父セメント社長）、「一番の問題は（所得税）減税が望ましい。その次には間接税（増税）、もっと行けば売上税……。」原安三郎、「あれ（売上税）が一番よけいとれる。一番公平だ。」冷静な意見もないわけでない。荒井誠一郎、「摩擦という点から見ると、売上税は一番問題になりはせぬかと思うのです。」

こういう大合唱を受けて、平田敬一郎主税局長、「将来にわたって税制の体系をどうするか。間接税に依存している国……ドイツ、イタリアの一般売上税、フランスの取引高税、いわゆる流通課税が大きな比重を占めておる。そこでは所得税が相対的に軽くなっている。反対に米英では、そういう課税は余りありません。ヨーロッパ大陸では、売上課税が最も重要な地位を占めている。そういう問題を、いかに考えるか。今後における所得税の持っていき方、あるいは全体の財政需要との関連において、いかに考えるか、十分な検討が必要ではなかろうか。」「売上課税を除いて、間接税（個別の物品税）を重課するということに狭めましたら、そう大きなものではないと思います。」「所得税中心主義で行くと、経済の実情に合わない、納税思想に合わない、こういう非難がすぐ出てくる。それでは取引高税をやろうかというと、これまた反対の者が出てくる。一体どうすればいいのかということなんですね、問題は。」「遠き将来にわたって、租税のシステムをどういうふうにもっていくか。私はできれば直接税中心主義で経済も発展し、納税思想もその方向に向っていくということを希望するわけですけれども、はたしてそれが一般に受け容れられるかどうか。現実の政策は、やはり両面を考えて決めていかなければならぬじゃないか。なかなか悩みの多いところであります。(23)」

当面の累進税制に対する不満が、将来の売上税導入の議論へ広がりを見せていること、それが早くも一九五〇年代の初めから始まっていることに注目してよいだろう。

6　シャウプ税制「修正」の背景と仕掛人

一九五三年、富裕税は廃止され、申し訳のように所得税の最高税率が六五％に引き上げられる。有価証券のキャピタル・ゲイン課税が廃止され、利子所得が源泉分離課税となった。シャウプが構想した「その名に値する累進税制」は、骨抜きにされたのである。

ブロンヘンブレンナー（ウイスコンシン大学教授）は、これを「資本蓄積を奨励するため、負担の公平を犠牲にした」と述べ、こういう修正の背景にふれて、「政治のあり方が、少し右がかっていた」、「占領政策に対する反応が非常に変わってきた」と指摘している。(24)

シャウプ使節団のメンバーだった、シャウプとサリーの意見も興味深い。一九七二年、日本の大蔵省に招かれたシャウプは、シャウプ勧告税制の「修正」が進められた背景として、朝鮮戦争後、米国も日本も「保守化」したこと、日本の財界が発言力を強めたことをあげている。しかしまた、法人税の占める地位が大きいこと、高い一般消費税なしにやってきたことを指摘し、「シャウプ税制の主要な構造は、いまなお、そのままであると思う」と述べている。

サリー（カリフォルニア大学教授）も、「シャウプ勧告は……日本の保守政治によって」修正されたと見ている。「全体として日本の税制は、シャウプ勧告以後、益々投資促進、資本蓄積優遇、したがって相対的に消費に依存してきた。……一見、奇妙に聞こえるが、日本の消費者が相対的に重い税負担を負っている。租税特別措置は、ほとんど貯蓄ないし投資に対するものだから。(25)」

日本租税研究協会を舞台に、このシャウプ税制の「修正（骨抜き）」を主導してきた人物と同じ人物が、戦時下の一九四四年に設置された皇国租税理念調査会において、それぞれ大蔵省主税局長松隈秀雄、京都帝国大学教授汐見三郎の肩書きで、やはり主導的役割を演じていた。この調査会には、大蔵書記官池田勇人、同じく平田敬一郎の名も見える。

当時の大蔵次官が皇国租税理念調査会の会長で、委員や幹事に大蔵・内務・文部三省の高級官僚、帝国議会議員のほか、財政学や日本史の学者が参加していた。戦争の長期化にともない、増税に次ぐ増税攻勢で、重い負担に苦しむ国民のなかに滞納が広がり、税金をめぐる官民のトラブルも増えていた。

この調査会が設置されたのは、それまで一応「建前」としていた欧米流の「権利義務の観念」では「租税が納まりにくい」という危機感をもった、大蔵省当局者の発案だった。調査会の人的構成からわかるように、租税問題を日本独自のイデオロギーにおいてとらえ直そうというのが目的で、文部省などは調査会の成果を教科書に入れるつもりだったという。

松隈秀雄（大蔵省主税局長）の帝国議会での説明が特徴的である。「皇国本来の租税理念は、……上納の観念である。神様に御初穂を差し上げる観念である。したがって国民としては、応分皆納の思想をもたなければいかぬということを、よく分かるようにする必要があります。……皇国租税理念によって租税制度の裏付けをすることが必要になってくる。(26)」

雀部昌之介（阪東調帯護謨社長）が、「池田総理がまだ課長時代、ある会合で、『税金は神様に初穂をお供えする気持ちで納めてほしい』といったようなお話を聞いた」[27]と述べているように、大蔵省主税局の幹部は、実際にこういう「理念」をふれまわっていたのである。そして、こういう「理念」を鼓吹した人物たちが、まさに占領が終わるころに息を吹き返し、シャウプ税制「修正」の旗振りをしたわけである。戦時中に松隈秀雄などが唱えた「応分皆納」という租税理念は、今日ふうに言えば、「国民皆が広く公平に負担」ということになるだろう。消費税導入以来、政府税制調査会が売り出している「公平理念」が「皇国租税理念」と瓜二つとは、シャウプならずとも「驚き」である。

7　シャウプ税制以後の「公平負担」論

ここでは歴代の政府税制調査会答申から、そこでの「税負担公平」論を取り上げ、その主要な特徴を明らかにしてみたい。

(1)　一九五六年一二月の臨時税制調査会答申

「所得税は最も公平の理念に合致する租税として、理論的には租税体系の基本に位すべきものである。ただ、国民の所得水準が戦前に比べて平準化され、また現実の納税者の納税態度も必ずしも満足とは言いがたい今日では、むしろ直接税を重課することの弊が目立っている。」(『五六年答申』六ページ)弊害の例として、「勤労意欲及び事業意欲の阻害」、「税務調査が不完全」、「企業経理の不正」などをあげ、「直接税から一部負担軽減し、これを執行が確実な間接税におきかえた方が、全体として、より公平の理念に合致するとの結論に達した。」(同上、一四四ページ)「直接税は間接税とのつりあいの取れた組み

合わせによって、はじめて全体として担税力に適応することが可能になる。」（同上、一一ページ）

ここでは、「所得水準の平準化」と所得税の実施面での「弊害」を理由に、間接税の比率をあげ、直間比率を是正することが「全体として公平」を実現するという主張である。

どうやら「所得平準化」論は、消費税導入のときにもさんざん聞かされたように、間接税増税の論拠に利用されるようだ。思えば、日本社会がある意味で最も「平準化」していたのは、シャウプ勧告のときといえる。しかしシャウプは、間接税の増税をいわず、逆に、間接税の減税を主張した。してみると「平準化」は、必ずしも間接税の論拠たりえないといえるのではないか。

また、所得税の「弊害」として、「勤労意欲の阻害」や「負担感」をあげているのは、シャウプ勧告の「意識する税」を、消極面でとらえたものであろう。この「勤労意欲の阻害」を理由に、間接税との組み合わせを主張しているわけだが、間接税増税のほうは「消費意欲を阻害」しないのだろうか。シャウプ勧告では、もともと間接税は念頭になく、直接税たる富裕税との組み合わせを提案していた。そういうわけで、この五六年臨時答申には、シャウプ税制の「修正」を意図したイデオロギーが色濃くあらわれている。

（2）一九六一年一二月の政府税調長期答申から

「所得税は担税力を端的に表わす所得を課税標準とし累進課税を行うから、最も公平の理念に合致する租税として税体系の中核をなす。」「租税体系論からいうと、直接税を中心として個別消費税を配する、現在のわが国の体系の方が、負担の公平上、より合理的とも考えられ、特段の財政需要が生ずればとも

かく、現段階においては一般売上税の採用については、賛成しがたい。」（『六一年答申』八ページ）

この答申では、シャウプの直接税と間接税の比較論（納税義務の自覚・支払能力への適応）を引いて、シャウプの「考え方は、それ自体合理的なもの」（同上、二六ページ）と評価している。この答申を見るかぎり、一九五六年の臨時答申とはちがって、所得税中心主義なお健在なりの印象を受ける。思うに、安保反対の国民的民主主義運動の高揚が影響しているのかもしれない。

また、この答申では間接税の増税を打ち出した一九五六年の臨時答申が、ほとんど触れていない間接税の「弊害」、すなわち所得税の非課税世帯に対する重い負担にも、目配りされている。「所得税の非課税世帯が、間接税総額の約五割を負担している。所得階層別の家計負担を比較すると、間接税を含めた税負担の累進度は、著しくゆるやかであり、間接税の逆進性が、相当強く所得税の累進性を減殺していることが認められた。」「わが国においては、所得税が重いだけでなく、間接税の負担もまた重い。所得税の減税だけでは、低所得者の負担が、相当重いままで放置され、バランスのとれた税体系として問題がある」（同上、四ページ）と。

この答申では、また所得税と「納税道義」の問題について、所得把握の「困難」を指摘しながらも、「その目標に向かってたゆまぬ努力を続ける」と明言している（同上、五一ページ）。そのうえ、「今後わが国の経済の発展に伴い、特に多額の資産を保有する者も相当数にのぼることも考えられるので、所得税の補完税として」、富裕税のような「個人の資産を課税標準とする税目の導入」を検討する必要さえ指摘している（同上、五三ページ）。残念なことは、その後の政府税制調査会答申を見ても、そういう検討が行われた様子のないことである。

（3）一九六四年ならびに一九六八年の政府税調長期答申

一九六四年の長期答申。「今後におけるわが国の税体系の中で、所得税が中心的地位を占めていくのが理想である。」（『六四年答申』三二ページ）「控除と税率の組み合わせによる累進構造を通じて、所得再分配の機能を最もよく果たし得る」と。また、「直間比率は、各税の適正な水準を求めた結果として決まるものであり、直間比率を改めるという見地からの税制改正は、必然性に乏しい」（同上、六ページ）という指摘もあり、基本的に一九六一年答申の姿勢を継続している。一九六八年の長期答申でも、「当面、一般売上税の創設を予定しない」（『六八年答申』二四ページ）と明言している。政府税調のこういう姿勢に変化が生じるのは、一九七〇年代である。

8　一般消費税導入へ向けての公平負担論

（1）一九七一年ならびに一九七七年の政府税調答申

一九七一年八月の政府税調長期答申では、一般消費税の導入へ向けて、一歩踏み出している。「所得税と消費税とは、この両者が適当に組み合わされることによって、垂直的、水平的公平が確保され、全体として実質的公平が実現される。」（『七一年答申』四ページ）「今後検討の対象となる一般消費税としては、ＥＥＣ型の付加価値税が中心となる。」（同上、一九ページ）

一九七七年一〇月の政府税調中期答申は、さらに踏み込む。「一九七五年度以降、公債依存度三〇％」

を理由に、「税負担の引き上げ」しかも「巨額な増収額が必要」とし、「結局、所得税および個人住民税の負担引き上げか、あるいは広く一般的に消費支出に負担を求める新税の導入かという問題に直面せざるを得ない。まさに国民が選択すべき重要な課題である。」そして「所得税および個人住民税の負担を大幅に引き上げる場合、高額所得者だけでなく中堅以下の所得階層を含めて負担増にならざるを得ない。これらの税が負担感の強い税であるだけに限界がある。最終的には、広く一般的に消費支出に負担を求める新税の導入を考えざるを得ない。新税の問題点とされる税負担配分の逆進性や物価への影響については、いずれも決定的難点となることはない」（『七七年答申』一二六ページ）と。

「負担感が強い」所得税の増税か、「決定的難点のない」一般消費税導入か。なるほど、これではまぎれようがない。こういうふうにわかりやすい「二者択一」のかたちにして、国民に提示するのが、政府税調に求められる作業というわけである。

（2）一九八六年ならびに一九八八年の政府税制調査会の答申

一九八六年一〇月の政府税調答申。「所得水準が大幅に上昇し、所得分布の平準化が進んでいる中では、税制の所得再分配機能を考慮する必要性は低下し、税負担の水平的公平の確保や財源調達の重要性が高まってきている。このような観点から、税制全体として課税ベースを広げ、負担をできるだけ幅広く薄く求めていくことが肝要である。」「広く消費一般を原則的に課税対象とする新しいタイプの間接税を、間接税制度の中核に据えることがもっとも適切である。」（『八六年答申』一七ページ）

一九八八年六月の政府税調答申。基本理念として、「租税は、国民が社会共通の費用を広く公平に分かち合うもの」という主張を押し出し、「税体系全体として税負担の公平に資するため、所得課税を軽減し、消費に広く薄く負担を求め、……国民が公平感をもって納税しうる税体系の構築を目指す」(『八八年答申』四ページ)、と。

そして一二月に、税制改革関連六法が成立し、消費税の導入に執念を燃やしていた、いわゆる竹下税制改革が実現する。ここまでに、中曽根内閣と大平内閣が相次いで失敗し、倒れていた。それらの失敗に学んでか、竹下内閣は消費税導入の本来の課題、つまりどういう増税を選択するかをぼやかして、まるで所得税減税のために消費税を導入するような話にしてしまった。

その意味では、一九七七年答申の二者択一論が、まさに増税の選択という本来の課題を提起している。しかしながら、この二者択一は、正しい選択肢を示してはいないと思われる。それは「現状の抜け穴だらけの所得税増税」と「一般消費税導入」との二者択一だったからである。

問題が正しく提起されなければ、正しい解答は期待できない。「抜け穴だらけの所得税増税」ではなく「抜け穴をふさいだ所得税の増税」、つまりシャウプ勧告の総合累進税制を選択肢の一つにしなければならない。したがって「総合累進税制の復活か、消費税増税か」が、日本国民にとって真の二者択一であると思う。

この点についても、シャウプはアドバイスしてくれている。一九七二年一〇月に来日した際、付加価値税の導入を主張する木下和夫、藤田晴(ともに大阪大学教授)、貝塚啓明(東京大学教授)らが、「所得税はうまく行っていない。特別措置の廃止も容易でない。だから付加価値税だ」と言うのに対し、シャウプは、「所得税に多くの抜け道があるなら、その抜け道をふさぐことから始めるべきである。特別措置の整理をおこなうべきだ。所得税という既存のよく知った税に精力を集中する方が、付加価値税に精力を分散するよりも経済的だ」と答えている。また、「付加価値税は政治的に比較的難しくないが、所得税の増税はきわめて難しい」という日本人学者の主張に対して、シャウプは、「要は政治的コンセンサスの問題だ。エコノミストの立場で、経済効果、公平、行政執行の難易にてらし、一般的に判断すれば、所得税の方がよいと、といっているのみである」と答えている。(28)

この一四年後、石弘光（一橋大学教授）に対して、シャウプは同じアドバイスをしていた。「アメリカでシャウプなどと議論したとき、彼らは日本の所得税はまだ成熟していないと言うんです。だから間接税で騒ぐ前に、もうちょっと所得税をよくするために頑張れと言われました。どういう意味か考えると、最終的には納税者番号を入れて資産所得を把握するという道なんです。だからそういう形で所得税にもう一回戻って、付加価値税ではなくて所得税でいこうという選択が国民の合意になれば、これもまた一つの方法だし……。そのときシャウプと議論したのは、納税者番号を入れて所得税をよりいいものにする選択と付加価値税を入れる選択と、どっちがやさしいかということに、最後はなったんです。(29)」これに関連する石弘光の談話がある。「シャウプに尋ねられた時、日本では納税者番号の方がむずかしい、と答えておきました。(30)」これらの問答から読み取れることは、シャウプがエコノミストとして、つまり学問的に考察する態度を貫いているのに対し、相手をしている日本の学者たちは、学問的立場というより、なぜか特定の利害にとらわれて、政治的判断に傾いているという印象を受ける。

9 「国民皆が公平に分かち合う」という税の公平論

「税金とは、国民皆が公平に分かち合うものです。」これが消費税導入以来、政府税調が唱える租税理念、すなわち税負担公平論である。二〇〇〇年七月の政府税調中期答申では、このセリフを二〇回も繰り返しているほどである。こういう公平論をもつ税制は、けじめのない、ノッペラボーな税制というべきである。

こういう公平論が、「負担を偏らせない」という「活力」論と腕を組んで闊歩している。シャウプ勧告以来、公平とされてきた累進税制、つまり国民各層の経済力に応じた税負担の仕組みが「偏り」と呼ばれ、「経済活力を損なう」元凶扱いを受けている。それもこれも、消費税を上げたい一心からと思われるが、消費税の増税が「消費の活力」を損なうことに触れないのは、ものの見方の「偏り」であろう。いうまでもないが、消費は生産と並ぶ経済活動なのだから。

注

(1) 日本租税研究協会『第一回大会記録』一九五〇年、五七ページ。
(2) 池田勇人『均衡財政』(中央公論新社、一九五二年)一五一ページ。
(3) 日本租税研究協会『第一回大会記録』六〇ページ。
(4) 鈴木武雄『現代日本財政史』下巻1(東京大学出版会、一九六〇年)九四五ページ。
(5) 衆議院『大蔵委員会議事録』一九五〇年二月二五日。
(6) 参議院『大蔵委員会議事録』一九五〇年三月一六日。

(7) 参議院『大蔵委員会議事録』一九五〇年三月三一日。
(8) 日本租税研究協会『第十回大会記録』一九五九年、六〇ページ。
(9) 衆議院『大蔵委員会公聴会記録』一九五〇年三月二日。
(10) 臨時税制調査会『一九五六年答申』六ページ。
(11) 加藤睦夫『日本経済の財政理論』（青木書店、一九七六年）一〇三ページ。
(12) 日本租税研究協会『第二回大会記録』四〇三ページ。
(13) 同右、一一三ページ。
(14) 同右、四六二ページ。
(15) 同右、四二〇ページ。
(16) 日本租税研究協会『第三回大会記録』一四五ページ。
(17) 同右、三四ページ。
(18) 同右、六二ページ。
(19) 同右、六七ページ。
(20) 同右、七三ページ。
(21) 同右、七八ページ。
(22) 同右、一〇〇ページ。
(23) 同右、一〇三ページ。
(24) 日本租税研究協会『第十回大会記録』五三ページ。
(25) 中橋敬次郎『付加価値税等をめぐる欧米税制の動向と背景』（大蔵省印刷局、一九七五年）三四〇ページ。
(26) 大蔵省財政史室『昭和財政史』V「租税」（東洋経済新報社、一九六二年）七〇四ページ。

(27) 日本租税研究協会『第十二回大会記録』三一二ページ。
(28) 中橋敬次郎編『付加価値税・土地税等をめぐる欧米税制の動向と背景』(大蔵省主税局、一九七五年)三四〇ページ。
(29) 総合研究開発機構『長期的な税制のあり方に関する研究』(一九八六年)一〇七ページ。
(30) 朝日新聞、一九八六年八月八日。

第三節　シャウプ勧告と自主財政主義

はじめに

シャウプ勧告は、二〇〇九年八月二七日に六〇歳の還暦を迎える。日本では古来、還暦、古希、喜寿、米寿、白寿など、長寿を祝う慣わしがある。一二年前に還暦を迎えた日本国憲法の場合は、川柳にあるように、「憲法が　つつかれながら　耐えている」という状態を保っているが、シャウプ勧告のほうは激しいパッシングを受け、原形をとどめていない。これは憲法の改正手続きが厳格で、時の政府の自由にならないうえに、敗戦の痛切な経験が日本国民に受け継がれ、根づいているのに対し、税制の場合は、時の政府与党の恣意が強くはたらいてきたためである。

とくに日本の支配層を悩ませたのは、シャウプ勧告が単なる税制改革というより、日本の民主化を目指していたことにあった。民主化政策の中心にすえられていたのが地方自治の確立であり、それは地方行政が、明治以来の中央省庁の支配・統制から自由になり、住民生活本位のものになることを意味した。シャウプ使節団は、この作業に税制改革と同じ熱意で取り組み、当時の日本の実情を調査し、問題点を洗い出し、総合的かつ具体的な改革案を提示している。

ここでは、地方自治の確立を目指したシャウプの改革案について、その意義と具体的内容を明らかにするとともに、それらの提案に対する日本側の姿勢を検証する。それは、日本国憲法第八章第九二条、第九四条が定める、地方自治権の拡大、自主財源の確保など、「自主財政主義の確立」についての検討でもある。併せて福祉国家の概念について、スウェーデンなど北欧モデルを参考に、普遍主義型福祉国家をめざす国や地方自治体の役割、租税制度のあり方についても考察する。

1　シャウプ勧告は地方自治を「民主主義の学校」と呼んだ

地方政府の業務は、国民生活と密接にかかわっている。それは教育、病院、衛生設備、社会福祉、警察、消防、道路、交通、公園、住宅等々であり、シャウプ勧告では、これらを「集団的消費物資」と呼んでいる。国民生活の改善には、個人的消費物資だけでなく、これら「集団的消費物資」の供給増加も必要であり、地方政府は「集団的消費物資」の供給増加に責任をもつ。その意味では、住民生活の進歩と福祉は、地方政府の行政の質と量にかかっている。

また地方政府は、中央政府とちがい、人々の身近にある。国民は地方行政を監視し、また理解できる。

国民は自分が地方政府から受ける利益と、それに要する費用との関係を明らかに判断できる。地方の段階において発達した国民の習慣と態度は、国家段階にも応用できる。つまり地方自治は「民主主義の学校」である。とはいえ、地方は自給自足しているわけでなく、地方政府の力にも限界があるから、地方自治の概念は過度に主張すべきではない。しかし、日本では地方自治は育っていないのであるから、まず強力な地方自治体が必要である。地方自治の形式が実体を備えるためには、地方政府に適当な独立財源を与えねばならない。

2 シャウプ勧告は具体的改善案を提示した

（1） 地方財政の諸問題

シャウプ勧告は、日本の地方自治、地方財政の問題点として、つぎの五点をあげている(1)。

① 市町村、都道府県、中央政府間の事務配分および責任分担が複雑であり、また重複している。

② 市町村、都道府県および中央政府間の財源配分が不適当であり、また政府による地方の財源の統制が大きすぎる。

③ 地方自治体の財源は、地方の経費を賄うには不十分である。

④ 国庫補助金および交付金は、政府の独断的な決定による。その金額はあらかじめ知ることができず、時には地方が無理な負担を強いられる。中央政府が地方政府に対して細かい点にまで行き過ぎた統制を行うようになっている。

⑤　地方政府の起債権限はきわめて厳重に制限されている。

これらの問題点は、いずれも中央集権的な日本の政治構造、中央政府による地方自治の制約をあらわしている。「勧告」はこれらの問題点を「事務配分」と「財源配分」という二つの側面に分け、その解決方法を考えている。それによると、①の問題点は、中央政府と地方政府間の「事務配分の問題」であり、②、③、④、⑤は、両者間の「財源配分の問題」である。

「事務配分の問題」では、国、都道府県、市町村という三つの行政主体の関係が明確に分離されていないことが、国（中央政府）の支配（統制）を許し、強めているという。また、「財源配分の問題」では、地方税が十分でないため、国から地方へ流す補助金や交付金が国の地方支配の道具となっていること、また地方債が国によって厳重に制限されていることが指摘されている。

したがってこれら「事務配分の問題」、「財源配分の問題」を改善しなければ、日本の地方自治は育たないというのが、シャウプ勧告の問題意識であった。

（2）「事務配分」についての改善勧告（『勧告』一一七四ページ）

①　現状の問題点

事務配分が複雑なため、どの行政機関に責任があるかを特定できない。国民は自分の支払う税金が、どのような行政サービスとして自分に還元されるのかが理解できない。国が市町村に干渉しすぎる。

②　改善勧告

各段階の行政機関の間の事務配分を詳細に研究して、事務の再配分を行うことを勧告する。その研究のために、特別の委員会を設置する。この委員会がしたがうべき三原則。

i　各段階の行政事務を区別し、一つの段階の行政機関には一つの特定の事務がもっぱら割り当てられるべきである。その行政機関は、事務の遂行の面でも、財源の面でも責任を負う。

ii　それぞれの事務は、それを能率的に遂行するために、その規模、能力および財源において準備の整っているいずれかの行政機関に割り当てられる。

iii　地方自治から考えて、それぞれの事務は最下級の適切な行政機関に与えられる。市町村が適切に遂行できる事務は、市町村に第一の優先権が与えられる。第二には、都道府県に優先権が与えられ、中央政府は、地方自治体では効果的な処理ができない事務のみを分担する。

（3）「財源配分」についての改善勧告（『勧告』二七七ページ）

①　地方税制度に関する基本的な原則

i　簡素な税制。納税者が理解しやすい税で、税目数は必要最少限とする。

ii　税務行政が効率的で、明確なこと。行政技術上容易なこと。

iii　国、都道府県そして市町村の間で、税源の分離がはっきりしていること。その結果、国民は自分に課された税の政治責任がどこにあるか明確になる。

iv　地方自治体は住民の必要と要求に応じ、税率の決定権を持たねばならない。

②　地方税制度の具体的改革

i　市町村税の増収をはかる。地方自治を発展させようと望むなら、強化を必要とするのは、都道府県よりも、むしろ市町村である。

ii　都道府県税に対する市町村税の付加税制度は廃止する。都道府県と市町村が、それぞれ独自の税目を持つべきである。それにより住民は、税率決定の責任がどこにあるかを知ることができる。一つの段階に集中されれば、各税の執行は強力になる。

iii　地方税の税目数を減らし税率を上げる。

iv　三つの主要な地方税、すなわち地租・家屋税（不動産税と呼ぶべきもの）、住民税および事業税を大幅に改革する。

③　三つの主要な税の改革提案

i　住民税

住民税は市町村の歳入とする。地方自治体として、市町村を都道府県より重視していることをあらわしている。

ii　地租・家屋税（不動産税）

地方自治のため、とくに地方独自財源が必要という立場から、地租・家屋税について、課税の全責任を市町村に負わせ、税収の全額を市町村のものとする。この税は小さな市町村でも効率的に運用できる。

iii　事業税の改革――付加価値税

事業税は都道府県の独立税である。都道府県が事業に、ある種の税を課すことは正当である。事業および雇用者が、その地方に住むために必要な地方行政サービス（公衆衛生サービスなど）の費用を負担するのは当然であるからである。

事業税の改革として、課税標準を事業利益だけから、「事業利益＋利子＋賃貸料＋給与支払額」の合計額に改めることが提案されている。これは所得に税負担が偏っているのを緩和するためと説明されている。この新しい課税標準には、別な定義として「他企業から購入したものの価値に、その企業が付加した価値」が与えられており、これを「付加価値税」と呼んでいる。この付加価値を課税標準とする事業税は、都道府県が所管し、その全税収を都道府県の歳入とするよう勧告されている。

これにより、地方税の三大税目は、住民税と不動産税が市町村、事業税（付加価値税）が都道府県という「財源配分」となる。

（4）**補助金についての勧告**（『勧告』二八三ページ）

勧告は、教育や自治体警察行政など統治的行政における負担金のかたちでの補助金支出に批判的で、それは地方自治体に対する国の干渉をもたらすということにあった。しかし、補助金は日本の地方財政の重要な要素である。補助金は、全額補助、一部補助、公共事業補助の三種に分かれている。

① 全額補助

これは地方当局が中央政府のために行う行政の代償として支払われる。一九四九年度で約一三〇種にのぼるという。勧告は、これが国と地方の行政責任を混乱させ、地方当局を中央政府の統制下におくものと指摘し、将来、地方政府が中央政府のために活動を要求されることがないようにすることを提案している。

②　一部補助金

これには二種あって、第一は地方政府の行う行政には、地方と国の双方の利害に関するものがあり、国の利害の程度に応じて、国庫が経費を負担するというもので、教育、警察、衛生などがこれにあたり、「国庫負担」と呼ばれる。

第二は、特定の事務を地方当局に行わせるために与えられるもので、「補助金」と呼ばれる。「勧告」では第一のものについては、全額補助の場合と同じ理由で反対している。この一部補助金を大きく削減し、その行政事務をそれに適した行政機関に割り当てるよう提案している。

第二のものは、第一のものよりよい。これを「助成金」と呼ぶ。相談にのり、技術援助を与え、助成金を出すことによって、中央政府は地方政府を指導する。この場合、補助金は指導の道具であり、支配の道具ではない。それは地方当局が、新しく進歩的な行政を展開する刺激として役立つ。地方政府の質が向上し、日本国民の福祉が増進することになる。

③　公共事業費補助

事業費の三分の二という補助割合を、全額補助に改めるよう提案している。

（5）**平衡交付金についての勧告**（『勧告』二八七ページ）

地方による財政上の格差を調整する方法として、従来の配付税方式に代え平衡交付金を提案した。「地方当局の必要とする歳入の差額は、平衡交付金で補てんすべきである。この交付金は、各地方の税負担と地方行政の質とを、ほぼ均等化するように配分されねばならない。」

従来の地方配付税も均等化を目的としたが、その財源は国税の特定税目に限られていた。たとえば一九四八年度の場合、所得税と法人税の税収の三三・一四%が地方に配付された。しかしこの配付率は、中央政府の財政状態などにより年々変動し、地方は予想を立てにくいなどの難点があった。

また、配付税の配付額は、都道府県と市町村に二分の一ずつとなっていたが、これは実際の必要を検討した結果ではなく、いわば便宜的に決められていた。この分け方では、都道府県の財政的地位は、市町村のそれよりも相当に強いものとなる。

「勧告」の平衡交付金制度は、財源を特定の税目からではなく、国庫の一般資金から支出することで安定させるとともに、その総額と配分については、一定の方式で測定した、地方の行政上の必要性（財政需要）と財政力をもとに決めるというものであった。「勧告」は、平衡交付金制度を地方自治の決め手の一つとしている。「平衡交付金は地方団体に対する国の統制を最小限にする」制度であること、「地方当局は標準的必要額を適切な能率で支出し、最低限度の地方行政を行い、標準的租税を標準税率で課税して歳入額を得るという二つの制限のほかは自由である。」「今日の日本において、重大問題の一つは、強力な地方独立政府を発達させることであるから、われわれは平衡交付金に関する国の統制を、最低限度に抑えるように強く勧告する。過度に制限することで誤るより、自由にしすぎて誤るほうがまだましである。」（『勧告』二九一ページ）

（6）**地方債についての勧告**（『勧告』五一ページ）

地方債の発行額について、最も適切な制限方法は、負債元本でなく、利子を基準にとって制限することである。利子支払年額が予算の一定比率（一〇％、一五％）を超えないかぎり、起債は許されることになろう。また、地方債は大蔵省預金部に対するよりも、国民大衆に対して直接売り出し、現行の利子よりも低利にするべきである。

（7）**地方財政委員会についての勧告**（『勧告』五一ページ）

これは地方財政の問題を処理するため、新しい常設機関の設置に関する勧告である。国、都道府県、市町村の間に生じる財政問題を処理するため、常設の機関が必要である。新税申請の審理、地方債の起債額を各地方に割り当てること、県をまたぐ企業の事業税の課税標準を各県に分配すること、不動産評価の調整係数の決定、平衡交付金の配布に必要な財政需要と財政力の標準の決定等である。

この新機関は、最も重要な行政機関の一つとなるであろう。この機関は地方の利益を代弁するように構成されねばならない。現行の地方税審議会と地方自治庁は解散し、地方財政委員会を設置する。委員は知事会長、市長会長、町村会長が各一名、首相が二名を任命する計五名の委員会となる。

（8）**財政上の地方自治――その考え方**（『勧告』五三ページ）

シャウプ勧告は、財政上の地方自治をつぎのように考えている。

① 住民がよりよいサービスを求め、そのために負担が生じる場合、それができるような地方税制度であること。
② 地方が必要とする経費が、毎年中央政府の決定次第という状況をなくすこと。
③ 租税の賦課や事業実施について、責任の所在が明らかなこと。これは地方自治を強化する。地方

政府が住民のためになにをしているか、住民はそれに対しいくら費用負担をしているかが、住民にわかるからである。

④　地方税の税収が、地方政府の最低額の活動を維持するのに足りない場合、地方自治は成り立たない。「勧告」が考える平衡交付金であれば、このような地方政府も自由な施策ができるようになる。最後に、「地方公共団体が、その活動の限界線において、取捨選択の自由を持つようになれば、地方自治は現実のものになる」（『勧告』五四ページ）と記されている。

3　シャウプ勧告の実施状況

（1）「行政事務の配分」

シャウプ勧告を受けて発足した地方行政調査委員会議は、「行政事務再分配に関する第一次勧告」（いわゆる神戸勧告）を一九五〇年一二月に発表した。しかし行政事務配分の勧告は、「各官庁の激しい反対にあって実現しなかった。行政事務配分の難航ぶりは、そのまま補助金整理の困難さを表していた。補助金は相変わらず中央による地方行政支配のテコとして機能し続け、地方財政に超過負担を強い、財政窮迫の要因として作用し続けた。その背景には行政事務再配分政策の放棄があった。」(2)

（2）「平衡交付金制度」

平衡交付金制度が円滑に機能するためには三つの条件、すなわち行政事務の再配分の実施、国庫負担金制度の廃止、そして地方財政委員会の活動が必要であったが、これら三条件はどれも満たされなかった。

一九五二年、自治庁の発足により、それまで地方財政委員会がもっていた平衡交付金の総額および配分の決定権や地方債の許可権を、すべて自治庁長官が握ることになった。一九五二年という年は、「占領政策是正」が開始された年である。

一九五二年の地方自治法の改正で、地方団体に対し、首相および知事に助言勧告権が与えられた。五六年の改正で、首相に地方団体の行政運営について是正勧告権が与えられ、中央政府の権限が拡大していく。

（3）「付加価値税」

シャウプ勧告は、県税の事業税の代替として付加価値税の導入を提言した。いまでこそ「付加価値税＝消費税」は、世界各国で実施されているが、当時はまったく思いもよらない新税であったことから、法案はできたものの実施延期がつづき、講和条約発効後、税制調査会の答申を受けて廃止された。「付加価値税の問題。……全体としては事業税が付加価値税になったからといって、増税にならない。ところが業態によって非常に差ができる。事業税は利益だけに取っていた。付加価値税は、利益と労賃の二つに取る、すると利益の低かった事業、これはかえって上がる。また、労賃の比重の大きい業種、つまり人を余計使うようなところ、これは税金が高くなる。安くなる者は黙っている。高くなる方がぎゃあぎゃあ騒いだ。これが政治をうごかした。占領中、司令部の法案で否決になったのは、これだけでしょう。その後、延ばしに延ばした。一九五四年の税制改革で削ってしまった。(3)」

4　独立回復と「勧告」の修正

シャウプ勧告直後の『国の予算』（一九五〇年度）では、地方財政にかんするシャウプ勧告を、「有益な示唆に富んだ勧告」と呼び、「シャウプ博士は一貫して、日本国憲法にうたわれた地方自治を実質的に裏付けるという観点から取り上げている。同じ地方団体の中でも、都道府県よりは市町村の方が優先して考えられているのも、そのためである。(4)」

「シャウプ勧告の重点は、あくまで地方自治の充実ということにおかれており、平衡交付金の新設、補助金の廃止、地方財政の充実等、すべてこの見地からとらえられている。シャウプ博士が地方財政の充実を取り上げたことは、わが国民主化のためにも、正しい方向を把握したものであった。(5)」

しかし四年後、『国の予算』（一九五四年度）の記述は大きく変わる。

「独立回復とともに、占領下に作られた諸制度が反省される機運が高まり、地方制度といえども、この例外でない。……一九五二年七月、内閣に地方制度調査会が設置された。地方行政制度の面と地方財政制度の面と両面から、その根本的改革を企図……。一九五三年一〇月に答申。(6)」

この「根本的改革」とは、シャウプ勧告が重視した市町村自治から、道府県重視への転換を意味した。具体的には以下のとおりである。

まず、「府県の性格」についてでは、府県を「市町村を包括する広域自治団体として、国家的性格を有する事務をも処理することをも、その任務とさせ、その限りにおいて、国が指揮監督できることとする。(7)」そして、この「国家的性格を有する事務」として、警察制度と教育制度があげられている。

すなわち「警察制度。現在の国家地方警察及び市町村自治体警察を廃止。府県及び大都市単位の自治体警察を設けて、公安委員会の下に置き、一方、中央機関を設け……。教育制度。義務教育に従事する教職員は、府県及び大都市の職員とし、……市町村の教育委員会は廃止。府県及び大都市の教育委員会は存置。(8)」

そして道府県に対する財源措置、「道府県税に、住民全体が負担する普遍的税種がない。この点を是正するため、市町村民税の一部をさいて、新たに道府県民税を創設すべきこと。……償却資産を市町村税の課税客体からはずし、道府県へ配付。……付加価値税を廃止。現行事業税及び特別所得税を統合して、事業税として存置する。(9)」

また、平衡交付金制度をやめ、地方交付税制度を採用したことについて、「毎年の交付金総額の決定は、ややもすれば政治的紛糾を招き」、国と地方の利害対立がある。「このため、国庫の負担となる地方調整財源について、一定の限界を設けることによって、地方財政の国庫依存の傾向を打破するような制度をつくる必要が痛感されるに至った。政府としては、地方に安定した真の自主財源を確保する意味において、国税の一定割合にリンクした地方交付税制度を採用した。(10)」

地方交付税は一種の地方税であり、地方自治体にとって固有の一般財源である。それは国税の所得税、法人税、酒税の一定割合を自動的に地方側に還元する仕組みである。所得税と法人税は、景気変動の影響を強く受ける。これは地方の財政運営にとり、財源面の不安定要因となった。

また、地方交付税は地方自治体の「固有の財源」とされながら、実際には大蔵省や自治省（いまの財務省や総務省）など中央官庁の協議によって決定される「配分資金」であり、その配分過程で、自治体の財政運営を統制する手段となる。

地方交付税はその使途を限定しない一般財源とされているが、実際には地方自治体の財政運営を特定の方向に向けるための特定財源としての性格を強めている。それは基準財政需要額の単位費用の計算において、使途を特定（投資的経費）した国庫負担金と関連づけられており、国の長期公共事業整備計画に、地方財政を誘導する仕組みとなっている。

一九九〇年代後半から、地方交付税は市町村合併促進のための財政手段となった。

5 国と地方自治体間の財政関係の特徴づけ

① 国の機関

国が自治体を直接間接に指導・監督する「機関委任事務」から、かたちを変えた「法定受託事務」が増加した。そのため、自治体の首長は「国の機関」として、住民の意向にかかわらず執行すべき義務を負い、戦後民主主義の象徴ともいうべき「地方自治の本旨」を否定する制度となった。

② 三割自治

地方税収入が地方歳出に占める割合が三〇％前後で推移したことから、「三割自治」の状況であった。国と地方の歳出総額の六五％を地方が占めるにもかかわらず、税財源が過度に国に集中し、地方はつねに財源不足に陥った。

③　財政統制の強化

自主財源が限られた結果、自治体は国庫支出金・交付税交付金・地方債に多くを依存したが、これらの配分にも国の統制が付きまとっていた。このうち国庫補助金は、省庁の補助金としての性格が強く、とくに農村に対する補助金が政権党の集票手段に利用された。一九八五年には財政危機のもとで国庫補助金のカットが行われたが、社会福祉分野の国の負担責任までもカットしたのである。

④　交付税の交付税措置

交付税交付金は「交付税の交付税措置」という手法によって、多くの自治体が起債を財源とした単独事業に駆り立てられた。地方財政が抱える膨大な地方債の残高は、この交付税の誘導によるものである。(11)

6　平成の大合併・三位一体改革の実像

①　分権改革を旗印に掲げた小泉内閣の「三位一体改革」は、「平成の大合併」・「地方構造改革」であり、社会保障の削減、公共事業の縮小と並んで、国の三大支出分野の一つ、地方への支出（地方交付税・国庫補助負担金）を削減することがねらいである。これに対し、地方自治体からみれば、「三位一体改革」とは税源移譲、国庫補助負担金、交付税を含む改革により、地方の自己決定権を強める分権改革の重要な一環である財政改革を意味していた。(12)

②　平成の大合併は、財政優遇措置が切れる二〇〇五年末をもって一段落した。この期間に、全国の市町村数は、以下のような増減となった。

市　六七〇↓　＋一〇九——七七九団体（一六・三％増）
町　一九九四↓△一一五二——八四二団体（五七・八％減）
村　五六八↓　△三七二——一九六団体（六五・五％減）

財政の将来見通しが立たないという理由で、財政の優遇措置がある間に〝駆け込み合併〟が行われ、地方自治のあり方をめぐる論議は影を潜め、目先のお金、すなわち「三位一体の改革」による、地方交付税や国庫補助金の削減という「兵糧攻め」への対応であった。しかし、政府が目的に掲げた市町村を一〇〇〇まで減らす目標には遠く及ばず、人口一万人未満の町村が五〇〇団体近く残った(13)。

③　総務省の掲げた「大合併の目的」は、以下のとおりである。

イ　地方分権の推進、地方分権一括法（一九九九年）の自己決定・自己責任にもとづく行政システムの確立。そのために一定規模・能力が必要。

ロ　少子高齢化のもとで、サービス水準の確保には、ある程度の人口の集積が必要。

ハ　行政改革の推進、公務員の総人件費の抑制、さらなる行政改革の推進が必要。

この合併により、㈠住民の利便性の効果、㈡広域的まちづくり、㈢サービスの高度化、多様化、㈣行財政の効率化が達成されるといわれた(14)。

しかし総務省の期待に反し、㈠広域化したため「顔の見えない行政」となり、きめ細かなサービスが困難、㈡住民の声が遠くて届かない、㈢合併自治体内部で「地域格差」が生まれた、㈣財政が困難になった、など多くの問題が生じている。

④　広島県庄原市は、一市六町が合併してできた新しい市である。合併にともない特別職・議員および職員数も七〇人減らして、人件費を四・三億円減らし、人件費削減効果は確かにあった。しかし歳入が、減らした人件費の一二倍も減少した。

一般会計歳入が、二〇〇〇年度の三五八・四億円から二〇〇六年度当初予算の三〇五・八億円に縮小した。金額にして五二億六〇〇〇万円の減少である。減少した内容は、地方交付税三一・八億円、市税二・四億円、その他で、交付税の減額は、減少した人件費の七倍余になる。

庄原市長は合併一年後の市議会で、「小泉改革路線を否定するものでないが、日本の歴史を築き基盤を支えてきた中山間地域を切り捨て、都市偏重の社会構造に転換しようとする改革は、国土の崩壊につながる」と述べた。[15]

⑤　また、一〇市町村が合併した佐渡市の場合、七万人の市となった。合併した市町村には、「地方交付税積算替」という、合併後一〇年間は旧市町村単位で地方交付税を計算する有利な制度があるが、佐渡市はそれにもかかわらず財政困難に陥った。それは、過大な人件費が原因であり、通常五五〇人程度の職員数が一二〇〇人に増えたため生じたものである。

行財政改革の関係で、学校・保育所等の統廃合が計画され、中学校がなくなるところもでてきている。合併後二年経過して、人口の島内移住により「自治体内部の地域格差」が始まり、島内の過疎化は、合併とともに一層進んだ。[16]

⑥　長野県小川村の丸田勉前村議は、ビオトープ（ペンション）の主にして筆者の年来の知己である。

彼は平成の大合併に危惧を抱き、「小川村の明日を模索する会」「小川村を愛し守る会」などの活動を通じ、合併反対運動を組織し住民投票の結果一〇〇票の差で合併反対派が勝利した。しかし村を二分して闘われた後遺症は大きく、いまでもあちら側、こちら側に色分けされた分断状態がつづいている。庄原市の例を見るまでもなく、広域合併はサービスの低下をもたらし、生活の不便さはあまねく地方に覆いかぶさっている。そうした結果から見れば小川村のとった道は正解であろう(17)。

⑦「三位一体改革」の損益計算書を、地方からみれば完全な赤字である。

「三位一体改革」の第一期二〇〇四―二〇〇六年度には、三兆円の税源移譲、四・四兆円の国庫補助金の削減、地方交付税三・四兆円の削減、合計四・八兆円の減少というひどいもので、道府県、市町村の財政を直撃した(18)。

地方自治体への交付金削減は、ただちにセーフティーネットを直撃する。『東洋経済新報』(二〇〇七年二月二四日号)は、「生活保護行政の暗部」と題して、生活困窮者を門前払いした結果、門司市で男性が「餓死」、七八歳母、四九歳長女「餓死」など、自治体による「行政殺人」がつづき、「福祉改革」で母子家庭への「児童扶養手当」が大幅に削減されるなど、最低限の生活すら維持できない、「憲法第二五条仮死状態」が頻発していることを報告している。

⑧小泉「構造改革」の弊害は、二〇〇八年四月にも顕在化した。すなわち「後期高齢者医療制度」である。戦時中、お国のために戦場や銃後でご奉公に励み、戦後は国土の復興のために懸命に働いた七五歳以上の高齢者を、「後期高齢者医療制度」に隔離することで、「病気・故障がち、死に逝く人の群

れ」グループに位置づけ、たとえ無収入でも保険料を徴収し、月額一万五千円の低い年金からも待ったなしの天引き徴収、そして六五歳から七四歳までの「前期高齢者」からも健康保険料を年金から天引きのうえ、診療費の一定額を払わせる、そのあげく滞納すれば診療できないという、国家による「早期老病死のすすめ」が始まろうとしている。

7　地方分権・地方自主財政主義を阻むシステム

（1）集権的分散システム(19)

①　一九九五年地方分権推進法にもとづいて設置された地方分権推進委員会の勧告によって、二〇〇〇年四月、地方を国の支配下に置いていた「機関委任事務」は廃止された。地方財政をコントロールする基軸となっていた機関委任事務の廃止によって、歳出面への指令ルートの地方財政へのコントロールが弱まった。

しかし、地方政府の事務は法定受託事務と自治事務に分類された。本来、法定受託事務は国の行政機関が執行すべきものであるが、「地方公共団体が受託して行う事務」とされる。機関委任事務はかたちを変えて存続したのである。

②　国は自治体本来の事務でも、法令でこと細かに執行方法を定めて、地方に義務づけを行う。介護保険は自治事務であるが、その執行方法については国が詳細に決定し、それを地方政府に行わせている。

③　「いま日本における地方分権の課題は、集権的分散システムでなく、分権的分散システムに切り

替えることである。その切り替えができないために、『小泉構造改革』と『経済財政諮問会議』の暴走を許してしまったのである。[20]」

二〇〇四年経済財政諮問会議において、民間議員（財界代表）は、「地方交付税による財源保障は歳出拡大に対する地方の負担感を薄くさせ、国への財政的依存と地方歳出の肥大化を招いている[21]」と主張した。しかし、小泉「構造改革」が、「経済成長を太平洋ベルト地帯に集中し、経済機能を大都市圏に集中した国土構造のゆがみの結果、経済的に弱い地方の税収が減少し地方交付税を拡大したのである。さらに地方の負担感を薄くさせ、地方歳出の肥大化を作った原因は、アメリカとの四三〇兆円の内需拡大の約束と、これを六三〇兆円に肥大化させた公共事業拡大策によって、政府が地方交付税による元利償還を約束して地方自治体を動員したためである。その後の地方交付税の削減策が、地方自治体の元利償還を困難にしたものであって[22]」、経済諮問会議や、当時の谷垣財務相など、小泉劇場出演者の責任こそ問われなくてはならない。

（2）地方税における応能負担原則

財政学ではこれまで「地方税原則としての応益原則」が説かれている。神野直彦（東京大学教授）も、地方税原則として、㈠応益原則、㈡安定性原則、㈢地域的普遍性原則、㈣負担分任原則、㈤自主性原則をあげている[23]。

しかし、たとえば日本租税理論学会第一〇回大会は、「地方税制の諸問題」をテーマとして開かれ、「原則は応能負担原則、補完的に応益原則」説をめぐって論争がおこなわれたが、「応益原則は租税負担

配分基準として機能はしない、応益原則は課税の根拠論にとどめるべき」との意見が支配的であった。(24)

神野教授は「『負担分任原則』は『応能負担原則』から引き出され『課税の公平』から反するが、応益原則からは妥当する(25)」とされているが、憲法上の租税公平主義からみれば(26)、地方税においても応能負担原則の貫徹が必要と思われる。

（3）低福祉をめざす政府・財界

いま経団連を中心として、法人税の税率引き下げが声高に主張されているが、現在の日本の所得格差や貧困の増大は、「税負担が低ければ経済成長すると信じて、富裕層、資本所得への税金を軽減した結果、九〇年代に成長しない国になってしまった(27)。」

「フランス・ドイツ・スウェーデンなどの社会福祉は、年金と医療とそれ以外（児童手当、高齢者現物給付（サービス）の三本柱から成り立っているが、日本は年金と医療だけでそれ以外がない。国民所得に対する社会保障給付比をみても、スウェーデンが四一・五％、フランス三八・九％、ドイツ三八・八％、日本は二三・七％で諸先進国からみて低い。日本政府の主張する二〇二五年は負担率が二六・二％になり大変だと言っている。つまり日本は福祉を非常に低い水準に抑え込む計画が進められている(28)。）」

こうした閉塞的な状況にある日本の政治の改革が必要である。そのモデルになりうるのは、スウェーデンの政治体制にあると思われるので、以下では高福祉・高負担下の国民生活がどのような理念と政治によって展開されているのか見てみたい(29)。

8　スウェーデンの政治と国民生活

（1）スウェーデンの基本的理念

①　一九三二年、社会民主党政権は、「国民の家」構想をかかげた。「胎児から墓場までの人生のあらゆる段階で、国家が『よき父親』として人々のニーズを包括的に調整する役割を担う社会である。国民の家では闘争でなく、人々が助け合って生きるのであり、協調の精神によってすべての人々に生活の安全と安心が保障される。(30)」これがスウェーデンモデルの理念であり、第三の道といわれるものである。

②　スウェーデン統治法（憲法）

統治法第二条は、具体的に基本的人権尊重のための規定をおいている。

「公権力はすべての人の対等な価値と個人の自由と尊厳を前提として行使されなければならない。

公共事業の基本的目的は、個人の個人的、経済的、文化的福祉におかれる。特に、労働、住宅、教育に関する権利の保障並びに社会福祉と安全、よい生活環境の保障が国の責務として課せられる。

国は民主主義の理念が社会のすべての分野において主導的な原則となるよう努めなければならない。

国は、男女の対等な権利を保障し、個人の私的な生活並びに家族生活を保護しなければならない。民族的、言語的、宗教的少数グループが自らの文化と共同社会を保持し、発展させることができるよう、その可能性を促進させなければならない。(31)」

③　一九八〇年制定の社会サービス法（社会福祉法）

「第一条　社会サービスは民主主義と連帯（世代間の）を基礎に、人々の経済的および社会的安全、生活条件における平等、並びに社会生活への積極的参加を促進するものでなくてはならない。

社会サービスは、自己及び他者の社会的境遇に対する本人の責任を考慮して、個人および集団の所有する能力を解放し、かつ発展させることを目指さなければならない。

社会サービス事業は、人々の自己決定権及び独立した人格の尊重を前提として実施されなければならない。」

日本における「自立支援法」は、この社会サービス法に照らし、出直す必要がある。

④　スウェーデン「低所得調査委員会」と「福祉」の定義

低所得委員会は、一九六八年「課税対象所得」だけでは「生活水準」の測定は不十分として、福祉は「個人が生活を維持していくことを可能にする金銭、財産、知識、精神・身体力、社会的関係、安全などの資源に対する自由権処分」として定義され、それは福祉国家が国民に約束する市民的社会権の保障を意味する。

具体的には、個人が全生涯にわたって必要とする九分野が、社会が共同で（社会政策として）解決する問題として選択された。九分野とは、「健康、労働と労働条件、経済的資源と消費保護、知識習得と教育への可能性（重度障がい者へのスヌーズレン法[32]による訓練・教育）、家族と社会的交流、住宅保障と身近なサービス、レクリエーションと文化、生命と所有物に対する安全、政治的資源」をさす。

スウェーデンの福祉構成要素は、「実際の生活条件」にあることを意味している。[33]

⑤　訓覇法子教授は、普遍主義型福祉国家の条件として、つぎの五点をあげる。[34]

「充実した社会保障」、「完全雇用政策と労働権の保障」、「広範な国家介入を行う混合経済体制」、「民主主義と市民的社会権」、「生活条件の均等化・平等」。

租税に関するわが国の論調では、「租税国家は福祉国家である」といわれるが、福祉国家に関する定義はほとんど論じられていない。スウェーデン低所得委員会の九分野にわたる福祉構成要素や、訓覇教授の普遍主義型福祉国家の内容は、今後の議論のための問題提起となるものである。

(2) スウェーデンの税制

① 地方所得税

スウェーデンの地方所得税の税率は二八・九%—三四・二%であり、「ランスティング(県)がその三分の一、コミューン(市町村)へその三分の二が配分される。地方税の課税ベースの選択決定権限は国会にあるが、税率決定権は自治体が持っており、地方自治と民主主義の重要な要素となってきた。」[35]

なお、地方財政収入に占める地方税収入の割合は高い。コミューンの二〇〇四年財政収入中、地方税が六四・二%、ランスティングの地方税収入は七〇%を占めている。[36]

② 国の所得税

所得が三一万七七〇〇SEK(四七六万五〇〇〇円——一SEK=一五円で計算)を超えると二〇%の税率、四七万二三〇〇SEK(七〇八万四〇〇〇円)を超えると二五%の税率である。

③ 消費税

消費税率は二五%であるが、食料品は一二%、書籍や日常生活用品は六%の軽減税率である。全額、国の収入となり、必要に応じて補助金としてランスティング・コミューンに交付される。

④　相続税

二〇〇四年に相続税は廃止された。法定相続人の判定が困難になってきたことも廃止の要因といわれているが、表向きは相続財産の配分というプライバシーに立ち入らないことが理由となっているようである。

⑤　社会保険料は雇用主が全額国に納付し、勤労者負担はない。

⑥　租税の国民負担率

社会保険料を除く　三七・二％　社会保険料を含む　五〇・七％

⑦　スウェーデン人の租税意識

スウェーデンの税負担率は高い。しかし、誰に聞いても「たしかに税金は高いが、病気になっても高齢になっても、生活は全部政府が保障してくれるから不満はない」という。スウェーデンの「福祉」の定義でみたように、生涯にわたって生活に必要な九分野は全国民に等しく保障されている。スウェーデン人は支払った税金の見返りは十分政府から得ている、将来も得ることができるという政府への信頼感が根底にある。ここで重要なことは「所得再分配」が保障されていることである。しかも労働組合の団結力は強く、旧東欧圏等からの「出稼ぎ労働者」が最低賃金法以下で就労することも許さないのである。

（3）エーデル改革による自治体改革

一九九二年、政府は「エーデル改革(37)」（医療改革）を行い、ランスティング・コミューン各自治体のなすべき事業を明確にし、自己決定権を尊重するための措置をとった。

① 長期的医療・社会サービスの行政統合

(ア) 社会的入院の解消と特別住宅の拡充

(イ) 初期医療在宅サービスのコミューン移行

(ウ) デイケア事業の拡充

(エ) コミューンにおける看護責任者設置義務化

② こうした理念と改革により、日本では「厄介者」扱いされている七五歳以上あるいは定年後の高齢者の生活は「安心・安全」が保障されている。

高齢となりケアが必要な人で自分の住みなれた住宅で暮らしたい場合は、コミューンから准看護士がケアマネージャーの判定により必要に応じて巡回看護し、自宅では無理な場合は「特別住宅」(グループホーム)に入居し、准看護士以上の資格のある職員によって介護される。グループホームといっても、2DKないし3DKの居室であり、日本の特養や介護施設などとは格段の違いがある。

とくに注目すべきは、「准看護士」が特別住宅、安全住宅への巡回やグループホームにおいても、若干の医療的ケアを含む介護に大きな役割を果たしていることである。

③ 年金収入に応じて生活費が徴収されるが、毎月の手持ち金として必ず四〇〇〇SEK(約六万円)が誰にも保障されている。障害者も同じように、グループホーム等の入居者には月四〇〇〇SEKが支給されている。

日本の入所施設では、一級の障害年金受給者所持金は平均三万円程度とされており、補装具や車椅子その他生活上必要となる衣料費などに支出すれば、たちどころに赤字となる。グループホームにおいてはさらに悲惨で、授産施設等では賃金が六〇〇〇円程度の障害者は、経費を引かれると残る所持金は五〇〇〇円程度となるか、赤字となってしまう。衣料費、昼食など生活費をどう賄うのか。スウェーデンにおける社会サービス法が規定する経済的平等と、自立支援法下の障害者の経済的平等度には格段に差がある。

9　シャウプ勧告は生きている

（1）自主財源主義

シャウプ勧告は行政事務の配分と、自治体の自主財源の確保を提案したが、中央省庁などの反対で、実現しなかった。しかしスウェーデンでは、国の仕事、ランスティングの仕事、コミューンの仕事など行政事務配分を適正化し、財源もそれぞれの行政機関に保障している。

現に日本でも、シャウプの自主財源主義と同じ主張を展開する論者は多い。たとえば池上岳彦（立教大学教授）など[38]。また、新地方分権構想検討委員会（神野直彦委員長、二〇〇六年一月発足）の提言も示唆的である。すなわち、「地方行財政会議の設置、地方交付税の『地方共有税』への改組、税源移譲、地方税の充実強化、国庫負担補助金の半減化、国と地方の関係の総点検による財政再建、住民主導による自治体財政再建、新地方分権推進法の制定など[39]。」

これに対し、自公連立政権のやっていることは、「三位一体改革」に見られるように、結局は交付税の削減、国庫補助負担金の削減など、地方経費の大幅削減に収斂されている。こういう政府を〝チェンジ（Change）〟しないかぎり、自主財源主義の展望は開けない。

（2）分権改革の提言

朝日新聞の特集記事（二〇〇八年九月一九日）では、明治時代からの分権論議の歩みを紹介したうえで、「分権のすすめ」と「中央集権の縮小」を説いている。その要点は、以下のとおり。

①「税源移譲」。もっと地方に税金を渡そう、税収は国税六〇％、地方税四〇％だが、仕事量は国四〇％、地方六〇％。

②「補助金廃止」。各省が渡す補助金が一九兆円、代わりに口も出す構図が問題。

③「義務付け廃止」。些細なことまで国が決め、地方をがんじがらめ。

④「権限移譲」。もっと自治体の判断に任せよう。

⑤中央の出先機関と地方自治体の二重行政をやめ、自治体に移管する。

似たような改革理念として、基礎自治体優先主義を打ち出したヨーロッパ地方自治憲章がある。すなわち「個人で解決できないことは家族」で、「家族で解決できないことは基礎自治体」へ、「基礎自治体に解決できないことは中間レベルの自治体」へというものである。「この補完性原理はマーストリヒト条約に盛り込まれ、ヨーロッパの統合は地方分権なくしてあり得ないというコンセンサスが成立している」という(40)。

「地方分権を世界的に推進していく先鞭となった『ヨーロッパ地方自治憲章』は、地方財政を規定した第九条第七項で『地方自治体に対する補助金または交付金は、可能な限り、特定目的に限定されてはならない。補助金または交付金の交付は地方自治体がその権限の範囲内において、政策的な裁量権を行使する基本的自由を奪うものであってはならない。』しかし地方政府間の財政力格差を是正する財政調整制度が必要であるとして『地方自治体が権限の範囲内で行使できる財政調整制度またはこれに準ずる制度』を謳っている。いま世界各国において地方財政の需要が高まっているのは、地方公共財でなく福祉、医療、教育といった対人社会サービスなどが重要である。[41]」

これはシャウプ勧告の「地方自治の拡大、自主財政主義の拡大」と通じるもので、財界や自公政権がめざしている、集権主義的「道州制」とはまったく異質なものである。

（3）中央省庁の肥大化と利権構造にメスを入れよう

日本の行政組織は、すべてが中央に集中しているが、中央省庁そのものは、各省・各局（庁）ごとに徹底して分権化された縦割り行政となっている。各省の事務次官・局長がそれぞれ独立した権力者であって、各省の大臣も、これら権力者の同意を得て動くしかないという。これが「官」による「政」のコントロールの実態で、閣議が事務次官会議で決まった議案を承認する機関になり下がっている真の理由はここにある。

さらに隠された官の聖域として、公益法人がある。その設立許可と指導監督権限が主務官庁に与えられているという意味で、「主務官庁制」である。補助金などの公的資金の無駄遣いによる「国民負担」

や、業務独占による「民業圧迫」の問題も生じている。この制度が天下り先を増やし、天下り法人を肥らせる温床となっていることは、相次ぐ防衛省や国交省、農水省、厚労省、財務省の例からみても明らかである。

総理府（現総務省）の調査によれば、社団法人一万二八七二、財団法人一万三四八二（一九九九年一〇月現在）で、年間の収入は二〇兆円（一九九九年当時）、職員数は全体で五四万八〇〇〇人、うち役員数は四二万三〇〇〇人と八〇％近くにのぼる。こうした官の甘い汁を吸うシステムはいまでも温存され、国民の貴重な税金が浪費されている。

こういう構造にメスを入れないかぎり、自主財源主義の展望は開けない。

スウェーデンにおける国、ランスティング、コミューンの事務分担・役割分担を、わが国に取り入れた場合、障壁となるのは、中央省庁にあるように思われる。スウェーデンの場合、国は、外交・軍事等国際関係、地方自治体間の財政格差の調整、社会保険などの役割分担が明確であり、地方自治体の役割との競合は存在しない。

（4）地方分権一括法と適正財源配分

一九九七年七月に成立した地方分権一括法は、国と地方公共団体間の役割分担・権限関係を明文化したものである。また、改正地方自治法第一条には、憲法第九二条にもとづき、「国と地方公共団体との間の基本的関係を確立する」とある。

しかし、機関委任事務は廃止されたものの法定受託事務というかたちで残り、国と地方の間の税源配

分、交付税交付金制度、国庫支出金の整理といった根本的諸問題は依然残されている。(42)

二〇〇八年五月二八日「地方分権改革推進委員会第一次勧告」、同年六月二〇日「地方分権改革推進要綱」にもとづき、同年六月二七日に閣議決定された「経済財政改革の基本方針2008」では、二〇〇八年度内に、地方自治体に対する国の法令による義務づけ、枠づけの見直しを進めるとともに、国庫補助負担金、地方交付税、税源移譲を含め、税源配分の見直しの一体的改革に向け、地方債を含めた検討を行い、二〇〇九年度内に「新分権一括法案」を国会に提出するとしている。

しかし、現行の自公政権が、中央省庁の権限縮小に乗り出し、真の意味で地方分権、自主財源の確保ができるとはとうてい信じがたいのである。自立支援法や、高齢者医療制度、年金改革の取り組みと結合して、中央省庁の権限縮小の国民的運動を強化すべきである。

事務配分については、「分権委員会」の「基礎的自治体への権限移譲を行うべき事務」が提言されている。「都市計画決定」、「まちづくり・土地利用規制分野」、「福祉分野」、「医療・保健・衛生分野」、「公害規制分野」、「教育分野」、「生活・安全・産業振興分野」、「その他」の八項目があげられているが、中央省庁縮小と関連して提言されているものは皆無に等しく、また財源確保についても明確でなく、引きつづき中央省庁の強固な支配と締めつけがつづくことが予想される。

国と地方の財源配分は、問題の出発点となるものである。その具体化は、事務配分と同じく、困難な作業が予想される。その作業は、本稿の範囲を超えるが、どうしても取りかからねばならない問題である。

（富田偉津男）

追記　本稿執筆にあたって、「シャウプ勧告」の分析は安藤実静岡大学名誉教授の指導により完成できたものである。また、畏友であり師でもある訓覇法子日本福祉大教授（ストックホルム大客員教授）の『アプローチとしての福祉社会システム論』（法律文化社、二〇〇四年）からは、スウェーデンの憲法、福祉、など多大な示唆を受けた。両教授に心から感謝を申し上げたい。

注

（1）福田幸弘監修『シャウプの税制勧告』（霞出版社、一九八五年）二七一ページ。以下、同書からの引用等は『勧告』と略記し、本文中にページ数を示す。

（2）島恭彦・宮本憲一編『日本の地方自治と地方財政』（有斐閣、一九六八年）一〇九ページ、加藤睦夫「勧告後の地方財政制度」。

（3）日本租税研究協会『第三一回大会記録』（一九七九年）一四三ページ以下。円卓会議＝地方税制の到達点と今後の展望から、荻田保地方財政協会会長の発言。

（4）大蔵省主計局財政調査会『国の予算』昭和二五年度（柏葉社、一九五〇年）五五ページ。

（5）同右、六七ページ。

（6）財政調査会編『国の予算――その構造と背景　昭和二九年度』（港出版合作社）一八九ページ。

（7）同右、一九〇ページ。

（8）同右。

（9）同右、一九一ページ。

（10）同右、一九九ページ。

（11）重森曉『現代財政学』（有斐閣、二〇〇七年）三四五―三四六ページ。

(12) 平岡和久・森裕之『新型交付税と財政健全化法を問う』(自治体研究者、二〇〇七年) 四〇ページ。
(13) 保母武彦『「平成の大合併」後の地域をどう立て直すか』(岩波ブックレット、二〇〇七年) 三ページ。
(14) 同右、四—五ページ。
(15) 同右、六—八ページ
(16) 同右、九—一〇ページ。
(17) 丸田勉「自立をめざす小川村の苦悩」、『住民と自治』二〇〇八年九月号。
(18) 保母、前掲書、二二ページ。
(19) 神野直彦『財政学(改訂版)』(有斐閣、二〇〇七年) 二九五ページ以下。
(20) 保母、前掲書、三〇ページ。
(21) 同右。
(22) 同右、三一ページ。
(23) 神野、前掲書、三〇〇ページ。
(24) 日本租税理論学会編『地方税制の諸問題』(谷沢書店、一九九九年) 一〇九ページ以下の討論。
(25) 神野、前掲書、三〇二ページ。
(26) 金子宏『租税法(第一二版)』(弘文堂、二〇〇七年) 七三—七四ページ。
(27) 神野直彦「格差社会の構造・再分配から参加保障」、『NFU(日本福祉大学評論誌)』第五八号(二〇〇八年四月) 特集「格差社会を問う」一四ページ。
(28) 同右、一三ページ。
(29) 地方分権、自主財源、財政調整制度は、日本よりもスウェーデンで花開いたように思われる。筆者は、訓覇法子日本福祉大学教授が主催する「スウェーデンセミナー」(二〇〇八年二月) に約八日間参加して、スウェーデンの憲法、社会福祉などを学ぶ機会を得たが、「特別住宅」や「デイ・センター」等を見学して、そのことを痛感した。

(30) 訓覇法子「スウェーデンセミナー講義資料」(二〇〇八年二月)より。以下の法律も同じ。

(31) 同右。

(32) ヘレン・ケラーのように三重の障害をもつ者に対する訓練法で、五官の作用すべてに療育を行う。これには労働という規定が適用されて手当てが付く。

(33) 訓覇法子『アプローチとしての福祉社会システム論』(法律文化社、二〇〇四年)二七ページ以下。

(34) 同右、一〇八―一一〇ページ「福祉国家の政策体系」。

(35) 星野泉『スウェーデン高い税金と豊かな生活』(イマジン出版、二〇〇八年)一八ページ。

(36) 同右、二二ページ。

(37) 斉藤弥生・山井和則『高齢社会と地方分権――スウェーデン発福祉の主役は市町村』(ミネルヴァ書房、一九九四年)二四ページ以下参照。

(38) 神野直彦・池上岳彦編著『地方交付税何が問題か――財政調整制度の歴史と国際比較』(東洋経済新報社、二〇〇三年)二五二ページ以下参照。

(39) 平岡・森、前掲書、一三〇ページ以下。

(40) 神野、前掲書、三六九ページ。

(41) 同右、三〇八―三〇九ページ。

(42) 重森、前掲書、三四六ページ以下。

第三章　二〇〇〇年政府税調答申の租税理念

——「国民皆が広く公平に」の中身——

第一節　異議あり、消費税増税

はじめに

消費税の増税、すなわち税率引き上げが、あらためて政治日程にのぼろうとしている。これは日本国民にとって、おそらく最も痛切な財政問題と思われる。この問題を、消費税導入の歴史的経過もふまえて、考えてみたい。

1　消費税とは、どういう税か

消費税は、誰が、何を買っても、同じようにかかる。その意味では、けじめのない税である。この消費税は、つぎのような性質をもっている。

(1)　消費税は、所得の低い人ほど税負担が重くなる、いわゆる逆進的性質をもつ。人は得たお金（所得）で買物（消費支出）し、余ったお金を貯蓄にまわす。これを式にあらわすと、所得＝消費支出＋貯蓄。消費税は消費支出に課税され、貯蓄には課税されない。つまり、消費支出に対して比例的負担である。しかし所得が低いほど、消費支出の割合は大きくなり、貯蓄割合は少ない。だから所得を基準にすれば、所得の低い人ほど負担は重い。このためたいていの国では、必需品に軽減税率を適用するなど逆進性を緩和する措置がとられている。

(2) 消費税は、価格に上乗せされるから、物価を上げる。税金分だけ上がるのが、政府当局からすれば「理想的物価上昇」のわけだが、現実は便乗値上げもあり、それには収まらない。事業者は税の転嫁を、やはり値上げにより行う。税の転嫁、つまり値上げは、法律で保障されるわけでなく、もっぱら経済取引に委ねられる。経済取引は競争の場だから、そこでは力関係がものを言う。競争力の強い企業は平気だが、弱小業者は割を食う。

(3) 間接税である消費税には、「預り金的性格」があるという。所得税や法人税など直接税の場合は、「あなたのお金から税金をお払いください」というのが、税務当局の姿勢になる。しかし税金分を価格に上乗せする間接税は、はじめから税金として生まれているため、「おまえに公金を預けてあるが、ごまかしてないだろうな」となる。一九九一年の機構改革で、税務行政は従来の税目別から納税者別となった。だから法人の場合、法人税と消費税の両面から調査できる。赤字法人も消費税は「預かる」から、納税しなければならない。いきおい滞納など税務上のトラブルも増える。

(4) 消費税は、大きな税収が期待できる税であり、巨大な自動増収装置と呼んでよいほどである。なぜ税収が大きくなるかといえば、……

① すべての人の日常生活を、せっせと税の網にとらえる。

② 現にあるものだけでなく、新しく出た商品やサービスも自動的に取り込む。

③ 価格に上乗せするため、物価が上がれば、税収も増える。

実際に、消費税の導入初期の一九九〇年度は、税率一％当たり一・五兆円程度の税収だったのが、二〇〇三年度には、約二・四兆円に増えている。これに税率の引き上げが加われば、税収は加速度的に増えていく。税金を取る方の政府から見れば、こんな便利な税はなく、逆に負担する一般国民からすれば、こんな厄介な税はないといえる。

2 消費税導入は、わが国の税制をどのように変えたか

（1）シャウプ勧告税制の理念と仕組み

戦後日本の租税制度の理念と基本的仕組みは、シャウプ勧告に負っている。シャウプ勧告による税制（一九五〇年）は、直接税（所得税、法人税、相続税、富裕税）を中心に、それを個別の間接税で補完するものだった。そこでは個人所得の総合累進課税の仕組みそのものが、税負担の公平理念の具体化であった。すなわち、累進税制＝応能負担＝税負担公平という論理的関連になっている。

シャウプ勧告は、また、直接税が納税者意識を刺激し、民主的な有権者を育てること、直接税の所得再配分機能により、富者の社会的責任が果たされること、さらに累進税制の景気補整的作用が経済の安

定化に役立つことも指摘していた。したがって税制の意義と役割は、単に税収確保にとどまるものでなく、新しい憲法に沿った国づくりや福祉国家の実現に深くかかわり、経済安定をもたらすものとして期待されていることがわかる。

しかし、このシャウプ税制（累進税制）に対する敵意、したがってその理念や仕組みに対する「修正」の動きは、シャウプ税制とともに始まる。一九五一年の日本租税研究協会の第三回大会記録を見ると、とりわけ財界人のなかに、直接税から間接税へのシフト、たとえば売上税のような一般消費税を導入しようという執念が根強く見られる。

そういう財界人の例に、「売上税が一番よけいとれる。一番公平だ。」と言い放った原安三郎（日本化薬社長）がいる。原安三郎は、財界のオピニオンリーダーとして、政府税制調査会の委員となり、会長にもなった。彼が政府税調会長として初めて売上税創設を盛り込んだ答申を提出したのも、偶然ではない。その意味では、竹下内閣の消費税導入こそ、一連のシャウプ税制「修正」の延長上にあり、その「悲願達成」といえる。

（2）政府税制調査会による一般消費税（売上税、付加価値税）の検討経過

一九五六年一二月、臨時税制調査会（会長原安三郎）は、初めて「売上税」創設の問題を含んだ答申を、当時の首相（石橋湛山）に提出した。そこでは所得税が「最も公平の理念に合致」するとしながら、その修正論、すなわち「実施面で重課の弊が目立っている直接税を軽減し、これを執行が確実な間接税におきかえた方が、全体としてより公平の理念に合致する」（同答申、六ページ）という主張が登場してい

る。このシャウプ的公平に対する修正論は、「直間比率是正論」というかたちで、のちに消費税導入のイデオロギーとなる。

しかし一九五六年答申の段階では、まだ売上税の創設は見送られている。「現在においては、国民のこれに対する理解も充分とはいえず、また減税財源として相当額の自然増収を充当できる見込みをえたので、売上税を創設することはその時期でなく」と。ついでに言えば、このとき、売上税の難点としてあげられていたのは、逆進性（大衆課税）、中小企業者の転嫁困難、物価騰貴、税務行政上の困難等であった。それでも税制調査会として、この種の間接税の創設そのものを断念したわけではなかった。「その収入面の長所は大きく、またその短所も相当程度技術的考慮によって補われると考えられる。したがって将来、直接税の相当規模の減税、または歳出の大幅な増加が要請されるときには、これを採り上げてしかるべき税目と考えられる。」（同上、二五一ページ）

このあと一九六〇年代をとおして、政府税制調査会の答申は、概して一般消費税導入に否定的だった。難点としてあげられていたのは、一九五六年答申と同じく、物価上昇、逆進性、弱小企業の転嫁困難等であった。そのうえで、所得税の減税財源として、この一般消費税を入れるとすれば、低所得者の負担増により、高所得者が負担減になる点を指摘し、むしろ所得税中心の現行税制を維持するという結論に落ち着いていた。しかしこの時期においても、「特段の財政需要」に備え、研究はつづけるという態度は変わらなかった。

こういう政府税調の論調が変わるのは一九七一年の答申からで、それ以来ヨーロッパ諸国の付加価値税をモデルに、わが国の実態に合うように工夫する、となる。とはいえ、その実現まで二〇年近くの困難なプロセス——大平内閣の一般消費税、中曽根内閣の売上税などの失敗——があった。これは、日本国民の税金感覚が、戦後の民主化過程のなかで成長していることを示す歴史的事実と思う。

（3）消費税を導入した竹下税制改革（一九八九年）**の理念と仕組み**

一九八九年、竹下内閣が消費税の導入に成功した。竹下税制改革の骨格は、直接税（法人税や個人所得税）の減税（主として累進税率のフラット化による）と、個別間接税から一般間接税への改革（物品税廃止と消費税導入）である。全体として減税のほうが、消費税導入による増税をかなり上回っていた。これは増税を掲げた大平内閣、増税でもなく減税でもないとした中曽根内閣の失敗に学んだものだった。威嚇と懐柔を取り混ぜた、竹下流「根回し」が、反対派の業者を抑え込むのに、一定の効果を上げたことも見逃せない。

この竹下税制改革の理念は、竹下登が大蔵大臣として、中曽根税制改革の推進者であったこともあり、一九八六年一〇月、中曽根首相に提出された「税制の抜本的見直しについて」と題する政府税調答申の理念を、そのまま踏襲していた。すなわち、「直間比率是正」を掲げ、公平理念を「応能負担」から、「広く薄く負担」へ転換した。「活力論」も、しっかり受け継いでいた。ちなみに、中曽根内閣は政府税制調査会の専門委員に、第二臨調委員として、「小さな政府」を推進した人物を数名送り込み、「暴れ馬」と称した。

日本租税研究協会が東京や大阪で、この一九八六年税調答申をテーマに開いた研究大会（第三八回）

の記録から、この租税理念の転換にかかわる特徴的な発言を引く。

岩田弐夫（東芝相談役）、「私は政府税調委員としてご報告申し上げます。……この答申の中に、税のプリンシプルの転換があると思う。『広く薄く課税範囲を広げる』ということ。……今までの税制の垂直的公平に最重点をおいていたのを、水平的公平も併せ考える。『広く薄く課税ベースを広げる』という……この理念を拡大解釈すれば、……課税最低限を下げること、大型間接税を創設することも可能であります。」（『同大会記録』一二六ページ）

これを受けて、税調特別委員の石弘光（一橋大学教授）、「大変面白い岩田節が出た」と応じ、この答申に対する自らの思い入れを吐露している。「今回の税調答申でエポックメイキングな点。一つは、所得税にフラット化という思想を織り込んだ。これはほぼ確実に実現する。第二は、やはり新型間接税のところ。この種の税がないのは、日本だけ。……今回だめになっても、もう一回蒸し返させる。」（同上、一二九ページ）

西野嘉一郎（租税研究協会会長）「財界では、課税最低限をもっと下げて、広く何びとも、わずかでも税を負担することによって、国に対する意識を高める。独身貴族というから……所得税の最低限を下げて、独身税を作ったらどうかと言うんです。」「臨調におきましても、二一世紀には、ヨーロッパが今直面しているような福祉社会になったら、日本は滅びてしまうという警告を発しております。」「日本はもう福祉国家になりたくない。そしてやはり活力ある社会をつくらなきゃならぬ。付加価値税を社会保障の目的税にすべきという議論がありますが、私は絶対反対で、これをやりますと、大きな政府につな

がってくる……。」（同上、一三三ページ）

おそらく中曽根内閣以来、「税制の抜本的見直し」の理念は、「広く薄く」であり、「活力」であると聞かされても、漠然とした印象を受ける人が多いと思われる。さきに引用した三人の発言は、その意味と意図を、無遠慮かつあけすけに教えてくれている。かれらによれば、「広く」とは庶民増税を指し、新型間接税（消費税）の導入と課税最低限引き下げ（人的控除の縮小・廃止）のことである。「薄く」とは金持ち減税を指し、所得税の累進税率をフラット化することである。「活力」とは金儲けを野放しにする「小さな政府」を目指すことであり、福祉国家の夢を捨てさせることである。

3　消費税導入の影響

（1）税収の増えない税制

消費税導入は、バブルの時期と重なった。国税収入で見ると、一九八九年度が五六兆円で、前年の八八年度を四兆円上回った。つづく九〇年度には六〇兆円の大台に乗り、自民党政府が悲願としていた「財政再建」、つまり「赤字国債の発行ゼロ」を達成した。所得税や法人税が大きく減税されたにもかかわらず、この税収増加である。したがって、この減税がなければ、累進税制の効果が発揮され、税収増はさらに大きくなり、財政状況の大幅かつ安定的な改善をもたらし、あわせてバブル自体をも抑制したものと思われる。

国税（一般会計分）の税収推移（決算額）をざっと見ると、消費税導入直後の一九九〇年度と九一年度がピークで六〇兆円前後、九二年度―九七年度五一―五四兆円。消費税増税後の九八年度から五〇兆円台を割り込み、〇一年度四八兆円、〇二―〇三年度四三兆円、〇四年度四一・七兆円。〇五年度予算四七兆円、〇六年度予算案四五・八兆円。個別の税目では、法人税がピーク時の一八兆円から九兆円へ半減、所得税も二六兆円から一三兆円へ半減。消費税だけは、九七年の増税以後九―一〇兆円を確保。

ふつう景気がよくなれば、税収が増える。しかし「景気が一九九七年度並みに回復（GDP五二〇兆円、税収五四兆円のレベル）しても、現行の税制では、税収は四五―四六兆円程度がせいぜい」（日本経済新聞より――国税庁の試算）。最近の一般会計予算規模（八〇―八二兆円）を前提すれば、税収がその程度なら、税外収入三兆円前後として、国債発行額は少しも減らない（三〇―三五兆円）。ここでいわれている「現行の税制」とは、竹下内閣以来の「税制改革」の結果を指し、とりわけ所得税の最高税率を三七％へ、法人税の基本税率を三〇％へ引き下げた一九九九年度以降の税制を指している。景気に敏感な所得税と法人税が、ともに税率を大きく下げたため、景気が回復しても、税収増を期待できない税制になっている。

（2）　**政治的影響**

日本の財政史において、増税に反対する国民世論が、はじめて時の政府の政権基盤を揺るがせた。導入直後の参院選挙で、自民党が大敗し、はじめて少数派に転落。以後、その状態から抜け出せないまま、連立政権の時代に入っている。参院選で勝利した社会党は、消費税廃止の好機を生かせず、国民の期待を裏切った。自民党と連立した村山内閣のとき、かえって消費税の税率引き上げに手を貸し、そのあげく社会党は消滅した。税率を五%へ引き上げた橋本内閣も、退陣に追い込まれた。これらは消費税の政治的「祟り」のように見える。

消費税を導入した竹下内閣で厚生大臣、税率を引き上げた橋本内閣でも厚生大臣として、内閣の退陣を二度経験している小泉首相が、「任期中は消費税を上げない」と言いつづけたのは、その「保身」に長けた性格をあらわしている。

4 「薄く」対「広く」

二一世紀に入ってからの政府税調答申は、どれも増税の答申である。なにを増税するか。国の財政が大変だというなら、これまで大きく減税したものを、ある程度もとに戻す、すなわち高額所得者の累進税率を上げ、法人税の課税ベースを広げるか、税率を引き上げるのが筋と思われる。

しかし、これらの税調答申を見るかぎり、法人や高額所得者に対する、増税の「ぞ」の字もない。そこでは、「これ以上の減税はしない」という言い方になっている。つまり、これまでの減税分は、いわば「所領安堵」され、「聖域」扱いである。

たとえば二〇〇二年以降、政府税調は法人税を、それまでの「基幹税」という呼び名からはずしてしまった。そして法人税に代わり、消費税を「基幹税」と呼ぶようになった。

石弘光政府税調会長は、その『税制スケッチ帳』(時事通信出版局、二〇〇五年)のなかで、法人企業をこのように取り扱う理由を、「企業には選挙権がない」からと述べ、「これは、課税の場合、重要なこと」で、「納税義務の面で従たる地位とされる。」したがって「税収で過度に依存できない」と（同上、一一三、一一四ページ）。おそらく石会長の目には、企業の政治献金とか、政官財の癒着とかは、まるで見えないのであろう。

一方の高額所得者の取り扱いはどうか。

政府税調にとって、「薄く広く皆が負担を分かち合う」のが、理想の税である。だから「負担の偏り」は、許せない。最も目障りな「偏り」は、所得税の累進税率であった。それを引き下げ、フラットにした。つまり高額所得者が減税になった。これすなわち「努力した者が報われる」（竹中平蔵）であり、税調の言う「薄く」の意味である。だから石会長も、「累進税率のフラット化の現状を見るにつけ、『薄く』は十分すぎるほど実行してきた。これからは……増税を目指す『広く』が重視されねばならない。」（同上、五四ページ）

なるほど「十分すぎるほど」というだけあって、現在、個人所得税の最高税率を比べると、日本の三七％は、イギリス四〇％、ドイツ四二％、フランス四八・〇九％より低くなっている。

二〇〇六年一月の税調総会で、「所得税の累進性を高め、所得の再配分を図る」という石会長の発言が報じられた。最高税率を引き上げるのかと思ったら、そうではない。最高税率はそのままで、その適用対象を拡大する（一八〇〇万円以下へ）のが、「累進性を高め」の内容である。つまり最高所得階層（一八〇〇万円以上）には手を触れないで、中堅階層に負担増を求めるというものである。

石会長は記者会見で、「最高税率を上げると、高額所得者が海外へ逃避する」（二〇〇六年二月一七日）

と語ったという。高額所得者が「税金がいやで、海外逃避」とは……。それとも「税逃れが増える」と言うべきところを、別の言い方をしたのか。いずれにせよこんな話、子どもたちに聞かせられるだろうか。

そこで石会長は、話の向きを変える。「何よりも重要なのは、特定の人の税負担を重くするのではなく、できるだけ多くの人に何らかの形で負担してもらうことである。具体的には……所得税の所得控除を整理・統廃合し、消費税のウエートを高め、かつ免税点を引き下げる。相続税の課税最低限を引き下げる。」（同上、五四ページ）

ここで槍玉に上がる「偏り」は、所得税の人的控除である。たとえば配偶者特別控除は、片稼ぎ家族だけに適用されるから、「偏り」である。その縮小・廃止は、片稼ぎ家族にとって増税を意味するが、共稼ぎ家族との公平を実現するという。また、老年者控除や公的年金控除は、人を「年齢だけで区別」するから「偏り」である。それらの縮小・廃止は、高齢者にとって増税になるが、人を年齢にかかわらず公平に扱うことになるという。このような増税が、税調のいわゆる「広く」の意味である。したがって「薄く」と「広く」はいずれも、「皆が負担を分かち合う」結果をもたらす。

ところで所得税の人的控除の縮小・廃止は、課税最低限の引き下げを意味する。歴史的に見て、戦後のわが国で（世界の先進諸国でも）、所得税の課税最低限引き下げの例はない。かつて戦時中に行われただけである。その意味では、これは「有事税制」（？）。

シャウプ税制以来、資本主義社会である以上、各人の経済力（所得や資産）のちがいを認め、それぞれの能力に応じて課税するのが公平な税とされてきた。そのため各種の人的控除（その合計が課税最低限）があり、累進税率構造をもつ所得税こそ、最も負担公平を実現する税とされてきた。それが「偏り」と呼ばれ、この「偏り」をなくし、誰もが同じように負担するのが、公平というわけだから、まさに租税理念の転換、いや逆転というべきである。こういう公平理念の逆転の先にあるのが、消費税増税である。

配偶者特別控除、公的年金等控除や老年者控除の縮小・廃止と並んで、二〇〇六年度から定率減税（九九年度に、景気対策として行われた恒久的減税――所得税額の二〇％、住民税額の一五％）の縮小・廃止も行われる。その一方で、同時に行われた所得税の最高税率引き下げや法人税率引き下げは、温存され、手をつけない。

これらの不公平な扱いが、目に余るようになり、消費税の税率引き上げそのものに影響するのをおそれてか、これまで消費税増税やむなしの論陣を張ってきた日本経済新聞にも、「フラット税制論に異議」（二〇〇六年二月二五日、コラム「大機小機」）のように、懸念の声が出てきた。「消費税増税に国民の合意を得るには、増税幅の圧縮と不公平感抑制の努力が十分になされた、と国民が実感できる状況を政治がつくり出せるかどうかが鍵となる。……累進税率の最後のフラット化が行われた一九九九年度の水準に戻すことは一つの選択肢である。」

5　消費税増税

消費税導入以来、何度かその見直しが行われてきた。どれも増税だった。消費税の納税義務者である業者、とりわけ中小業者に対し――簡易課税制度の縮小、免税点引き下げ。導入に際し業者に譲歩した分を、ほとんど帳消しにし、税率引き上げの障害となっていた「益税」の問題も解消したかたちである。消費者に対する負担増＝税率引き上げを見越し、その準備として、内税化＝総額表示方式も進んでいる。

そしていま、政府・与党・財界が非常な決意を固め、総がかりで挑戦してきているのが、この「広く皆が公平に分かち合う税」の典型たる消費税の税率引き上げである。多くのマスコミも協賛の姿勢で、その報道ぶりを見ると、消費税の増税は当然で、問題はその時期と引き上げ幅だという話ばかり出ている。

しかし実際に税率を上げるとなると、負担増になる国民に対し、それなりの理由が要る。少なくとも、「仕方がない」と思い込ませねばならない。増税の理由づけとして、もはや「直間比率是正」論は使えない。なぜなら直間比率は「是正」済みで、七対三だったのが、ヨーロッパ諸国並みの五・五対四・五になった。

「福祉目的」も、人気を取れそうにない。消費税導入後、福祉水準は下がる一方だし、小泉「改革」も、それに拍車をかけているわけで、いわば底が割れている。前年、総選挙の大勝の直後に、「福祉目的税化」を掲げた自民党財政改革研究会が、年が明けた二〇〇六年、早々にその看板を下ろしてしまった。税率を一二―一五％へ上げるとぶち上げたのが、具合い悪いと考えたのであろう。

これという切り札がないなか、登場してきたのが、「歳出歳入一体改革」である。経済財政諮問会議が二〇〇六年六月に、その行程表として、消費税増税と「歳出改革」をセットで示し、そのなかで税率引き上げについて、「値段の付いたメニューを出す」（与謝野経済財政担当相）という段取りだった。

その筋書きは、経団連の奥田会長の言を借りれば、「消費税の税率引き上げは避けられない。歳出削減を徹底的にやって、それでも足りないなら、やむを得ない。」（日本経済新聞、二〇〇六年一月六日）というものになる。小泉「改革」の仕掛け人、竹中平蔵総務相の大げさなセリフに言い換えると、「政治のつとめは、消費税率をどれくらい低くとどめるかだ。」（同上、二〇〇六年一月一日）「大きな政府か、小さな政府かで、税率の引上げ幅は、天と地ほど違ってくる。何としても引上げ幅を最小にしないといけない。」（同上、二〇〇六年一月六日）となる。

「税上げるだけなら　私にもできる」（朝日川柳）。これが庶民の、醒めた政府観である。政治の責任を言うのなら、「消費税を上げません」と来るところだろう。「大きな政府、小さな政府」で、税率引き上げは、「天と地ほど違う」というが、政府内では、一〇％強か一二％かという違いを争っているにすぎないと伝えられている。

「小さな政府」だと低く抑えられるというが、「小さな政府」とは、福祉を敵視し、福祉を低く抑える政府のことである。国民から見て、小泉・竹中流の「小さな政府」は、消費税増税ともども願い下げである。政府の「大きさ」ではなく、よい政府かどうか、が問題である。よい政府にするためには、子どものしつけと同じで、無駄金を与えないのが一番である。ここは国民が、心を鬼にして、消費税引き上げを許さないことである。

小泉内閣は、「財政構造改革」を標榜してきた。二〇〇二年度、国債発行三〇兆円以下が、その第一段階で、そのあと本格的な財政再建（プライマリーバランス）へ進むという触れ込みだった。しかしその第一段階でつまずいてしまい、結局、この四年間で国債残高をさらに増やした。小泉内閣最後の二〇〇六年度予算案では、また第一段階に戻ったかたちである。まさに「失われた四年」である。

こういう政府がつくる「歳出歳入一体改革」が、どの程度のものか、おおよそ見当がつく。それでも消費税増税を、「改革」レッテルで売り出そうという魂胆らしい。はたして、小泉流「改革」の「国民だまし」が、どこまで通用するものか。

税調答申（二〇〇三年）に、はじめて消費税の税率「二桁」を書き込んだのが自慢の石弘光会長は、「どうせ税を支払わねばならないなら、痛みなく取ってもらいたいというのが、日本人の性癖」と書いているが（一六二ページ）、一体なにを根拠としているのか。消費税にかんする数知れぬ世論調査の結果からすれば、日本人は決して、そのように甘く見られる存在ではないと思う。

二〇〇六年一月二一日、谷垣財務相も出演したＮＨＫの消費税特別番組で、二万人余りが参加した視聴者アンケートがあった。そこでは、税率引き上げ反対が七五％に近かった。二月六日の日本経済新聞世論調査によると、「消費税は廃止すべきだ」一一％、「現在程度の税率を維持すべきだ」三五％など、税率引き上げ反対派が計四六％、これに対し、「財政再建のためやむを得ない」一五％、「年金の財源などに限定する形ならばやむを得ない」二九％など、条件つきの引き上げ容認派は四四％。反対派が二ポイント上回り、前回調査（二〇〇五年一一月）に比べて増えているという。政府を先頭に、支配層の総力を上げての「消費税増税やむなし論」にもかかわらず、国民は流されていないことを示している。

6 消費税の税率構造（標準税率と軽減税率）と税収——国際比較

二〇〇〇年の税調中期答申では、消費税率の引き上げに向け、国際比較を利用した世論誘導に力を入れている。たとえば「税率五％は、先進諸国の中で最も低い」、「ヨーロッパ諸国並でない税率の下では、単一税率」、「軽減税率を設ける場合、一定の税収を確保するため、減収分だけ標準税率を高くせざるを得ない」、「ゼロ税率の採用は認めがたい」など。

たしかに、標準税率だけ比較すると、日本の税率は低いほうである。

標準税率が二〇％以上の国は、二五％のデンマーク、スウェーデン、ハンガリー、二四・五％のアイスランド、二三％のノルウェー、二二％のチェコ、フィンランド、ポーランド、二一％のベルギー、アイルランド、二〇％のオーストリア、イタリア。

一〇％以上の国は、フランスが一九・六％、ギリシャ一八％、イギリスとオランダが一七・五％、ポルトガルと中国の一七％、ドイツとスペイン一六％、メキシコ、トルコ、ルクセンブルク一五％、ニュージーランド一二・五％、韓国、インドネシア、フイリピン一〇％。

一〇％以下は、スイス七・五％、カナダとタイ七％、日本と台湾が五％、シンガポール三％。

しかし税制にかぎらず、国際比較はそう簡単でない。比較する側の意図的利用になりやすい。アメリカ一辺倒の日本政府が、消費税となるとアメリカでなく、ヨーロッパ諸国を引き合いに出してくるのも、その例といえる。しかし租税制度はもともと、それぞれの国で歴史的につくられ、個性的なものである。

このことを確認したうえで、政府税調とは別の視点で、付加価値税（消費税）について、国際比較をしてみたい。

ヨーロッパ主要国の国税収入（二〇〇三年度決算）に占める付加価値税収の比率は、ドイツ三三・七％、フランス四六・五％、イタリア二八・九％、イギリス（二〇〇二年度）二二・五％である。これに対し、日本の消費税収の比率は二一・四％である。標準税率五％（国税分は四％）の日本の消費税の税収比率が、標準税率一七・五％のイギリスの税収比率と肩を並べ、標準税率二〇％のイタリアに近いのである。

これはなぜか。軽減税率に秘密がある。イギリスはゼロ税率をもち、食料品、上下水道、書籍、燃料・電力、自己居住用家屋、薬品、子ども用衣料品・履物などに広く適用されている。イタリアの軽減税率は、四％と一〇％の二本立てで、生活必需品を広くカバーしている。四％の特別軽減税率は、魚介類、ミルク・バター・チーズ、食用油、マーガリン、パスタ、野菜、果物、穀類、小麦粉、書籍、雑誌などに適用されている。フランスも五・五％と二・二％の軽減税率をもっているが、その適用範囲がイギリスやイタリアより狭いこと、ドイツの場合、軽減税率は七％とやや高いこと、これらが税収比率に反映していると思われる。なお、二〇〇七年一月から標準税率を一九％に引き上げたドイツも、軽減税率は七％のままである。

いずれにしろヨーロッパ諸国では、付加価値税の逆進性を緩和するため、複数税率すなわち軽減税率を備えることを当然としているのに対し、わが国の政府税調の場合、税率引き上げの思わくばかり目立ち、国民生活に対する思いやりをまったく欠いている。しかも日本の消費税は、税収という点では、もう立派にイギリス並みに成長していて、その責任を果たしている。この消費税を、次の増税の一番手に上げるわけにいかないと思う。

第二節　二〇〇〇年政府税調答申の批判

はじめに

政府税制調査会中期答申『わが国税制の現状と課題――21世紀に向けた国民の参加と選択』（二〇〇〇年七月）は、政府税制調査会のなかに起草小委員会（加藤寛、石弘光など一九人）を設けてつくられたもので、全文三八二ページに及ぶ大冊である。シャウプ勧告による税制から五〇年の節目に当たり、二一世紀を展望する税制をという触れ込みである。

従来の政府税制調査会の答申は、時の首相からの諮問に対する答申であり、その首相に対し、「実現を希望します」という形式になっている。ところがこの答申は、「まえがき」に「国民の参加と選択のために必要となる判断材料を幅広く提供」とあるように、どういうわけか国民向けであり、政府税調答申としては異例である。

なぜ国民に向けられているかといえば、これまでに例のない増税の答申だからのように思われる。ここで「国民の選択」に委ねるとされている問題は、国民に負担増、すなわち増税を求めるとして、どの税を増税するかという問題である。増税そのものの可否を問うのではなく、増税を前提に、どの税目を

「選択」するかというものである。しかし増税の税目もすでに絞られており、「選択」の余地はない。

1　その増税の論理

この税調答申では、まず、政府の公的サービス（外交・防衛・警察・消防・司法のほか、水道・道路・教育・社会保障など）が、なくてはならないものであり、それらを賄う財源は、国民が負担する、それこそ税金であるという教科書的説明から始まっている。

これでは政府の公的サービス、つまり経費は「なくてはならないもの」だから、そこには問題がなく、問題は収入、とりわけ税収が充分でない、ということになる。また、財政事情のとらえ方を見ても、たとえば財政赤字の問題は、景気対策として公債発行による公共事業については、やむを得ないという。これではやはり、税金が問題ということになる。

とにかくわが国の財政状況については、大変悪いというばかりで、なぜ悪くなったのか、その原因や責任についての具体的分析はない。むしろ、公債依存をつづけると、現在の世代が負担すべきを負担せず、将来世代に過重な負担を先送りすることになるとか、わが国の国民負担率や租税負担率が国際的に低いとか、一般論を持ち出して増税の必要を強調している。そして増税するとして、どの税を増税するかといえば、消費税を導入した竹下内閣以来の税制改革の流れや、租税理念に反してはならない、という。

竹下内閣以来の税制改革の流れとは、いわゆる直間比率の見直しであるが、その内実を探れば、所得税や法人税の減税を、消費税増税で埋め合わせるものであり、いわば高額所得者や大法人に対する大減税を広く国民大衆に負担増というかたちで転嫁するものであった。また、その租税理念とは、「税金というものは、国民皆が広く公平に分かち合うもの」であり、「水平的公平が基本的」であり、「世代間公平が重要」である、というものである。

したがって、ここで提起されている増税は、消費税の税率引き上げを本命としているといってよく、新たにそれを補完するものとして、所得税や住民税（ともに課税最低限の引き下げ）、相続税（課税最低限の引き下げ）、事業税（外形標準課税化）、発泡酒（ビール同様の負担）、たばこ（適正な税負担）など、一般国民や中小事業者向けの増税を配している。

2　その租税理念

（1）「税金というものは、国民皆が広く公平に分かち合うものだ」

ここに掲げた考え方が、この税調答申の租税理念、その税負担公平論である。おどろくことに、こういう断定的表現が、答申の第一部「基本的考え方」のなかだけで、二〇回も登場し、まるでコマーシャルのように繰り返される。察するに、こういう考え方こそ、いま政府税調が国民の頭に注入したい租税理念、税負担の公平論なのであろう。

この表現のなかのキーワードは、「皆が広く公平に」である。これがこの答申における税の公平論である。こういう主張は、政府税制調査会答申としては、比較的最近のものである。一九八八年、消費税導入を目指した竹下内閣の税制改革法案要綱の「基本理念」が、これだった。そこでは、「今次の税制改革は、租税は国民が社会共通の費用を広く公平に分かち合うためのものであるという基本的認識の下に、税負担の公平を確保し、税制の経済に対する中立性を保持し、及び税制の簡素化を図ることを基本原則として行われるものとする。」

また一九八六年、売上税導入を目指した中曽根首相に対し、当時の政府税制調査会が提出した答申の「基本理念」も、「税制全体として課税ベースを広げ、……負担をできるだけ幅広く、薄く求めていくことが肝要」としていた。

したがってこの「21世紀に向けた」という副題をもつ、政府税調答申の「基本理念」は、まぎれもなく中曽根税制改革や竹下税制改革の「基本理念」の踏襲である。これは消費税を導入するために仕立てられた租税理念である。しかも、その論拠とされた「所得水準の全体的向上と平準化」なるものは、どこでも証明されていない。そういう租税理念を、あらためて国民に押しつけるのは、消費税の大増税を意図しているからである。

(2)「皇国租税理念」の再現か

政府税調が二一世紀へ向けて打ち出した理念、この中曽根内閣以来の租税理念は、わが国の歴史に照らせば、戦時中のカビくさい「皇国租税理念」を思わせる。戦時中、増税が相次いだ。当時の政府は、欧米流の税負担の公平論では、増税をつづけられないとし、日本古来の租税理念に立ち戻ろうと試みた。それが「皇国租税理念」である。

そこでは、「上納」が本来の理念とされ、税の負担については、「応分皆納」すなわち「国民皆が負担する」ことが強調された。物品税の拡大とその増税、所得税の課税最低限の引き下げなど、国民大衆に対する税負担の強化がもたらされた。そのような重税を、国民に耐えさせるための租税理念が、「皇国租税理念」だったのである。

政府税調答申が、「国民皆が公平に分かち合う」という「皇国租税理念」ばりの「応分皆納」論を、執拗に繰り返しているのは、消費税増税や所得税の課税最低限引き下げなど、戦時を思わせる大衆課税の強化を目指しているためであろう。

3　消費税の増税

この答申を読んで、時事川柳のひとつ、「結局は　国民という　とばし先」を思い出した。膨大な財政赤字を積み上げた政府の責任、どこ吹く風、公債乱発を政府に迫った財界の責任、どこ吹く風。一般国民や中小事業者には、消費税増税（税率引き上げ）・所得課税増税（所得税・住民税ともに課税最低限の引き下げ）・事業税増税（外形標準課税への移行）と増税三点セット。一方で、高額所得者や大法人には、増税の「ぞ」の字もなく、消費税導入以来の大減税を、そっくり維持して差し支えなし、となっている。政府税制調査会とはなにか、それがあらためて問われる答申というべきである。

消費税にかんする税調答申の主張を、具体的に引こう（括弧内に、ページを示す）。

①　消費税の増税を強く示唆しているもの。

「広く公平に負担を求めることができる」（一三一ページ）、「消費税の役割はますます重要」（一三二ページ)、「公的サービスの費用負担を将来世代に先送りするのでなく、現在の世代が広く公平に分かち合っていく必要」(二三二、二四四ページ)、「地方消費税、今後、その役割がますます重要」(二三二、二六八ページ)。

② 消費者に対する消費税の負担を減らす措置(非課税範囲の拡大、軽減税率など)を否定しているもの。

「食料品のように転々流通するものを非課税にすると、経済活動に歪みをもたらす。非課税範囲の拡大は適当でない。」(二四一ページ)、「ゼロ税率の採用は認めがたい」(二四一ページ)、「仮に、食料品などに対して軽減税率を設ける場合、一定の税収を確保するためには、軽減税率による減収分だけ標準税率を高くせざるを得ません。」(二四六ページ)、「ヨーロッパ諸国並みとは言えない税率水準の下では、極力、単一税率の維持が望ましい。」(二四六ページ)

大部分のヨーロッパ諸国では、付加価値税の逆進性緩和のために、複数税率の構造となっている。日本の物価水準が、ヨーロッパ諸国の一・六倍から一・七倍であることを考慮すれば、軽減税率の必要は、むしろ日本のほうが強いだろう。しかし税調答申から、それは読み取れない。

③ 消費税の税率引き上げを示唆しているもの。

「国・地方合わせて五%というわが国の税率水準は、先進諸国の中で最も低い水準」(二四四ページ)。税率引き上げの前段階としてか、消費税が見えにくくなる「内税」への転換がはかられる。「総額表示方式の普及」方針である。これを「消費者の便宜」のため、と強弁(二三二、二六二ページ)。

④　消費税の「福祉目的税化」については、「慎重に検討」（二六五ページ）となっている。

⑤　事業者に対しては、以下が注意される。

「免税点の水準は、相対的に規模が大きな免税事業者に対しては、課税事業者としての対応を求める方向で検討。」（二四九ページ）、「簡易課税制度は、縮小の方向で検討。」（二五二ページ）「消費税および地方消費税の滞納対策として、消費税の預り金的性格の周知、入札参加資格の審査に際し、消費税の納税証明書の添付を求める。」（二五八ページ）

4　個人所得課税の増税

所得税・住民税ともに、課税最低限の引き下げというかたちの増税、したがって中低所得者に対する増税がねらわれている。そのための理由づけは、以下のとおりである。

「個人所得、税負担の水準は低下」（七三ページ）、「わが国は、主要国中、最も低い水準」（七五、七七、八二ページ）、「引き続き基幹税として税体系において中心的な役割を担うべきである。」（八二ページ）、「特に中低所得者の負担が小さい」（八二ページ）、「これ以上の減税は行うべきでない」（八二ページ）、「個人所得課税の負担を累進性の下で広く分かち合うという観点からは、課税最低限があまり高いことは望ましくない」（九〇ページ）、「課税最低限については、生計費の観点からのみではなく、公的費用を国民が広く分かち合う必要性を検討」（九一ページ）。「個人住民税の負担分任の性格から、所得税に比較して、より広い範囲の納税義務者がその負担を分かち合うべきものであるため、課税最低限を所得税と一致させる必要はない」(一四八ページ)、「均等割は個人住民税の基礎的部分。均等割が果たすべき役割は大きい」(一五〇ページ)、「均等割の負担水準は大きく低下し、このため負担水準の見直しを図る必要」(一五一ページ)。

反面、高額所得者に対しては、大幅に引き下げられた所得税の最高税率を、少しでも引き上げるような気配はなく、総合累進課税は、課題にならない。税率構造のフラット化について、「一九九九(平成一一)年度に最高税率の引き下げが行われ、所得税は三七%、個人住民税は一三%とされ、一九九三(平成五)年の答申の課題が実現した。」(一〇四ページ)国際的に見て、「最高税率は、遜色ない水準」(一〇五ページ)、「少なくとも今以上の累進緩和は適当でなく、現行の個人所得課税の税率構造は基本的に維持すべきである。」(一〇五ページ)「総合累進課税が基本。しかし所得捕捉の体制が十分ではない現状においては、直ちにすべての所得について総合課税を行うことは実質的公平を損ないます。」(一一七ページ)「総合課税を原則としつつも、分離課税を組み合わせることが適切」(一一八ページ)。「現状においては、利子等について分離課税を維持することが現実的」(一一九ページ)。

そして高齢者に対しては、公的年金の課税強化がうたわれる。「公的年金に係る税負担は国際的に見ても極めて低い。」(一二〇ページ)「年金所得の増大や高齢者の所得水準の上昇を勘案しながら、世代間の公平の観点から、負担の適正化」(一二二ページ)。

5 法人税の増税は求めない

法人税については、基本税率が戦後の法人税制で最低の水準にあり、消費税導入後、大幅な減税となった。しかも多様な特別措置により、課税ベースが狭いため、実質的な税負担は一層低い。答申では、「法人税率の更なる引き下げはない」と言うだけで、法人税の増税は求めず、したがって「厳しい財政状況」に対し、法人税の責任を免除している。

すなわち、「現在の法人課税の実効税率は、他の主要国と比較しても遜色なく、国際水準並みになっています。」（一六一ページ）「現在の法人税の基本税率三〇％は、シャウプ税制改革時に三五％で始まった戦後の法人税制において最も低い水準。主要先進国の中でも最低の水準。」（一六五ページ）「わが国の厳しい財政状況などを考えると、法人税率の更なる引き下げの余地はないと言えます。」（一六四ページ）「課税ベース」は、「アメリカと比較すると、わが国の方が狭くなっています。」（一六二ページ）「課税ベースの問題については、今後、適正化に向けて取り組んでいく」（一六四ページ）。

第三節　小泉内閣の財政構造改革

1　「国債三〇兆円枠」

（1）まやかしの手法

「構造改革なくして、成長なし」も、なんとかのひとつ覚えみたいになってきた。その「構造改革」の中心は、「財政構造改革」である。「財政構造改革」のなかでは、「国債発行額三〇兆円以下」が、二〇〇一年四月、小泉純一郎氏の自民党総裁選挙出馬以来の政治公約であり、自民、公明、保守の「三党連立政権合意」にも、盛り込まれたものである。

この「国債発行三〇兆円枠」の意味を、小泉首相は二〇〇一年五月の所信表明演説のなかで、つぎのように説明している。「近年、経済が停滞する中で、政府は、公共投資や減税などの需要追加策を……長期にわたり、繰り返し……わが国は巨額の赤字を抱えています。この状況を改善し、簡素で効率的な政府をつくることが財政構造改革の目的です。私は、この構造改革を二段階で実施します。まず、〇二年度予算では、財政健全化の第一歩として、国債発行を三〇兆円以下に抑えることを目標とします。また、歳出の徹底した見直しに努めてまいります。その後、持続的な財政バランスを実現するため、例えば、過去の借金の元利払い以外の歳出は、新たな借金に頼らないことを次の目標とするなど、本格的財政再建に取り組んでまいります。」

なぜ三〇兆円以下なのか、その理由は必ずしも明らかでない。まさかと思われるが、「きりのいい数字だから」ということのようだ。ちなみに、かつて自民党政府が、国債発行のけじめに用いた公債依存率のなかで、最高で最後になった三〇％で計算すれば、「二四兆円枠」ということになる。

それでも「国債三〇兆円枠」が、小泉「財政構造改革」の目指す、「持続的な財政バランス」実現へ向けて進む第一段階に位置づけられ、実際に、小泉内閣の手で編成された二〇〇二年度予算では、それが目標として掲げられた。

ところで小泉内閣発足時の二〇〇一年度予算は、前任の森内閣から受け継いだものだった。この二〇〇一年度当初予算で二八兆円余の国債発行額を、小泉内閣は補正予算後において、辛うじて三〇兆円に収めた。そうしないと、公約である二〇〇二年度の「国債三〇兆円枠」が立ち上がらない。そのため、いわゆる「隠れ借金」の手法により、国債整理基金特別会計などからＮＴＴ株売り払い収入の約二・六兆円で、つじつまを合わせている。このようにして、一九九八年度三四兆円、九九年度三八兆円、二〇〇〇年度三四兆円とつづいた巨額な国債発行額を、三〇兆円まで戻す姿勢を示すことになった。

とはいえ、三〇兆円という発行額のレベルは、国債発行四〇年の歴史のなかでも、ここ数年のことである。それは国債発行額としては、やはり異常な額であり、財政膨張の止め度なさをあらわしている。それにもかかわらず「国債三〇兆円枠」が、あたかも財政「緊縮」を示すような受け止め方をされたのは、それが小泉「財政構造改革」の第一段階に位置づけられ、それを達成することが、その第二段階とされる、近い将来の「持続的な財政バランス」、すなわち「国債が増えない状態」（これを「プライマリー・バランス」の回復と呼んでいる）につながると受け取られたからである（図３–１）。しかし小泉内閣の「国債三〇兆円枠」は、はじめからまやかしに満ちていた。二〇〇一年度補正予算で、禁じ手とされた「隠れ借金」的手法で「国債三〇兆円枠」を演出したように、二〇〇二年度当初予算でも、こうした「隠れ借金」的手法をさらに広げ、国債発行額を本来より約一兆七千億円削減することで、なんとか「国債三〇兆円枠」の旗を下ろさずにすんだといわれる。

この点を指摘した朝日新聞の記者は、「隠れ借金的手法を使って、財政への不信を招くぐらいなら、税収が予想以上に落ち込んだこと、交付税特別会計の改革の完全実施など隠れ借金をなくす見直しを進

図 3-1　国のプライマリー・バランス

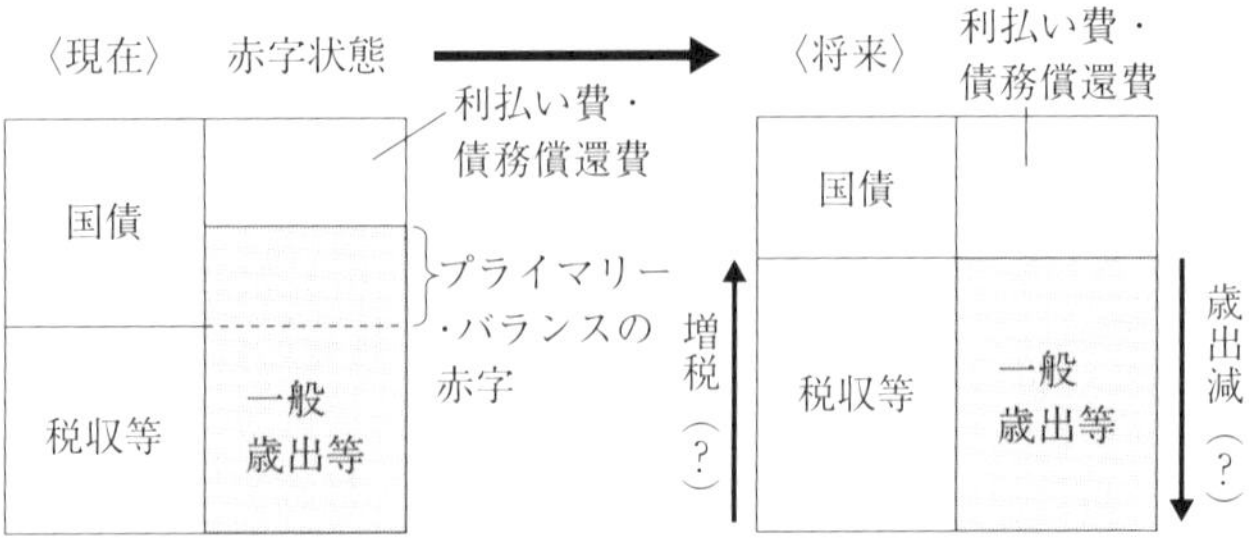

出所：『朝日新聞』2001年5月8日付。

めた結果であること、予算の配分も着実に変えたことなどをしっかり説明し、国民に理解を求める道を探ることが本筋ではなかったか」と述べている（朝日新聞、二〇〇一年一二月二〇日）。

（2）「むちゃくちゃな予算」

すでに二〇〇二年度の当初予算から、「国債三〇兆円枠」は枠一杯で、いまにもこぼれそうな状態になっていた。もし小泉内閣が〇二年度に補正予算を組む場合、「国債三〇兆円枠」を守るとすれば、もう国債を財源にすることはできない。それで補正予算を組めるかといえば、それはできない相談である。したがって小泉内閣の「国債三〇兆円枠」は、せいぜい二〇〇二年度補正予算までの命であった。それでも「国債三〇兆円枠」は、経費抑制に一定の効果を発揮し、二〇〇二年度予算での経費抑制、とくに社会保障関係費の自然増三〇〇〇億円カットなどをもたらすことになった。小泉首相も、「国債増発しろという大合唱のなかで、三〇兆円枠にとどめられたということは、今までの自民党だったら想像できないことですよね。……財政の規律……ということで一歩踏み出した」と誇っていた。

実際に、「国債三〇兆円枠」は二〇〇二年度途中に破られるが、その理由は、二兆五〇〇〇億円にのぼる税収不足だった。税収不足は、いわゆるデフレ不況もさることながら、予算編成時の経済見通しの誤まりの結果である。こういう税収不足が生じた場合、財政法の趣旨にしたがえば、まず経費削減、つぎに増税が順序である。「国債三〇兆円枠」の本来の意味からも、そうあるべきところである。しかし小泉内閣は、「柔軟かつ大胆に」国債増発に頼った。国債増発の場合も、税収不足分に見合う額にとどめるのが順序なのに、「とにかく三五兆円なんや！」（塩川財務相、二〇〇二年一一月二〇日）と、こんどは「国債三〇兆円枠」に代わり、「国債三五兆円枠」を持ち出す始末である。

この「国債三〇兆円枠」をめぐる国会の論議のなかで、小泉首相みずから「当時は五〇兆円の税収があるという前提だった。税収が落ち込む。柔軟に対応する。何が悪いのか。全然こだわっていません」（二〇〇二年一一月一一日）と述べていた。このなかで「税収」とあるのは、税収のほか雑収入なども含めた〇二年度歳入予算のつもりで発言したものと思われる。もし「租税および印紙収入」を指すのであれば、四六・八兆円が予算見積もりだった。

一一月二一日、政府・与党は、五兆円近い国債を財源とする二〇〇二年度補正予算案について合意した。小泉「財政構造改革」は、その一枚看板を失ってしまった。そのうえ、「この程度の約束を守れなかったというのは、大したことではない」（二〇〇三年一月二三日）と臆面もなく小泉首相が国会で放言するのを聞かされては、国民こそいい面の皮である。そのさい小泉首相は、「私を緊縮財政だと言っている人は、どうかしている。三〇兆円以上も国債を発行している」とも述べた。おそらく国民は、この

表3-1　2003年度一般会計歳入歳出概算　（単位：億円）

区分	前年度予算額（当初）（A）	2003年度概算額（B）	比較増▲減額（B－A）	伸率％
歳　入				
租税及印紙収入	468,160	417,860	▲50,300	▲10.7
その他収入	44,139	35,580	▲8,559	▲19.4
公債金	300,000	364,450	64,450	21.5
合　計	812,299	817,890	5,590	0.7
歳　出				
公債費	166,712	167,980	1,268	0.8
地方交付税交付金	170,115	173,988	3,872	2.3
一般歳出	475,472	475,922	450	0.1
合　計	812,299	817,890	5,590	0.7

発言を聞いて、あらためて小泉「財政構造改革」の正体はなんだろうと、疑念を深めたにちがいない。

そして二〇〇三年度は、当初予算案で三六兆四四五〇億円の国債発行が予定されている（表3-1）。財務省は「先行減税分を差し引くと、三四兆九〇一〇億円なので、三五兆円の枠内だ」としている。しかし小泉首相も塩川財務相も、三〇兆円枠に代わる、「国債発行三五兆円枠」を言い出す気力を失っている。それを言い出したとしても、誰も小泉内閣の「公約」など、相手にしないだろう。

それにしても、第一歩からつまずいた小泉「財政構造改革」は、「プライマリーバランス回復」という第二段階へ進む展望もなく、立ち往生というかたちである。その意味では、「自民党を壊す」と叫んで登場した小泉内閣の財政運営は、従来の自民党政府のやり方の継続であるばかりか、いっそう輪をかけたものであることが明らかになりつつある。

二〇〇三年度予算案で、税収四一兆円が歳出八一兆円に対し五一％を占めるにすぎないことを指して、塩川財務相が「むちゃくちゃな予算」（朝日新聞、二〇〇三年一月一八日）と嘆いたそうだが、そういう予算をつくる小泉内閣こそ「むちゃくちゃな政府」であることを知るべきである。

この程度　たいした人でないと知り　岩手県　星智秀（朝日川柳、二〇〇三年一月三〇日）

壊れない自民に　壊れそうな国　川崎市　池田功（朝日川柳、二〇〇三年一月一六日）

2 「多年度税収中立」

（1）減税先行

財務省の幹部は、政府与党の二〇〇三年度税制改正大綱を「近年にない成果」と評価しているという。「所得税の配偶者特別控除の廃止や、外形標準課税の大企業への部分導入、消費税の益税問題の解消策などのことだ」（朝日新聞、二〇〇二年一二月一四日）と。

ところでここに評価されているのは、どれも増税である。配偶者特別控除の廃止は、所得税の課税最低限をそれだけ引き下げるわけだから、所得税の増税になる。法人事業税に外形標準課税の導入は、赤字企業にも課税されることになるから、やはり増税である。消費税では、中小事業者に対する特例措置の縮小（免税点の引き下げ、簡易課税制度の適用上限の引き下げ）も増税になる。

表3-2の二〇〇三年度国税増減収額概算（初年度）では、法人関係の減税を中心に、酒税・たばこ税

の増税を、約一・五兆円上回っている。ところが国税の所得税と消費税は、ともに増税額は示されていない。これは配偶者特別控除の廃止が〇四年一月、消費税の特例措置の縮小が〇四年四月というぐあいに、〇三年ではなく〇四年以降、遅れて適用されるからである。法人事業税に外形標準課税の導入も、〇四年四月からである。遅れて適用といえば、〇三年度から増税になる酒税（発泡酒一缶一〇円、ワイン一瓶一〇円の増税）の場合も、〇三年五月実施、たばこ税（一本一円の増税）も、〇三年七月実施となっている。このように減税が先行し、遅れて増税が行われることにより、数年間で税収の埋め合わせをすることを、政府は「多年度税収中立」と呼んでいる（図3-2）。

一九八九年の竹下「税制改革」が、「減税超過」を売り込んで以来、一九九〇年代をとおして、税制

表3-2　2003年度の税制改正（内国税関係）による増減収額概算（初年度）

（単位：億円）

1．法人関連税制	▲13,040
(1) 研究開発減税*	▲ 5,470
(2) 設備投資減税*	▲ 5,270
(3) 中小企業支援	▲ 2,300
2．相続税・贈与税	▲ 1,030
3．金融・証券税制	▲ 960
4．土地税制	▲ 2,100
小　計	17,130
5．所得税	—
6．消費税	—
7．酒税・たばこ税	+ 1,630
8．その他	+ 60
小　計	+ 1,690
差引計	▲15,440
9．石油税	+ 140
10．自動車重量税	▲ 930
一般会計分計	▲16,230
11．電源開発促進税	▲ 83
12．自動車重量税（譲与分）	+ 930
総　計	▲15,383

注：＊中小企業分を除く。

改革のキーワードは減税である。減税の主役は、所得税と法人税である。減税の方法は、税率の引き下げである。所得税では、累進税率のフラット化ということで、最高税率を一九八七年の五〇〇〇万円超六〇％から、八九年に二〇〇〇万円超五〇％へ引き下げ、九五年の一部手直しをへたあと、九九年には一八〇〇万円超三七％と大減税になって、今日にいたっている。法人税では、基本税率四〇％（一九八九年）が、九〇年三七・五％、九八年三四・五％、九九年三〇％と、これも大減税となっている。

　竹下「税制改革」以来、大きな流れとして、高額所得階層中心の所得税減税、高い利益をあげている大法人中心の減税が実施されてきていることがわかる。一方の増税は、広く国民が負担する消費税が主役である。しかし「減税超過」、「減税先行」のなかで、増税はなかなか追いつかない。その代わりを務めたのが、国債発行であった。国債発行額が激増し、急速に財政事情が悪化したのも、まさに「ここ数年」のことだった。ここから見えてくるのは、大減税をカバーする国債増発という図式であり、その後につづく増税という図式である。それが「多年度税収中立」の意味である。

図3-2　多年度税収中立のイメージ

（単位：兆円）

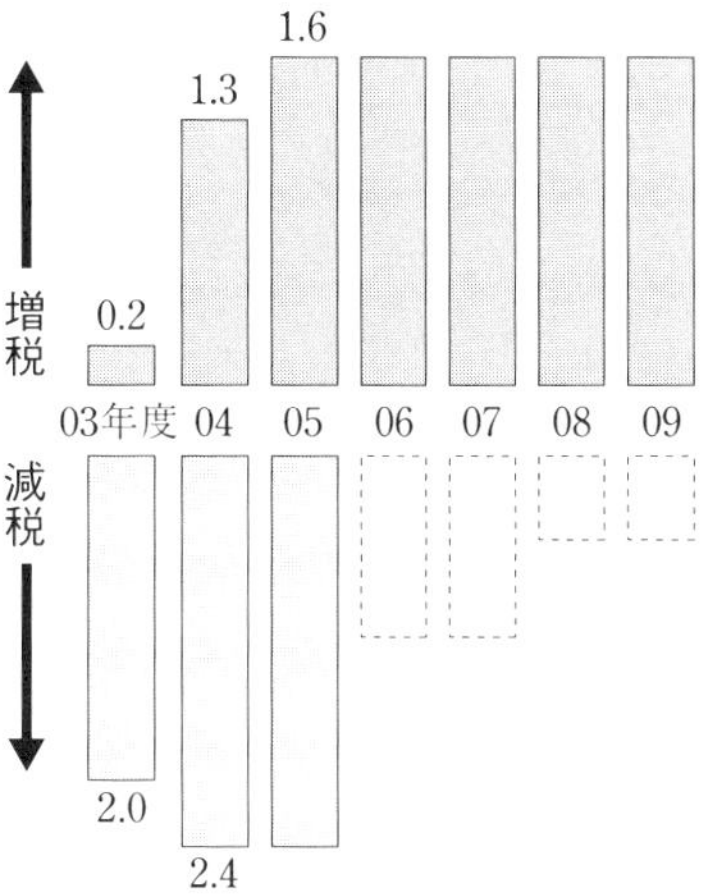

注：数字は概算。06年度以降の減税規模は目安。
出所：『朝日新聞』2002年12月14日付。

　増税の場合、これまでの減税を見直すということも、一つの方法である。はたしてそれがあるかといえば、自民党連立政府のもとでは、それはありそうもない。最近の政府税制調査会の答申を見ると、これまで高額所得階層や大法人に対して行ってきた減税は、「さらなる減税はない」という言い方で、そのまま温存されている。いわば「所領安堵」である。それというのも、かれらこそ「成長」を担う「活力」とされているからである。

これまで所得税や法人税など直接税を減税し、代わりに消費税など間接税を増税してきたのは、そのためだった。その流れをつづけて、日本の税制構造そのものを変えたい。それが一九九〇年代以降、歴代の自民党政府の「税制改革」であり、小泉「財政構造改革」の「税制改革」である。したがって増税のターゲットも明らかである。

このように見ると、「多年度税収中立」の、「中立」の意味がはっきりする。それは減税分を、増税分で取り返すこと、つまり増減税同額である。税収を確保するということだから、これは税金を取る立場の発想である。減税対象と増税対象は、当然ながら別である。

それは決して、「税負担の中立」ではない。減税される側は、「活力」の担い手であり、増税になる側は、「活力」を期待されない者である。減税される側は、これからも減税になり、増税される側は、これから増税になる。

すでに二〇〇二年度の「税制改革」も、減税先行型だった。そこでは連結納税制度の創設、同族会社留保金課税の軽減、相続税の軽減などが盛り込まれ、一方、増税は老人向け少額非課税制度の改組だった。老人は負担増、企業や大資産家は優遇という図式だった。

(2) 課税最低限引き下げ

小泉首相は、二〇〇二年一月、政府税制調査会総会で、「だれもが負担する税制」を強調し、「所得税の課税最低限を下げることが民主主義」と述べた。塩川財務相は、同年二月の財政演説のなかで、「租税は、公的サービスを皆で広く公平に支えていくための会費である」と述べた。これは、政府税制調査会の二〇〇〇年中期答申で強調されている租税観である。そこでは応能負担主義（能力に応じた負担）でなく、応益負担主義（公的サービスの受益に応じた負担）を、政府税制調査会公認の租税観として押し出そうとしている。

こういう見方が、財政困難と結びつけられると、「働いている人の四分一が所得税を負担していない」とか、「二五〇〇万法人のうち、三分二が法人税を負担していない」という宣伝になる。「皆で負担」すべきものを、そうでない手合いがいるというわけである。これは所得税の課税最低限引き下げや、外形標準課税の導入のための世論工作である。そして二〇〇三年度の税制改正では、所得税、消費税、酒税、たばこ税など庶民向け増税と、投資減税や相続税減税など企業や資産家向けの減税が盛り込まれた。

所得税増税は、配偶者特別控除の廃止というかたちである。これは所得税課税最低限引き下げの第一着手であり、その意味では、小泉「税制改革」の開始である。戦後の税制では、課税最低限引き下げの例はない。長期間の据え置きによる実質的な低下はあっても、名目額の引き下げはない。それがあったのは、戦時だけである。歴史的にいえば、課税最低限の引き下げは、戦時税制、つまり異常事態、ということになる。

所得税の課税最低限は、基礎控除、配偶者控除、扶養控除など各種の人的控除から構成されている。その基本的意義は、生活費免税である。ところがさきにあげた政府税調中期答申では、「生計費の観点のみでなく、税負担の観点」が必要としている。「税負担の観点」からとらえると、課税最低限は、「税負担能力の減殺」になるという。これを別の言い方では、「税の空洞化」と呼んでいる。

これはどういう意味だろうか。「生計費の観点」の場合、国民の生活が先にあり、それには課税しないというのが、課税最低限である。しかし「税負担の観点」の場合は、収入全部を税負担能力に見立て、そこから課税最低限の分だけ、払うべき税が減るということらしい。「まず税金を払え、その残りで暮らせ」というのであろうか。こういう逆立ちした議論が、最近の政府税調から流されている。

それにしても、税金は所得税だけではない。消費税もあるし、酒税もあり、揮発油税もあり、いろいろある。税金の全体を考えれば、税金を払わずに暮らしている人はいない。所得税だけ取り出して、「負担していない人がある」と言い出し、「皆が払う」所得税にしたいようだが、そんな所得税はどこにもない。無理無法な主張である。とにかく税金は、皆が負担している。税の種類で、負担の仕方がちがうだけである。

就業者数に対する所得税納税者の比率についていえば、所得税を「全国民が支払う税」と呼んだシャウプ勧告税制当時（一九五〇年）でさえ、四〇％だった。それが五〇％を超えるのは、一九六七年である。つまり高度成長期の所得税中心税制のもとでも、二人に一人は所得税を払っていなかったわけで、四人に一人とされる今日より、払わない割合が相当多かった。それでも当時の政府税調は、「皆が払え」とは言わなかった。所得税とはそういう税であり、応能負担主義を租税原理としているからである。いまや政府税制調査会は、租税原理としての応能負担主義を放棄することで、「シャウプ勧告税制からの離脱」を完成しようとしているのである。かれらが信奉する「活力」論からいえば、応能負担主義は、まさに「活力の減殺」にほかならないからである。

応能負担主義の立場から、「税負担能力の減殺」（「税の空洞化」）を考えるとすれば、これまで進められてきた所得税の「フラット化」、すなわち「最高税率の引き下げなど、所得税の累進税率の緩和」、また相続税の最高税率引き下げ、そして法人税の税率引き下げや租税特例措置などが、それに当たると思われる。しかし、応益負担主義に立つ政府税調や小泉「税制改革」では、さきに見たように、逆に「課税最低限」がターゲットになる。

応益主義のもとでは、「活力」論、すなわち「金儲け万能」論が解き放たれる。それは、売上税当時の中曽根首相の発言、「金を儲けてなにが悪い」から始まって、「金持ちになろうという意欲が経済の原動力だ。」（経済財政諮問会議メンバー、牛尾治朗）、「頑張った者が報われる税制」（竹中平蔵）へとつづいている。所得税や相続税の最高税率の大幅な引き下げは、これらの期待に応えるものである。「金持ちになりなさい。減税が待っていますよ」というわけである。

（３）**配偶者特別控除の廃止**

課税最低限引き下げの第一着手となった配偶者特別控除の廃止について、あまり注意されていない点を指摘しておきたい。配偶者控除は、夫婦の相互扶助という観点から、配偶者の貢献を評価し、扶養控除から独立して設けられた（一九六一年）。配偶者特別控除は、配偶者の貢献、税負担の調整、パート問題を理由に創設された（一九八七・八八年）。

配偶者特別控除廃止をめぐる論議では、男女共同参画とか、パートの労働時間調整とかに目が向けられ、上記理由のなかの、「税負担の調整」の意味は、あまり注目されていないように思う。

消費税を導入した竹下税制改革で、所得税が税率のフラット化を中心に減税になった。しかしこの所得税減税を、所得階層別に点検してみると、一二〇〇万円以上の高額所得階層は大きな減税になるのに、六〇〇万円から八〇〇万円の中堅所得階層にはほとんど減税の恩恵が及ばないものだった。その救済措置が配偶者特別控除の増額（三八万円へ）と教育控除の創設であった。「税負担の調整」とは、まさに、この所得階層に属する片稼ぎ世帯に向けられたものだった。それは消費税導入による負担増の代償という意味をもった。

所得税の人的控除には、それぞれ理由があり、ただ整理すればよいというものではない。この配偶者特別控除の廃止も、問題がある。竹下税制改革の趣旨からいえば、配偶者特別控除の増額は、消費税の負担増に対応するものであり、消費税と「相打ちの関係」にある。その意味では、消費税が増税になっているなかで、配偶者特別控除が一方的に廃止されるのは、疑問である。配偶者特別控除の廃止は、民間給与所得者の約一二〇〇万人に影響が及ぶと見られる。その配偶者やその他の扶養者も含めれば、全人口の三割以上に関係する。しかも課税最低限の引き下げへ、道を開いたという問題でもある。

3　消費税の増税

（1）免税点・簡易課税・総額表示

消費税については、中小事業者に対する特例措置の縮小が進む。「消費税に対する信頼性、制度の透明性を向上させる観点から」のものだという。すなわち、事業者免税点制度の適用上限を、現行の三〇〇〇万円から、一〇〇〇万円に引き下げる。また、簡易課税制度の適用上限を、現行の二億円から、五〇〇〇万円に引き下げるというものである。

事業者免税点の引き下げは、約一三六万件の零細事業者を、新たに消費税の網に引き込むことになる。二〇〇〇年度の数字（『財政金融統計月報』六〇〇号、一〇三ページ。『税制研究』四三号、五七ページ）で、消費税課税業者は、一般申告が一〇九万件、簡易申告が一〇六万件であり、免税事業者が三六七万件だった。簡易課税を申告しているのは、個人業者三一万件、法人七五万件の計一〇六万件、うち五〇〇〇万円超の五六万件が、簡易課税制度の適用から外れ、代わりに、一三六万件が加わるとすれば、簡易課税適用業者は、一八六万件へ急増することになる。

政府税調は、免税業者が六割強を占めることを問題としていた。免税点引き下げにより、免税業者の比率は四割以下になる。しかし多数の零細事業者は、課税業者になることで、記帳や請求書等の保存など事務負担が増えるだけでなく、とりわけ転嫁困難などによる消費税の滞納問題を、一層深刻にすると思われる。〇三年一月二四日、佐々木憲昭議員の追及で公表された「中小企業における消費税実態調査」（経済産業省、二〇〇二年）から、売上高階級による消費税の転嫁状況を示す。これによると、売上

図 3-3　消費税の転嫁状況

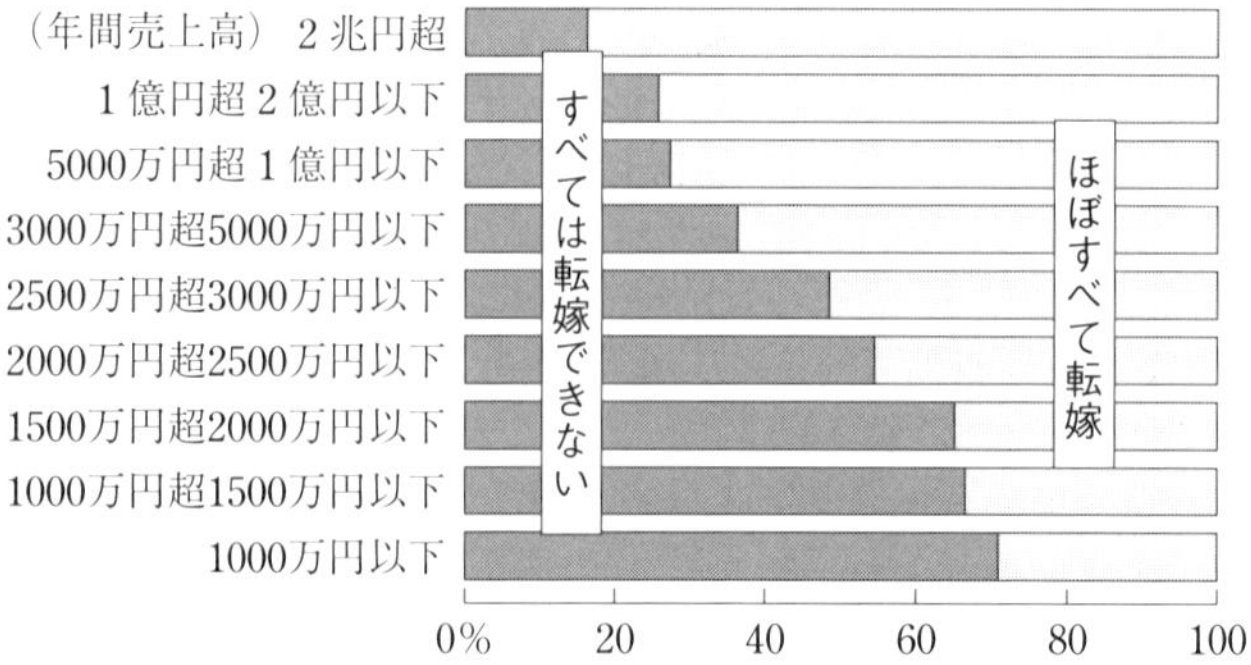

注：経済産業省。2002年8，9月調査。
出所：『しんぶん赤旗』2003年2月4日付。

高が少なくなるほど、転嫁が困難なことがわかる（図3－3）。

見逃せないのは、「事業者は消費者に対し、商品や役務に係る消費税等の額を含めた総額を明らかにすることを義務付ける。〇四年四月一日から適用」である。これは消費税の内税化である。消費税は導入以来、内税にするか外税にするか、どちらでも業者の自由にしてきた。それを総額表示に統一する。しかも「義務付ける」という。これは「消費税の制度としての透明性を高める」ことになるのであろうか。逆ではないのか。ついでに言えば、政府税調中期答申では、これを「消費者の便宜のため」と称している。「ものも言いようで、角が立たない」というところか。

学生に税金のことを聞くと、一番知っている税金は、消費税である。消費税が多くの場合、外税方式をとっていて、レジで支払うたびに意識させられるからである。消費税を導入した竹下首相が、「九つの懸念」を上げたなかで、「子供が買うものにまで税金がかかるのはかわいそうだ」という意見を取り上げ、つぎのように述べた。「児童生徒は消費税に一方でとまどいながら、同時に税というものを身近に感じ、関心をもち始めている面もあるのではないでしょうか。この関心を大事にはぐくんで、これからのわが国を担う子供たちに税のもつ意味を的確に理解させることができれば、むしろわが国の将来にとって有意義ではないかと考えています。」

身近な税、理解できる税が、民主主義を育てる。ここでは竹下首相も、シャウプ博士ばりである。消費税は間接税にもかかわらず、外税方式をとったために、思わぬ効果を生んだ。消費税が導入されてから、税金を題材にする川柳が増えたのも、その一つである。しかし税を取る方からすると、これは厄介である。増税しにくい。増税するためには、国民に消費税を意識させないようにする必要がある。消費税の総額表示を「義務付ける」のは意識させない方法であり、まさに税率引き上げのための準備である。この点について、「仮に法整備を行ったとしても、行政指導の域を出ないし、罰則もない。……結局、内税、外税、総額表示は事業者の自由ということになるだろう」との指摘がある（湖東京至論文、『税制研究』四二号、五一ページ）。とはいえ「義務化」により、事実上、消費税の内税化は進むと思われる。こういう伏線を敷いたうえで、消費税率の連続引き上げの提案が出てきている。

（２）**税率引き上げ**

二〇〇三年元旦、経団連の奥田碩会長（当時）から賀状代わりに、「二〇〇四年度に消費税率一％引き上げ、あと一〇年間、毎年一％ずつ上げていくと、二〇一四年度には一六％になる。その先は消費税率一六％を据え置く」案が、あらためて披露された。これをやると、「活力と魅力あふれる日本になる」

という。

奥田会長は「誰も触れたがらない」ので、自分が言い出したそうである。そういえば二年前の二〇〇一年一月、日経連の労働問題研究委員会報告のなかで、社会保障制度の維持を理由に、消費税率の引き上げを検討するよう、政府に求めていた。当時の日経連会長が奥田碩氏だった。

財界の代表が、国家の将来や財政事情を「憂え」て乗り出すというのは、第二臨調の土光敏夫以来である。奥田会長は経済財政諮問会議の委員でもあるし、国土交通省の交通政策審議会会長でもある。最近は、日本銀行総裁の後任人事についても相談されているという。小泉首相に、ものが言える立場のようだ。「久しぶりに活力のある財界総理」の掛け声に応えてか、「自分の任期中はやらない」と言っている小泉総理に、「小泉首相がやるのが一番いい」と、消費税率の引き上げを迫る勢いである。

二〇〇一年四月、景気対策として消費税率引き下げを公約に掲げて、自民党総裁選挙を戦った亀井静香候補に対し、財務省の幹部は、「基幹的税制をもてあそぶもの」と反発したという。財政当局にとって、消費税の論議はタブー扱いである。ましてや、廃止や税率引き下げ論は、もってのほかである。その方向で国民世論に火がつくのをおそれているからである。一般消費税の大平首相、売上税の中曽根首相、消費税導入の竹下首相、国民福祉税の細川首相、消費税率アップの橋本首相と、いずれも退陣に追い込まれた過去があるだけに、財務省も、「われわれから決して切り出せないテーマになった」としている。そのため税率引き上げ論の扱い方は、慎重の上に慎重を期している。

小泉内閣になってから、消費税増税に触れたのは、二〇〇一年四月、坂口力厚生労働相の「基礎年金の財源（半分以上）に消費税」という発言であり、再任後の二〇〇二年一〇月にも、〇四年度の年金制度改正にあたり「国庫負担二分一へ引き上げは約束。消費税でお願いする」と繰り返し、基礎年金の財源と消費税率アップを結びつけようとしている。財界は、社会保険の事業主負担の軽減につながることもあって、さしあたり年金財源を理由に、消費税率引き上げを強く要求している。たとえば〇二年一〇月、日本経団連が「公的年金制度への意見書」のなかで、「消費税を財源とした国庫負担二分一実施」を提唱。一一月には、日本経団連の奥田会長が共同通信社の講演で、消費税率を「二〇〇四年度から一％ずつ引き上げ、一四年度に一六％」という案をぶち上げた。経済同友会も一二月五日、「新しく創設する年金制度の財源として、二〇一〇年度に一四％」を提案した。

一方で小泉首相は、「自分の任期中は、上げない」と再三発言し、消費税論議を封印していたが、二〇〇二年一二月五日、経済財政諮問会議で、メンバーの奥田経団連会長に促されるかたちで、「将来、年金の国庫負担をどういう税でやるのか。消費税がいいのか、他の税がいいのかということになる。消費税に反対なら、年金の議論はできない。議論は必要だ」と述べた。その議事要録の内容が、一二月一〇日に公表されると、自民党の幹部も、「二％ずつ上げていき、福祉を考えるコンセンサスを」（一二月一一日、野中弘務元幹事長）、「いずれは議論するときがくる」（一二月一七日、青木幹雄参院自民幹事長）とすぐさま呼応した。

そして小泉首相は、一二月二五日、朝日新聞などとのインタビューで、「消費税論議を封殺しない。大いに検討してもらいたい。来年一年間しっかり議論しますから、その議論を見てからでもいいんじゃないでしょうか」と、これをマスコミの場へ広げた。小泉首相は、自分の「在任中は上げない」と言っているのに、なぜ消費税論議を「解禁」したか。それは、「上げるための世論形成を進める」ということだろう。その具体化が、二〇〇三年の元日早々、あの奥田提案となったと思われる。財界を先頭に、消費税率引き上げの世論づくりが活発化している。

「高齢化が進む一方で、消費税が今のレベルではつじつまが合わず、一五％とか、もっと高くとかいう議論がある。基本的な認識は同じだ」（一月六日、武藤敏郎財務次官の記者会見）。「消費税率引き上げ、実施の時期は早いほどよい。小泉内閣でやるのが一番」（一月一四日、奥田会長の記者会見）。内閣府（経済財政諮問会議）が、「二〇〇四年六月に消費税を六％へ引き上げる前提で、中期財政状況を試算」（一月一六日）。「一％ずつならば、さほど消費に影響はない。当面は年金財源に使うが、中長期的には財政再建の財源などに充てるべきだ、社会保障の目的税にすべきではない」（一月二〇日、内外情勢調査会での奥田会長の講演）。

それにしても消費税率を、連続一一年にわたって引き上げるとは、国民の生活や感情を踏みつけにした提案である。中谷巌多摩大学長ら経済学者五名によるデフレ対策のなかに、消費税率を三年間連続して引き上げる提案があった（朝日新聞、二〇〇二年一一月二三日）。消費税率アップが引き金になり、物価がインフレ基調になると、消費者は買い控えから、買い急ぎに転じるというものだった。しかし消費税は「生きることに課税される」（杵渕智子、朝日新聞声欄、二〇〇三年一月七日）のであり、税率が上がるからといって、人々は「生き急ぐ」わけにはいかないのである。

消費税は、内閣を五つも倒してきた。税率一%で、一内閣に当たる。これから一%ずつ、一一年にわたって上げようという提案は、一一の内閣を用意しなければならない。それは政変に明け暮れるということであり、無理で無駄な話というしかない。

消費税も大したことでない　不安　茨城県　佐藤幸雄（朝日川柳、二〇〇三年二月四日）

成長が期待できるは　消費税　美唄市　沼沢　寛（朝日川柳、二〇〇三年一月一七日）

第四節　政府税調の増税宣言

1　大衆増税

「少子高齢社会における税制のあり方」と題される、二〇〇三年の政府税制調査会答申は、二〇〇二年の「あるべき税制の構築に向けた基本方針」につづく、露骨な増税宣言である。増税の柱は、個人所得税と消費税であり、それぞれ①「個人所得課税の基幹税としての機能回復」、②「消費税の役割を高めていく」というふうに表現されている。

これら増税の基本的性格は、大衆増税にほかならないが、それを政府税調の石弘光会長は、つぎのように説明する。「今後、ますます財政赤字が膨らむ……。歳出削減と同時に、年齢を問わず、広く公平に税金を負担する仕組みに変えて、国民全体に負担増を求めるしか解決策はない。」

この「広く公平に税金を負担する仕組みに変える」ための一歩を踏み出したこと、それが小泉内閣の「財政構造改革」である。

2 所得税の課税最低限引き下げ

所得税の「基幹税としての機能回復」、つまり所得税増収のために、政府税調が提案する手段は、主として諸控除の廃止や引き下げ、すなわち課税最低限の引き下げが中心である。二〇〇二年の「基本方針」でも、所得税の「空洞化」を示すものとして、「就業者総数に占める非納税者の割合や、課税最低限の高さ」を指摘し、「諸控除の見直し」が課題とされていた。

所得税の諸控除を引き下げれば、たしかに課税対象は広がるから、「広く、国民全体に負担増」という趣旨には、かなう。しかし課税対象が「広く」なれば、税負担が「公平」になるとは限らないし、それよりなにより、低所得者層に課税を広げる話だから、増収効果のほうは、さほど期待できない。つまり「基幹税としての機能回復」そのものに、どれほど役立つか、はっきりしない。その意味では、諸控除引き下げのねらいは、別にあるのかもしれない。

ここでは政府税調が、わが国の課税最低限は「高い」というところから出発していることが第一に注意される。その際、各種の控除を個別に取り上げ、そういう控除が税制に「歪み」を与えると主張し、その「歪み」をなくせば、税負担の「公平」になるかのような印象を与えようとしている。あえて言えば、課税最低限引き下げへ向けて、各個撃破作戦に出ているように見える。

政府税調によれば、国際比較して日本の課税最低限は高いというわけだが、単純に為替レート換算でなく、購買力平価で比較するなど生活実態に近づければ、必ずしも高いわけではない。また単なる横並びの国際比較でなく、各国がそれぞれの課税最低限を、歴史的にどのように取り扱ってきたか、という観点で見ると様子は変わる。たとえば独身者の課税最低限をとり、一九七六年を基準に、四半世紀後の二〇〇〇年までの間に、各国でどれくらい引き上げられてきたかというと、日本の一・三八倍に対し、アメリカが二・六七倍、イギリス六・四二倍、ドイツ三・七二倍、フランス五・三三倍である。とくにヨーロッパの諸国では、課税最低限を大きく引き上げてきているのに、日本政府がそれを最も惜しんでいることがわかる。

「課税最低限は高い」という立場から出発すると、それを下げようという衝動にかられる。それが高齢者の年金に向けられると、年金の公的年金等控除と老年者控除は、「年齢だけで高齢者を別扱いする制度」、つまり「歪み」だから、これを縮小するのが「公平」だとなる。その論拠が、「世代間公平」論である。しかし、課税最低限が低いと認識すれば、勤労者の基礎控除のほうを、公的年金等控除の水準へ引き上げるという、逆の「世代間公平」が成り立つ。

税調答申では、給与所得者に対して、給与所得控除が「勤務に伴う経費の概算控除ということを明確化」するとして、その引き下げを主張している。この場合は、事業者の経費と比較する「勤労者と事業者との公平」論が論拠とされている。また、配偶者控除の廃止を言う場合には、「片稼ぎを一方的に優遇は、適当でない」と言い、片稼ぎと共稼ぎの「家族間公平」論が持ち出される。

個人所得税は、個人の諸事情に配慮した課税ができるところが、長所とされてきた。そういう配慮が、さまざまな控除というかたちになっている。ところが最近の政府税調答申では、そういう配慮は「歪み」をもたらすと言い出し、誰をも同じように扱うのが、「公平」だと主張する。そういう「公平」論が、「世代間公平」論であり、「勤労者と事業者との公平」論であり、そして「家族間公平」論というわけである。

その行き着く先は、「さまざまな控除」を、「基礎控除や扶養控除といった人的控除にまとめる」という主張になる。なるほど、さまざまな控除を整理すれば、見た目は簡素になるかもしれないが、その意味は、課税最低限の引き下げであり、所得税の増税である。

さすがに政府税調も、増税一点張りでは具合いが悪いと思ってか、一応「基礎控除の引き上げ」と言わざるをえないが、それについては「検討」の段階にとどまっている。また扶養控除については、「児童など真に社会として支えるべき者に対し集中する（児童税額控除）」というのだから、これ以外は、みな控除額の縮小ということになりかねない。しかも「児童税額控除」にしても、「税額控除」という方式では、所得税負担の少ない低所得者ほど恩恵は小さく、課税最低限以下の階層は適用外になる。

3　中低所得階層に対する所得税の税率引き上げ

所得税は累進税率の緩和、いわゆるフラット化による減税が行われてきた。政府税調は、その問題点を、「大多数の納税者が最低税率のみに分布」していることだとしている。この点については、二〇〇二年の「基本方針」は、つぎのように述べていた。「最低税率が適用される所得金額の範囲（ブラケット）が拡大されてきた。……民間給与所得者の約八割が最低税率（一〇％）の適用ですむという、主要国の中でも特異な状況となっている。……わが国の所得税制は、これまでの累進緩和（フラット化）等により、大多数の納税者に対し極めて低い水準で負担を求めるものとなっている」とし、「財源調達機能や所得再配分機能の発揮の観点から考えれば、……最低税率のブラケットの幅を縮小することが今後の選択肢」と。

ここではせっかく、所得税の税率構造に目を向けながら、大きく引き下げてきた最高税率のほうではなく、中低所得階層にかかわる最低税率のほうを問題にしている。こういう政府税調の目線のほうにこそ、「歪み」があるのではないか。

所得税の最低税率と、それが適用される所得金額の範囲（ブラケット）は、一九八八年の税制改革で、最低税率は一〇・五％から一〇％になり、そのブラケットは一五〇万円以下から三〇〇万円以下に広げられた。そして一九九五年に、最低税率一〇％のブラケットは、少し広げられ三三〇万円以下となって、二〇〇五年にいたる。したがって政府税調が大騒ぎしている「ブラケットの拡大」は、延べ一七年間で三〇万円の増加にすぎない。

二〇〇〇年代前半について見ると、最低税率一〇％のブラケット、三三〇万円は、税率二〇％のブラケット（三三〇万円超九〇〇万円以下）の五七〇万円、税率三〇％の場合の（九〇〇万円超一八〇〇万円以下）九〇〇万円、最高税率三七％（一八〇〇万円超）の青天井というべきブラケットと比べた場合、なぜ問題になるのか、理解に苦しむところである。

最低税率一〇％のブラケットは、税率二〇％以上の、どのブラケットよりも狭いのであり、そのかぎりでは、それをさらに区分する理由はない。この最も狭い最低税率のブラケットに、多数の給与所得者が属するとすれば、それは給与水準が低いからにほかならない。そういう最低税率のブラケットを縮小し、わずかな所得差から少しでも余計にふんだくろうとは、どういう魂胆なのであろうか。

ところが実際に、二〇〇七年から従来の刻みの数四が六に増え、税率も変わった。刻みが増えたのは九〇〇万円以下の中低所得階層のところで、一九五万円以下が五％、それを超え三三〇万円以下が一〇％、六九五万円以下が二〇％である。そして六九五万円を超え九〇〇万円以下が二三％、九〇〇万円から一八〇〇万円以下が三三％、一八〇〇万円超は四〇％となっている。

最低税率が一〇％から五％に下がり、一九五万円以下の階層は減税になったかと思ったら、住民税のほうで、それに見合う増税があり（従来は五％から一三％までの累進税率だったのが、フラット化され一律一〇％になった）、実益はない。一九五万円―六九五万円の中低所得階層のところが、住民税の税率フラット化で一％減、六九五万円超の高額所得階層は、所得税の税率三％増の代りに、住民税の税率三％減で埋め合わされている。

そういうわけで政府税調の増税ターゲットは、課税最低限の引き下げにあり、したがって中低所得階層である。高額所得階層は、増税対象から除外されている。しかし、これまで減税の恩恵を十分受けてきた高額所得階層に手を触れないような増税方針では、それこそ「財源調達機能や所得再配分機能の発揮」は望むべくもなく、税収増にはつながらないだろう。したがって「基幹税としての機能回復」も、むずかしいと思われる。そのうえ、累進税率のフラット化が進んだこともあり、たとえ景気回復があったとしても、所得税からの増収は期待できなくなっている。

そのほかの所得税増税として、「恒久的な減税」の名で、一九九九年度から継続していた定率減税（約三・五兆円）を、「景気回復」を理由に、二〇〇六年から縮小し、二〇〇七年に廃止したことがある。この定率減税廃止の主張は、二〇〇二年の「基本方針」以来、税調の答申にも盛り込まれてきた。そもそも「景気」に左右される「恒久的な減税」というのも、奇妙である。この定率減税には、二五万円の頭打ちがあったから、その廃止は、高所得階層には余り響かず、中低所得階層に打撃が大きい増税といえる。

4　消費税の増税

消費税については、「基幹税として定着」したという位置づけである。それは、「あらゆる世代が広く公平に分かち合う税」という意味で、政府税制調査会にとって理想の税である。二〇〇三年の税調答申では、消費税増税について、「将来は、二桁の税率」と書き込んだ。

二〇〇二年の「基本方針」を受けた、〇三年度税制改正において中小事業者に対する特例措置等の見直し、具体的には課税最低限の引き下げ、簡易課税の適用限度の引き下げ、申告納付の回数増、総額表示方式の義務化が行われることになった。これらの措置により、いわゆる「益税」が解消され、「消費税に対する信頼性・透明性が向上」するというのが、税調の説明である。

しかし簡易課税制度などは、もともと竹下内閣が、新しく消費税の納税義務者となる広範な中小事業者の事務負担に配慮した仕組みとして取り入れたものである。もちろん業者の反対運動に譲歩した側面も否定できない。それにしても、仕組みから発生する問題を、なにか業者の勝手な所業であるかのように宣伝するのは、問題のすり替えであろう。「益税」の問題は、そういう制度をつくった政府の責任である。まして多くの中小企業にとって、「益税」どころか「損税」が現実の問題になっているとき、「益税」の解消によって、消費税が「浄化」されるかのように言い、「税率二桁」を書き込むあたり、政府税調の居丈高な姿勢があらわれている。それは「活力論」の裏返しでもある。

そこで「税率二桁」の実現へ向けて、政府税調の取り組みが開始されているが、その一つは、消費税の「増税やむなし」への世論誘導である。二〇〇三年答申を例にとれば、まず、消費税という税の使いみちが、社会保障のためであるかのように描いていることがある。たとえば、消費税は「社会保障をはじめとする公的サービスの費用を、あらゆる世代が広く公平に分かち合う上で大きな役割を果たしている」という。

ここでは「公的サービスの費用」、つまり国家歳出（経費）のなかから、とくに「社会保障をはじめとする」のように「社会保障」を前面に出している。国家経費はいろいろあるから、なにも「社会保障」でなく、たとえば「教育」や「公共事業」を「はじめとする」にしてもよいわけなのに、それはしない。とにかく「社会保障をはじめとする」をフルに使っている。それが政府税調の手法である。だから「公共サービス」とか「歳出」を言う場合は、かならず「社会保障をはじめとする」を前置きに使っている。これは二〇〇二年の税調答申だけでなく、二〇〇二年の答申、二〇〇〇年答申、みな同じである。

そうすることで、一般財源である消費税を、「社会保障」という特定の経費と結びつけ、その特定財源であるような印象をふりまいている。しかし竹下税制改革以来の流れを見れば、消費税は一般財源であって、決して社会保障の特定財源ではないこと、むしろ所得税や法人税等の減税をカバーするために導入されたものであることは明らかである。政府自身、それを社会保障の特定財源にする意図を否定してきた。政府税調にしてみれば、国民が錯覚して、消費税の税率アップを受け入れてくれさえすれば、それでいいということなのであろう。

5　竹下税制改革以来の流れ

竹下税制改革（一九八九年）は、直接税の大減税の見返りとして、消費税を導入したものといえる。当時、直間比率の是正が盛んに宣伝されたが、実際に消費税導入以後、直間比率は激変した（直接税の国税税収に占める比率、一九九一年七三・二%→二〇〇二年五五・四%）。

所得税の減税は、課税最低限引き上げよりも、累進税率のフラット化が中心にすえられた。所得税の最高税率を例に取ると、それは一九八七年の七〇%から、六〇%（八八年）→五〇%（八九年）→三七%

（九九年）と、大きく引き下げられた。

法人税も、基本税率の引き下げが進んだ。四二％（八七年）→……→三〇％（九九年）。相続税でも、最高税率が引き下げられた。七五％（八八年）→七〇％（八九年）→五〇％（〇三年）。

その一方で、課税最低限の引き上げは、所得税の基礎控除の場合、三三万円（八四年）→三五万円（八九年）→三八万円（九五年）と、控えめであった。

こういう減税とバブル破綻後の不況により、大幅な減収が続いた。国税収入は、九一年度五九・八兆円→九九年度四七・二兆円→〇二年度四三・八兆円と、大きく落ち込んだ。その内訳を見ると、――所得税二六・七兆円→一五・四兆円→一四・八兆円。――法人税一六・五兆円→一〇・七兆円→九・五兆円。――消費税四・九兆円→一〇・四兆円→九・八兆円。

まさに所得税や法人税が、経済不況もさることながら、とくに累進税率のフラット化により、大きく税収減となっていることがわかる。国税庁『申告所得税の実態』によれば、申告納税額は、九一年度六・五兆円が、九九年度二・六兆円に低下。そのなかで二〇〇〇万円超の所得者の人数（四一万人→二五万人）ならびにその納税額の低下（四・四兆円→一・三兆円）が目立つ。所得税全体の低下のなかで、とくに高所得階層のところで、累進税率引き下げによる影響が大きいといえる。

このように減収がつづくなか、景気対策を名に、歳出規模は増加をつづけ、九一年度七〇兆円→〇二年度八一兆円。それを国債増発でカバーするという財政運営である。その結果、一般会計予算の税収比率は、九一年度の八七・八％から、〇一年度が六一・四％、〇二年度五七・六％と、どんどん落ち込み、ついに〇三年度予算では、五一％になった。「むちゃくちゃな予算」（塩川財務相）と認めざるをえない状態である。したがって普通国債残高も急増した（一九九一年度末一七一兆円→二〇〇二年度末四二一兆円）。

6　政府税制調査会の「活力論」

政府税調は、「活力」論が得意である。「経済社会の活力を維持するためには、まず、税負担が特定の人々に偏ることなく、国民皆が広く公平に負担を分かち合うことが大切です。」（二〇〇〇年中期答申）。ここでいう「税負担が特定の人々に偏る」とは、所得税などの累進税率を指している。したがって税金は、「活力」を損なうものとしてとらえられている。それにしても「経済社会の活力」を税負担と結びつけるという一面的な税金観を、政府税調が臆面もなく主張しているのには、おどろかされる。税金は社会共同の経費を負担するものであり、まさに経済「活力」を発揮させるためにも必要なのではないか。

もともと「税金というものは、国民それぞれの能力（経済力）に応じて負担するのが公平」とされてきた。これが応能負担原則である。それによれば、貧富の差をはじめ、納税者それぞれの事情に配慮できる直接税（所得税など）中心の税制（たとえば、生活費免税、高い累進税率）こそ、公平な税とされる。シャウプ税制がその例で、そこでは所得税を中心とした公平な税制が、民主主義を育てるとし、また富者の社会的責任を強調していた。

その意味では、所得税の累進税率は、税負担の公平そのものであるのに、「活力」を「金儲け」と混同している最近の政府税調には、これは税負担の「偏り」に見えるのである。こういう政府税調の考え方を、露骨に表現したのが中曽根康弘元首相である。「一生懸命働いて金を儲けた人から、税金をガッポリ取ったら、働く人がいなくなる。」

この「偏り」をなくし、「国民皆が広く公平に分かち合う」という租税理念を実現すべく、政府税調がやってきたのが、累進税率のフラット化であり、課税最低限の引き下げであり、消費税の増税なわけである。

一時、この「広く公平に負担」の根拠になったのが、国民の所得水準が上昇して、所得格差（貧富の差）が少なくなった、つまり「皆同じ」という「総中流」論、所得分布の「平準化」論である。「皆同じ」なら、「税負担も同じ」でいいというわけである。しかし「総中流」の実態は、「中流だ中流だよと中流にされ」（朝日川柳）にすぎず、現に政府税調も、「平準化」どころか、逆に格差が広がっているのを認めざるをえない。

7　増税案の検討

二〇〇〇年中期答申以後、政府税調答申は増税の答申である。増税するとして、なにをどう増税するか。たとえば、これまで減税したものを、ある程度、元に戻す、すなわち所得税や法人税の税率を上げるのが、一番簡単のようだが、それはかれらの頭にはない。なぜなら、かれらの「活力」論に反するし、これまでの「税制改革の流れ」に反するからである。

したがってかれらの増税案は、「広く国民皆が負担」とか「国民全体」などといいながら、実際のところ「減税」と「増税」を使い分けている。「減税」対象は、かれらが言う「活力」の担い手（大法人や高額所得階層）に限られ、その他は広く「増税」対象とされる。したがって「増税」対象に入れられると、どこまでも「増税」が迫ってくることになる。その増税案は、所得税や相続税の課税最低限引き下げを皮切りに、最終的には消費税の税率引き上げを目指しており、中間層を含め、露骨な大衆収奪路線の展開といえる。

所得税の課税最低限は、いろいろな控除の合計である。政府税調は、この課税最低限の引き下げを、個別の控除の廃止・縮小というかたちで問題を提起している。

（１）　配偶者特別控除の廃止・配偶者控除の廃止

「男女共同参画社会」、「老若男女を問わず、……経済社会の担い手」、「配偶者の就労に対して中立」、「家事や子育ては、どの家族でもやっている」、「共稼ぎが増えている」等々、「片稼ぎ家族」を槍玉にあげている。しかし『民間給与の実態』によれば、配偶者控除のある者は、九一年度一一七四万人↓二〇〇〇年度一二七九万人、配偶者特別控除適用者は一一八三万人↓一一五一万人、と増加ないし横ばいの傾向にある。

家族は社会の基礎組織であり、人間が生活し、成長する場である。家族のいろいろな型は、それぞれ生活に根ざし、歴史的な経過がある。それは賃金制度とも関係がある。したがって、ある特定の家族、たとえば「片稼ぎ家族」をねらい打ちするような租税政策には疑問がある。それぞれの控除を設けた意義や経過を考えれば、別の「共稼ぎ家族」の型との単なる比較をもとに、配偶者控除や配偶者特別控除を改廃してよいのだろうか。

（2）給与所得控除の「明確化（縮小）」

二〇〇三年四月に発表された内閣府リポートは、「課税最低限を比較し、サラリーマンが個人事業主より有利。給与所得控除が青色申告特別控除より過大のため」と伝えた。五月に入ると、財務省筋の情報、「給与所得控除により、予算上六兆円の税収減。適用額縮小、収入の三割→一割」が報道された。

給与所得控除は、本来、職業上の経費である。しかし非課税となるため、事実上、課税最低限の構成部分、それもかなり大きな構成部分を成している。この経費を「明確化」するねらいは、その縮小であり、大多数の給与所得者にとって、大幅な税負担増を意味する。政府税調は、給与所得控除を縮小し、申告制にするのが、サラリーマンの税意識を育てるかのように言うが、それも最低生活費非課税を確保してのことであろう。つまり基礎控除などの大幅拡大がともなわなければならない。その意味では、「所得税の課税最低限を下げることが民主主義」（小泉首相）などは、放言にすぎない。

（3）年金課税

公的年金等控除（一四〇万円）と老年者控除（五〇万円）が、高齢者を優遇しており、現役世代と負担「不公平」があるという論法がまかり通っている。財務省は、「高齢者への配慮で控除が膨らみ、穴だらけになっている所得税の税収確保機能を回復したい」などと、まるで所得税減収の責任が、公的年金等控除にあるかの言い分である。石税調会長も、「モデル年金額二〇三万円のレベルまで、課税最低限を下げる。縮小幅は、八〇万円」とアドバルーンを上げるとともに、「年五〇〇〇万円の所得のある人のうち、八割が年金を受け取っている」と、高齢者裕福論までぶっている。

消費税導入のとき、「年寄りのためと年寄りからも取り」といわれた。高齢者から所得税は期待できない。その高齢者が増える。それで高齢者からも、税金が取れる消費税が登場することになった。ところがいまや、消費税ですまず、年金そのものがねらわれる。すさまじい徴税攻勢である。年金課税が強化され、これまで非課税の高齢者が納税者になれば、税金以外の各種の公的負担増につながることも無視できない。

それにしても、公的年金等控除を、「年齢だけで別扱い」するもので、税制に「歪み」という税調の言い分は、奇妙なものである。人間の生活は、時間によって規定されている。それは自然法則でもある。一定の時間がたてば、人は誰も死ぬ。その意味でも、年齢による区別（別扱い）は、きわめて自然であり、公平な扱いといえる。

もともと「世代間公平」論は、国債発行とのかかわりで主張されたものである。寿命の長い公共事業の工作物の建設費を現世代だけでなく、将来の世代にも負担させるというものだった。ところが政府税調の「世代間公平」論は、奇妙な議論というべきである。それは時間を止め、現時点での「世代間公平」論である。

いまの高齢者世代は、はじめから高齢者世代ではない。現役世代を長くやってきた結果、高齢者になったものである。いまの現役世代も、いずれ高齢者世代に入る。つまり誰もみな、世代を変える。早いか遅いかのちがいだけで、世代として対立しているものではない。「世代間公平」論は、対立していないものに、対立を持ち込んでいる。これは誰を利する議論だろうか。世代に関係のない存在は、法人だから、法人が漁夫の利を得ているのかもしれない。

（4）相続税の課税最低限引き下げ

政府税調の二〇〇〇年「中期答申」から、相続税の課税最低限引き下げに関する主張を引く。「年間死亡者に対する相続税課税件数の割合は、五・三％（九八年）と、ごく限られた一部の資産家層のみに負担を求める税となっています。」「高齢者の資産家は、……数の上で比較的厚い層を成している。」「中間層の生活基盤の形成を阻害しない水準という考え方が、今後も妥当するか。」「仮に相続税の課税される層が広がったとしても、軽い負担であれば、生活基盤の形成が阻害されることになるとは言えない。」「相税が国民皆で広く分かち合うものであることを考えると、相続課税のあり方を見直していく余地がある。」

マスコミが税調の主張を無批判に報道している例として、二〇〇三年五月、朝日新聞の記事。「地価はバブル景気前の水準に戻ったが、控除額は高水準のままで、課税割合は約五％しかない。……相続税収は、約三兆円あった九三年度の半分以下。」

相続税の課税割合五％台は、なにを意味するだろうか。この課税割合は、一九六〇年代に一％台、七〇年代には二％台が基準とされていたものである。五％台になった八〇年代以降は、本来「課税すべきでない階層へ広がっている」という評価であった。

二〇〇三年度、相続税も累進税率フラット化により、二〇億円超の七〇％と四億円から二〇億円以下の六〇％が、いずれも五〇％に引き下げられた。九九年度の場合、二〇億円超の被相続人数は三三四人（五万人余のうち）だったが、相続税額に占める比率は、二割強。つまり、比較的に少数の大資産家からの税収が大きな割合を占める税目なのである。したがって累進税率を引き下げることによる税収減は、課税最低限を下げることによる増収では、とてもカバーできないのである。

（5）消費税増税

事業者免税点の引き下げ（三〇〇〇万円から一〇〇〇万円へ）。これにより零細業者一三六万件が加わる。また、簡易課税制度適用上限の引き下げ（二億円から五〇〇〇万円へ）により約五六万件が適用外になる。さらに「消費者の便宜のため」と称して、総額表示の義務づけ。

これらは消費税の税率アップへ向けての準備であると同時に、転嫁困難の問題や消費税の滞納問題が深刻になるおそれがある。

消費税の税率引き上げに関する主要な発言を並べる。二〇〇二年暮れに、小泉首相、「消費税論議を封殺しない。来年一年間しっかり議論します。」〇三年元旦に、奥田経団連会長、「二〇〇四年度に消費税一％引き上げ、あと一〇年間、毎年一％ずつ上げていくと、二〇一四年度には一六％になる。その先は税率一六％を据え置く。」同年五月、塩川財務相、「首相は将来やらないとは言っていない。〇七年度に上げるとすれば、〇六年度には法律の手当てが必要だ。」日本経団連も、「〇四年度に八％、〇七年度までに一〇％に引き上げる意見書」を発表。そして六月、石税調会長、「将来、少なくとも一〇％に。食料品に軽減税率。」

同じく六月に報道された、税率引き上げによる影響試算。三菱総研の場合、「〇七年度に消費税率を上げれば、九七年度の二の舞になる。」また、日経新聞の試算、「消費税率を五％上げれば、個人消費を二・三％押し下げる。」いずれも経済的に大きなマイナスになるとしている。

やはり六月、消費税の税率引き上げに関する、朝日新聞の世論調査、「消費税の税率アップに、反対六四％、賛成二八％。」ここでは年齢の若い女性のなかで、反対が八割を超えると報じられた。さらに七月、政府税調お手盛りの「税についての対話集会」（さいたま市）においてでさえ、強い反対意見が出たと報じられた。「消費税率を引き上げたら大変なことになる。断固反対だ、と会社員の男性。三〇〇人近い会場から拍手がわき起こった」と。

第四章　財政節度と「小さな政府」論

第一節　「建設国債」という区分を廃止する提案

1　提案

「建設国債」という国債の区分を廃止する。この提案は、道路特定財源の廃止提案と共通の性質のものである。その趣旨は特定の経費に対する財源上の優遇措置を廃止することが、財政健全化に資する、というものである。

2　その理由と方法

日本財政が本格的な国債発行時代に入ってから四〇年になる。それは「建設国債主義」を掲げて開始された。財政法第四条の但し書規定にある「公共事業、資金、貸付金」の財源として発行されたからである。「建設国債」は、その使途が特定されているという意味において、目的税と同様、目的国債ということができる。

国債発行額が、この規定の範囲内に収まっているかぎり、「建設国債主義」は財政運営の節度と同義だった。しかしその範囲内に収まっていたのは、はじめの一〇年間だけで、その後の三〇年余りは、「建設国債」だけでは足りず、「赤字国債」の発行でしのいできている。つまり「建設国債主義」は、すでに破綻しており、自民党政府の国債政策は、とうに財政節度を失っている。もともと「建設国債」といっても、その使途こそ資産として残るものの、その元利償還は税収入によるしかなく、その意味において「赤字国債」と変わるものではなく、「建設国債」という区分そのものが問題といえる。

「建設国債」は、道路特定財源と同じく公共事業の特定財源である。特定財源によって、道路建設が優先経費の扱いを受けたように、「建設国債」のおかげで、公共事業関係費は財政事情の変動にかかわらず、安定した財源が保障され、長期計画を積み重ねてきた。

「建設国債」の発行額も、七〇年代前半の二兆円レベルから、七〇年代後半に四兆円、そして六兆円と急増し、八〇年代をとおして六兆円台で推移した。それが一九九二年度以降、自民党政府の無定見な景気刺激政策により、一挙に倍増し、二桁レベル（最高額一七兆円）の発行がつづいたため、九〇年代後半には、赤字国債を合わせ国債発行額三〇兆円台という狂乱時代が現出した。「建設国債」の増発が、赤字国債乱発の引き金になったといえる。

二〇〇一年度から、「建設国債」の発行額は一桁になったが、高止まりの七兆円台である。国の深刻な財政事情もどこ吹く風、公共事業関係費の優先的扱いは残り、公共事業はどれも長期計画により進行している。まさに「建設国債」様々である。

「建設国債」という区分が、公共事業関係費優先の仕組みとなっており、国債発行額を減らせない仕組みにもなっているのだから、この区分を廃止することが、どうしても必要である。法的な手続きとして、財政法第四条但し書の「公共事業」規定を、凍結ないし廃止することにより、公共事業関係費の扱いを、他の諸経費並みにすることができる。同時に、各種の公共事業長期計画を廃止することが必要である。これらの結果、公共事業関係費の扱いを、その時々の財政事情に適合させることが、より容易になる。「建設国債」という区分を廃止することは、国債発行額全体の減額にもつながると思われる。

3　説明——国債累積の原因と対策

（1）国債の累積

敗戦後の日本財政を通観すると、占領末期に確立した「均衡財政の時期」（一九四九年度から一九六四年度まで）と「赤字財政の時期」（一九六五年度以降、今日まで）に分かれる。国の一般会計において、公債を発行しているかどうかで分けた時期区分である。

「赤字財政の時期」は、一九六五年度の補正予算から始まった。税収不足を理由とする公債発行は、財政法では許されないため、財政法に特例法を設けて公債（特例公債）を発行した。翌年の一九六六年度からは、当初予算で、しかも財政法第四条但し書きによる公債（四条公債または建設公債）を発行し、これを本格的な公債発行と呼んだ。それが今日までつづいている。この間、一九七五年度から一九八九年度までの一五年間、四条公債だけでは足りず、特例公債も発行した。同じ状態は、ふたたび一九九四年度から今日までつづいている。

今日の財政問題は、さきの赤字財政の時期につくり出された膨大な財政赤字の累積（二〇〇六年三月末で、普通国債の残高五二六兆円）の問題である。ここではまず、財政当局者（主として自民党政府）の公債発行に対する姿勢、とりわけ財政節度について問題としてみたい。

自民党政府が「財政再建」という場合、その意味は特例公債を発行しないことである。つまり赤字財政であっても、四条公債だけの発行であれば、それは「健全な財政」だという考え方である。だから「財政再建」という目標を掲げるのも、一九七六年度当初予算において、特例公債の発行に追い込まれたときからである。

自民党政府は、みずからつくり出した財政問題の原因を正しく認識できずにいる。その「財政再建」が、「特例公債の発行ゼロ」という限定された意味で用いられ、その状態に戻れば、「健全な財政」としているかぎり、問題の解決は望めないであろう。

この問題を、①財政法第四条の但し書規定、②財政法の特例法などと関連させながら論じる。そして最後に、国債残高を減らす方法を提案する。

（２）「建設公債」主義

財政法第四条の原則規定では、公債の発行は禁止されている。この規定は、憲法第九条の戦争放棄を、財政面で裏づけるものとされてきた。しかし財政法第四条の但し書において、「公共事業費等の財源」を公債発行禁止の例外としている。自民党政府はこの但し書を根拠に、一九六六年以来公債を発行するが、その際これを「建設公債」と呼んだ。この呼び名は、公債発行がなにかよい財政政策であるかのごとき印象を与え、国民はもとより政府自身をもあざむくことになった。

かれらが発行するのは、ほかでもなく「建設公債」の発行であり、そして「建設公債」という公債だけの発行であれば、「健全な財政」であり、財政節度は守られるという主張なのだから、これは「建設公債」主義である。

この「建設公債」主義のもと、「建設公債」収入は公共事業の特定財源のような性格をもつことになり、公共事業費優先の財政運営を支える基盤となった。公共事業は長期計画にしたがって実施され、事業の進行とともに規模が大きくなり、金額も膨張したから、「建設公債」の発行額も増加する一方であった。しかも自民党政府の景気政策は、もっぱら公共事業費の増額に依存しているため、好況・不況を問わず、「建設公債」は増発一方だった。

（3）財政法第四条但し書の趣旨

財政法第四条但し書にいう「公共事業費」の解釈として、財政法制定時の当事者であった平井平治の解釈が標準的である。それは「営利的、直接生産的経費は利潤があり、生産が上がって元利の償還が可能であるから、公債に財源を求めることは、時に差し支えがない」というものである。

ここで平井は、「元利償還」に着目している。平井の解釈が財政法制定時点のものであることを考えれば、この解釈が財政法本来の趣旨に近いと思われる。一九四七年三月の衆院財政法案委員会における野田政府委員の補足説明、「公共事業あるいは出資金、貸付金等それ自体の中において償還性のあるもの、使いっぱなしにならないで還ってくる性質をもっておるもの、すなわち生産的の方面に使うとか、また資本的な支出に充てるとかいう場合、これらには公債の発行を認めるのであります」も、それを裏書きしている。

（4）「建設公債」主義の破綻

一九六六年、公債発行政策に転換した時の大蔵大臣は、福田赳夫である。福田蔵相は、財政法第四条但し書の「公共事業費」について、平井平治の解釈ではなく、「公物」的概念によって説明している。「今回発行しようとする公債は、財政法第四条におきまして資産としてあとに残るもの、まわりまわって国の発展に貢献し得るようなもの、それを対象として出す公債である」（衆院予算委員会、一九六六年二月一八日）。そしてこれを「建設公債」あるいは「財政法第四条公債」と呼んでいる。この「建設公債」主義を守るかぎり、財政の節度と公債政策の健全性は確保されるというのが、自民党政府の公債論となる。

当時、社会党の木村禧八郎参議院議員は、福田蔵相のいう「建設公債」が赤字公債にすぎないことを指摘し、なぜ「赤字公債」と呼ばないのかと問い糾している。「回収性がない、あるいは収益性がない公共事業費であるとすれば、これは赤字公債といわざるを得ない。……赤字公債として観念して出すのと、そうでない何だか建設的公債であると観念して出すのとたいへん違う。……大蔵大臣は赤字ということばを非常に避けられる。……赤字ということばを使うと何となく不健全のような感じがする。建設公債というと、どんどんたくさん出しても不健全でないというように、国民に印象を与える、そういうだけなんですか。」

今日の財政破綻の原因を探る場合、この木村議員の疑問にまでさかのぼる必要があるように思う。福田蔵相が赤字公債を、わざわざ「建設公債」と名づけ、「建設公債」主義を奉じたこと自体に大きな問題があるといわざるをえない。この点について、鈴木武雄教授が早くから警告を発していたことも付言しておきたい。

「建設公債主義」は、公債発行に対する態度、すなわち財政節度という問題のほか、元金償還の方法という具体的問題とも関係した。「建設公債」の対象事業は、国民の資産として残る。だから元金の償還も、資産の寿命（六〇年と想定された）に見合って返していく。すなわち公債の期限が来れば、たとえば一〇年債の場合六〇分一〇だけ返し、残りの部分を借り換えていく。これが「建設公債」の元金償還方法となった。

こういう償還方法が、安易な公債発行に道を開いたといえる。もし赤字公債と観念するならば、こういう償還方法はとれない。一九六五年度の補正予算で発行した「特例公債」のように、満期に全額を現金償還する方法となったであろうし、そのことが公債発行の歯止めとなったであろう。

「建設公債」の発行が始まった一九六六年度から当初の数年間は、政府も慎重な態度であった。大蔵省が「財政硬直化」の警鐘を鳴らし、公債依存度五％を目標に公債発行額の抑制に動くなどのことがあった。しかし「建設公債」主義のもと、公債発行が積み重ねられるなかで、公債発行の歯止めとされた公債依存度五％は、やがて二桁になり、ついには三〇％へ拡げられた。しかし一九七七年度に、その三〇%を超えてからは、もう誰も、これを歯止めと言わなくなった。

公債発行一〇年後、自民党政府の「建設公債」主義は破綻し、財政法全体に例外を設ける「特例公債」(自民党政府は、これだけを赤字公債と呼ぶ)の発行に追い込まれた。つまり「建設公債」主義は、公債発行の歯止めにならなかったわけである。

(5)「特例公債」の常態化

一九七五年度の歳入は、当初予算に対し、かつて例を見ない三兆四八〇〇億円の不足が見込まれた。自民党政府(田中内閣、大平蔵相)は補正予算を組み、景気対策として公共事業を追加し、四条公債を発行対象経費の限度いっぱいに一兆一九〇〇億円追加発行することにしたが、それでも不足する二兆二九〇〇億円については、「一九七五年度の公債発行の特例に関する法律」にもとづく「特例公債」の発行で対処することにした。

特例法による「特例公債」を発行して、税収不足を補塡した例は一九六五年度にもあった。しかしこのときは公債発行額が、財政法第四条但し書の公債発行対象経費の範囲におさまっていた。ところが一九七五年度の場合は、公債対象経費の限度を超えて、「特例公債」を発行することになった。これは従来の公債発行政策(建設公債主義)が、完全に破綻したことを示すものとなった。

そしてつづく一九七六年度には、「現下の経済情勢」を理由に、年度の途中ではなく、当初予算の段階から「特例公債」を発行するという無法な財政運営(渡辺佐平教授は、これを「恥知らずな財政運営」と批判した)を始めた。

大平蔵相は一九七六年度予算の趣旨説明において、「このような措置はあくまでも特例的な措置であり、すみやかに特例公債に依存しない財政に復帰する」と述べた。しかし「すみやかに復帰」どころか、その後も当初予算からの「特例公債」依存がつづく。

このあと歴代の自民党政府は、この「特例公債の発行ゼロ」すなわち「財政再建」を公約として掲げるが、容易に成功しない。それどころか一九七六年度から一九八九年度までの一四年間にわたり、当初予算の段階から特例公債が発行されつづけた。財政の異常事態が、常態化してしまうのである。

（6）「特例公債」の借り換えと「財政再建」の先送り

一九六五年度補正予算で発行された「特例公債」は、七年後の満期に現金償還が行われた。したがって一九七六年度予算で発行する「特例公債」についても、同じく「満期までに全額現金償還することとし、借り換えは行わない」としていた。そしてわざわざこの公債発行の根拠法のなかに、「この法律により発行する公債については、国債整理基金特別会計法第五条の規定による償還のための起債は、行わないものとする」という借り換え禁止の規定まで盛り込んで、「財政節度」を示していた。

さらに自民党政府は、この満期現金償還を実行するためにも、特例公債の発行額を最小限にとどめ、できるだけ早く（一九八〇年度までに）、「特例公債」に依存しない財政に復帰すると誓って見せた。しかしこの後も、景気対策として公共事業を中心に公債増発が繰り返され、「特例公債」への依存もつづいた。その結果、一九七八年度予算に関する財政制度審議会の建議のように、「公債依存度が三〇％を超えるのも、現下の財政に課せられた使命に思いを致せば、緊急避難の措置としてやむを得ない」と開き直ってしまった。

その時々の事情に流され、その場しのぎの対応に追われるのが、財政にあらわれた自民党政府の政治姿勢であり、「やむを得ない」が唯一の論拠となる。この自民党政府の財政姿勢を、社会、公明、民社、新自由クラブなど野党の景気対策論、すなわち公債増発論が支えた。

「特例公債」からの脱却目標年次とされた一九八〇年を控えて、財政制度審議会は政府の意向にそい、目標年次（一九八〇年度）の五年先送りを求める建議（一九七九年一二月一九日）を出す。「昭和六〇（一九八五）年度から、既に発行した特例公債の償還が始まる。その時点までに特例公債依存から脱却すること、これを財政再建の基本目標にすべきである」と。

しかしこれから五年後、財政制度審議会はふたたび、目標年次の先送りを建議した。「財政は今や破綻寸前……一九八四年度までに特例公債からの脱却を図るという従来の目標は、これを断念せざるを得なくなった。……政府は一九九〇年度までに特例公債依存体質からの脱却と公債依存度の引き下げに努めるという新たな目標を設定した。その達成のため、政府は一体となって全力を傾注する必要がある」（一九八四年一月一八日）。

このようにみずから設定した公債発行の歯止めを、次々にゆるめ、「財政再建」の目標年次の先送りを重ねるのが、自民党政府の財政運営の基本パターンとなった。

（7）歯止めにならない歯止め

自民党政府の公債発行における「歯止め」公約は、喫煙者の「禁煙宣言」に似ている。ここでは公債発行の歯止めとされたいくつかの措置が、どのような運命をたどったかを示す。これらのうち最大の歯止めと考えられた「建設公債」主義は、すでに説明したように、一〇年はもたなかった。公債依存度の数字も、五％（一九六八年度）から三〇％（一九七七年度）へと大きく変わってしまい、とても歯止めの用をなさなかった。そのほかの歯止めの場合も、以下に示すように、同じ運命である。このような政府のもとでは、公債発行に歯止めはない。政府そのものに、歯止めをかけるしかないというべきであろう。

(i)「特例公債」の償還

「特例公債」は満期に現金償還し、借り換えは行わないというのが、その歯止めとされた。そして「特例公債」を発行する法律で、借換債の発行を禁止していたほどであった。しかしそのとおり行われたのは、一九六五年度の「特例公債」だけであり、一九七五年度以後に発行された「特例公債」の償還は、いずれも満期現金償還ではなく、借換債の発行、すなわち「建設公債」と同じ方法によっている。

そのように転換したのは、一九八四年度に「特例公債」から脱却するという目標を断念し、一九九〇年度目標へ先送りしたときである。財政制度審議会報告（一九八四年一月）や大蔵省が国会に提出した「基本的考え方」（同年二月）によると、「特例公債」の償還を一般財源で行えば、「極端な歳出カットや極度の負担増」となるため、借換債発行へ方針転換するとある。借換債の発行を禁止する法的規定も、このときに削除してしまった。

そして「特例公債」の借換債の償還方法については、「差し当たりの考え方として、最小限、四条公債と同じ償還ルールによる」とした。四条公債と同じ六〇年償還は、「最小限」であり、この意味は

「できるだけ速やかに」、つまり六〇年といわず、できるだけ早く償還することだという。

しかし実際のところ、「差し当たり」が、いつまでもつづき、「最小限六〇年」という償還期間のほうも、それを縮めたためしがない。したがって償還方法にあったはずの「特例公債」と「建設公債」の区別も、ほとんどなくなってしまい、両者はいよいよ区別できないものとなっている。

(ii) 償還財源としての定率繰り入れ

国債整理基金への償還財源繰り入れは、①前年度首国債総額の一〇〇分の一六に相当する定率繰り入れ、②財政法第六条にもとづく剰余金の二分の一を下らない金額の繰り入れ、そして③必要に応じた予算繰り入れの三本柱から成っている。

このうち、①の定率繰り入れを取り上げてみる。鈴木内閣（渡辺蔵相）は、国債整理基金への定率繰り入れを一九八二年度補正予算において停止した。「財政の非常事態には異例の措置を取らなければならない」という説明であった。この「異例の措置」たる定率繰り入れの停止は、翌一九八三年度にも行われ、そのまま一九八九年度までつづいた。

一九九〇年度が「特例公債の発行ゼロ」目標年次のわけだから、その直前までの八年間、「異例の措置」がつづいたということになる。さいわい一九九〇年度には、定率繰り入れが復活した。しかし一九九三年度補正予算において、また停止し、それから後は、停止したままである。

この定率繰り入れをめぐる経過を見ても、自民党政府が確固とした定見のないまま、一時しのぎ策をつづけていることがわかる。

(8)「財政再建」後の財政崩壊

一九九〇年度当初予算は、久しぶりに「特例公債」なしで編成されたから、自民党政府が悲願としていた「財政再建」を達成したかたちである。しかしそれは公債発行額を地道に減らしてきたことによるのではなく、もっぱらバブルによる一時的な税収増のおかげであった。ある意味では、このバブル自体が公債濫発をつづけた結果といえる。

税収のピークは、九〇年度と九一年度で、いずれも一般会計の税収額は六〇兆円に達し、バブル前の八八年度より一〇兆円もふくらんだ。しかもこれは消費税を導入した竹下税制改革により、所得税や法人税を減税したなかで生じた増収であった。

しかしバブルはまもなく破綻し、一九九二年度から税収は急速に落ち込み始め、一九九六年度にはバブル前の水準に戻ってしまう。この間、従来型の景気対策が一層大規模に繰り返され、公債が濫発される。九〇年代の公債発行状況を見ると、一九九三年度に「建設公債」を過去最大の一六兆円発行したあと、一九九四年度には、「特例公債」四兆円を含む一六兆円の公債を発行し、いったん達成した「財政再建」を、ご破算とした。

その後は財政崩壊とも言うべき状態で、一九九五年度二〇兆円、九六年度二二兆円、九七年度一八兆円、九八年度三四兆円、九九年度三八兆円と、膨大な額の公債発行がつづいた。二〇〇〇年度も、二〇〇一年度も、当初予算で三〇兆円を超える公債を発行している。

したがって一九九〇年代は、いったん「財政再建」を達成したものの、それはバブルと同じ運命をたどり、九〇年代の一〇年間で、それまでの二四年間分の公債発行額を上回る額を、新たに加えてしまった。自民党政府の「財政再建」のおぼつかなさと、各種の連立政権（多くの場合、自民党が与党の中心。共産党以外の各政党は、なんらかのかたちで与党を経験した）の財政姿勢の危うさを証明しているといえる。

一九九九年度末で見ると、公債残高三三四兆円、利払費一一兆円（一般会計歳出の一三・九％）である。公債残高が一九九〇年度一六六兆円の二倍になっているのに、利払費の額が一九九〇年度の一一兆円とほとんど変わらないのは、異常な低金利状況がつづいているためである。

公債利子の加重平均の数字は、一九八〇年代後半から低下傾向にあり、一九九〇年度の六・一〇％が、一九九八年度には三・五一％まで下がった。今後もし金利が上昇に転じるならば、公債利払い費の増加は避けられず、財政危機の深刻さが明らかになるであろう。

(9) 消費税を増税しないで、財政赤字を減らすために

(i)「建設公債」主義をやめる

問題は、財政法を守らない政府をもっているところにある。その政府が公債を勝手に区分し、「建設公債」は問題にせず、「特例公債」だけが危険であるかのようにふるまっている。この区分は、理論的にも現実的にも意味がない。両者ともに赤字公債にすぎない。したがって意識していないだけ、かえって「建設公債」のほうが危険である。「建設公債」主義が現実に破綻した以上、理論的にも「建設公債」主義を克服する必要がある。

「建設公債」主義の問題点は、それが公共事業の特定財源のような性格をもったことにある。今日ひろく指摘されている公共事業のむだづかいの原因もここにある。特定財源をもつと、その事業は既得権となりやすく、関係者の強い利害関係、いわゆる「政官財の癒着」のもとになる。その「癒着」が、「建設公債」発行に圧力をかける。「癒着」の根を断つためには、特定財源、すなわち「建設公債」主義の廃止が必要である。同じ問題が、道路等の特定財源にもある。

「建設公債」主義の廃止や特定財源の廃止という提案は、公共事業の財源を奪い、公共事業をやらないような印象を与えるかもしれないが、決してそうではない。必要な公共事業には、十分な財源をつけるべきで、その点では他の必要な経費の場合と同じである。公共事業に対する優先的な財源配分を、止めるということにすぎない。

「建設公債」主義を止めるため、財政法第四条但し書規定を凍結する。そして当面、財政法特例法による赤字公債だけを発行する。公債残高を増加させず、むしろ減額を目指すように、公債発行政策を転換する。

(ii)　経費の削減

公債発行額を減らすため、従来、優先的な経費として扱われてきた経費、たとえば、公共事業費・防衛費・経済協力費を大幅に減額する。これら経費は、いずれも長期計画のもとで増やされてきた。したがって長期計画の根本的再検討が必要である。そして少なくとも再検討の期間中、これらについて新規事業を停止するなどの措置をとれば、当面かなりの減額になる。

財政問題とは単なる金銭問題でなく、また政治問題である。たとえば日米安保条約に関連する経費（防衛費や経済協力費）を減らすためには、現行の平和憲法を維持するとともに、アジアひいては世界の緊張緩和をもたらすような外交政策の展開が必要である。

(iii) 増収措置

消費税の導入以来、大きく減税されてきた税目を、ある程度もとに戻すかたちで増税する。たとえば所得税の場合は、金融所得課税の特例措置を廃止し、累進度を引き上げる。法人税の場合は、課税ベースを広げるとともに、税率の見直しも行う。こういう措置をとらなければ、もし景気が回復しても、税収増にはつながらず、したがって財政の改善は期待できないであろう。

いずれにせよ今日の膨大な公債残高を、一挙に減らすのは無理である。しかし進む方向を変えることはできる。まず、向きを変えるべきである。自民党連立政府による最近の財政運営を見ると、税収は五〇兆円なのに、八〇兆円つかうという無茶ぶりで、公債の残高こそ増やしてきたが、景気対策の効果は少しもなかった。この道を進むかぎり、まやかしの「財政再建」を掲げ、国民に大増税を押しつけるしかない。それは前途のない道である。

政府税調中期答申（二〇〇〇年）では、一九九七年に消費税の税率を五％に上げたことと、その後の不況との関係を懸命に否定しようとしている。消費税のさらなる増税を意図しているからと思われる。しかし従来型の景気対策が効果を失っていることを考えれば、これまで自民党連立政府が必死に避けてきた景気対策、すなわち消費税の減税も選択肢の一つであろう。消費税の減税、あるいは増税なしというメッセージを、明確に示すことができれば、個人消費を盛り上げ、景気好転が期待できる。この政策がおそらく、最も安上がりの景気対策となろう。

政策の基本は、経費の節減と一連の増収措置により、今後、公債残高をこれ以上増やさないという姿勢を明らかにすることである。そしてたとえ少額でも、確実に公債残額を減らす方向に財政運営を転換していく。さもなければ、国債に対する信用は失われるであろう。信なくば立たず。この公債残額を増やさない第一歩は、「建設公債」という区分を廃止することである。その実現が真の財政再建への道であり、国民の生活を守る道である。

第二節　道路特定財源の「一般財源化」

はじめに

税金は本来、国家のどの経費にも使われる一般財源という性質をもつ。だから特定財源、すなわち使いみちを特定した税金は例外であり、それには特別の事情がなければならない。道路特定財源の代表格、揮発油税も本来は一般財源である。その揮発油税の収入を、もっぱら道路整備に振り向けるようにしてから、すでに半世紀を超えた。この間、道路とりわけ国道は格段に整備され、道路を特別扱いする理由はなくなった。

国の財政状態がますます悪化しているなか、特定の経費を優先する仕組み、すなわち道路特定財源制度を本来の姿に戻し、「一般財源化」する必要は、それだけ強くなっている。ところが、それがなかなかできない。なぜなのか。ここでは今日の財政問題として、この道路特定財源の「一般財源化」を考える。

本稿は、二〇〇六年一一月、静岡大学で開かれた日本租税理論学会における中部税制研究会の共同報告をもとに、安藤実が執筆した。この共同報告のための作業に参加した研究会会員は、宇佐美文人、小川久雄、吉田孝敏、安藤実である。

1　道路特定財源と田中角栄

シャウプ勧告では、揮発油税（一九四九年五月、国税として実施）の制定当時、この税収を道路特定財源にしようとする動きのあったこと、それにもかかわらず一般財源として制定されたことを、次のようにまとめている。「予算上の制約から特定の歳入源を特定財源とすることは不可能であるという理由によりしりぞけられた」(1)。これは一般的な財政事情が、特定財源を創設する要件より優先されることを示している。道路特定財源の「一般財源化」が大きな政治問題となっている今日、あらためて参考になると思われる。

一九五三年、田中角栄議員らの提案により、「道路整備費の財源等に関する臨時措置法」が成立した。それは「道路整備五箇年計画の閣議決定」と「一九五四年度以降五年間は、毎年度揮発油税法による当該年度の税収額に相当する金額を道路整備や修繕の財源に充てなければならない」という内容で、道路整備の長期計画とその財源の手当てから成っていた。

ここで注意されるのは、揮発油税法そのものには手を触れず、揮発油税は一般税のままで、その「税収相当額」を道路目的に当てるという点である。当時の国会では、一般税の目的税化に強い抵抗があった。提案者の田中角栄議員は、「五箇年と区切っておることに一つご留意を願いたい。五箇年たって相当道路が整備でき、その費用は別に回すべきだというならば、この法律案は自然消滅すればいい。それをなお目的税として縛らなければならんということはない」と弁明している。(2) つまり提案者は、「目的税」に対する抵抗を迂回する作戦に出て、「臨時措置法」しかも五年間の時限立法というかたちで、実を取ったわけである。その後の経過が示すように、「臨時措置」は更新に次ぐ更新で、事実上恒久化し、田中角栄が「戦後の日本経済は道路三法から再建が始まった」(3) と豪語するようになる。

後藤田正晴元副総理は、「戦後最も影響力があった政治家田中角栄」の原点を、この道路特定財源に見ている。「例えば、道路法などを議員立法で成立させ、各種の特別会計、特定財源、実施機関（公団や事業団）という仕掛けを整えた。業界団体を受け皿として組織させて、その要望を受けて予算を流し、コントロールする。公共事業中心の財政。しかも特殊法人や地方が実施の中心を担う枠組みができた。(4)」

揮発油税そのものは、モータリゼーションの進行とともに、生活必需品課税として大きくかつ確実に成長することになる。一九六五年二月、国会で田中角栄（当時蔵相）が、この揮発油税を道路財源としたことを自慢しながら、「私はやはり、今の間接税体系の中で、新しい財源を見つけることができないという風に断定してかかるべきではないと思います。……税というものは、やはり一律に取ることが一番簡単であります。そういう税制が最も分かり易い[5]」と述べたのは、そういう財源に着目し、それを囲い込むことが、政治力の源泉になることを示すものといえる。

2 道路財源の拡充

一九五四年度から始まった第一次道路整備計画（二六〇〇億円）は、一九五八年度からの第二次整備計画（一兆円）に引き継がれ、その後は六一年度からの第三次（二・一兆円）、六四年度からの第四次（四・一兆円）、六七年度第五次（六・六兆円）、七〇年度第六次（一〇兆円余）という具合いに、五年といわず、三年ごとに倍増のテンポで更新されていく。

一九七一年に自動車重量税を導入したとき、福田赳夫蔵相は「今度（七一年度からの）五カ年計画ができれば、国道はほとんどが整備されるという状態になる[6]」と言明したが、その第六次整備計画の終了をもって一段落とはならなかった。その後も七三年度第七次（一九・五兆円）から五年ごとに、第八次（二八・五兆円）、第九次（三八・二兆円）、第一〇次（五三兆円）、第一一次（七六兆円）、新計画（七八兆円）と、憑かれたように継続され、しかもどの計画にも、前の計画を大幅に上回る金額が投入されてきた。社会保障関係費には、自然増分さえカットしてきているのとは、まるで別な扱いである。

まさにこういう結果こそ、特定財源制度が生み出したものである。どこまでもつづく長期計画と特定財源に守られて、道路事業は公共事業のなかでも、政（道路族議員）、官（国土交通省・公団・自治体）、財（建設・石油・自動車その他関連業界）の癒着の典型例として、「天下り」と「談合」、したがって公金浪費と政治腐敗の温床となっている。

道路投資の伸びに対応し、道路特定財源でも税目の創設・拡充が行われた。国税では、一九五五年の地方道路税（揮発油に課税。都道府県および市町村の道路特定財源として全額譲与）、六六年の石油ガス税（二分一は国の一般財源ながら道路特定財源。二分一は、都道府県および指定市の道路特定財源として譲与）、七一年の自動車重量税（自動車に課税。三分二は国の一般財源でありながら、その八割を道路財源に認められている。三分一は市町村の道路特定財源として譲与）など。地方税では、五六年の軽油引取税（都道府県および指定市の道路特定財源）、六八年の自動車取得税（七割が市町村の、三割が都道府県の道路特定財源）など。

さらにオイル・ショック後の七四年五月から、暫定税率というかたちの増税が、「資源節約、消費節約、道路財源の充実」を理由に実施される。「差当り二年間の暫定措置」ということで始められたが、七八年以降は、道路整備五箇年計画の期限が来るたびに延長され、現在にいたっている。税率も徐々に引き上げられ、今日では、揮発油税が本則の二倍、自動車重量税が同二・五倍、軽油引取税が同一・一倍、自動車取得税が同一・七倍にまで引き上げられた。このように「暫定」で始め、やがて「常態」へ移行させ、そのあげく「税収に不可欠な税率」と居直るのが、自民党政府の財政運営パターンであり、古くは日露戦時の非常時税制を、戦後に恒久化した明治絶対主義政府以来の伝統的手法といってよい。(7)

これら道路特定財源による税収は、〇六年度見込みで五兆七七五〇億円（国三兆五四二九億円、地方二兆二三二一億円）に達し、国と地方の税収合計の六・七％を占める。それは消費税率で二・二％分に相当する巨額な財源である。財源の大部分が国に配分され、地方とりわけ市町村が少ないのは、道路特定財源制度によるものである。

3 政府税制調査会答申に見る道路特定財源

一九五〇年代の政府税調答申は、いずれも道路整備の緊急性を理由に、揮発油税などの増徴を当然のこととしている。たとえば五三年答申、「揮発油税の税率を一割程度引上げ、……地方の道路財源に充てる。……自動車税は五割程度の増収を目途として税率を引上げる。」そして五五年答申では、「揮発油税、地方道路税及び軽油引取税は……諸外国の事例に比べてもなお相当増徴の余地がある。」さらに五六年答申でも、「揮発油税収入等を道路整備費に充当した場合、自動車走行経費の節約による受益だけでも、税負担額に対して、かなり大きくなる計算となるので、揮発油税を増徴して、これを道路整備財源に充てることは、自動車業者にとって不利とはいえないと思われる。……揮発油の小売価格に占める消費税の割合は、日本が一〇〇円のうち三五円で、米の二七円より高いが、西独四八円、英六一円、仏六七円、伊七一円のいずれよりも相当低い。この際、相当程度の増徴を図ることが適当と思われる。」(8)

六〇年代に入っても同じ論調がつづき、六一年の答申では、「揮発油税、地方道路税の負担は、国際的になお低い」ことをあげ、「六一年度からの道路整備五カ年計画は是非とも遂行されることが望ましく」したがって「負担は妥当なもの」(9)と述べられている。ただし、「わが国では、小型トラックを中心とするトラックが自動車総数の約四八％と高く、……中小企業を中心とする生産活動に従事……。税率引上げを必要最小限にとどめた。」(10)

六四年答申から、やや反省的になり、「目的税のあり方」として、「受益と負担との間に適確な対応関係が確認される」ことのほか、「目的税の負担が公共サービスの価値に比して過重となる場合は、負担の公平を害し、資源の適正な配分を害する」とか、「目的税の比重があまり大きなものとなる場合には、一般に財政の硬直性を招く傾向がある」とかの指摘もあるが、まだ一般論の段階にとどまっている。具体的な問題として、「わが国における揮発油税負担（六一・五％）は、限界に近いと考えられる」と指摘しているのが注目される。(11)

六八年答申も、問題点を指摘している。燃料課税が「外国においても道路財源に充てられる例が少ない」としながら、「揮発油の税負担は、かなり重いものとなっているので、……これをさらに引上げることについては、税負担という面から限界がある」として、たばこ（五七・三％）、ビール（五一・八％）、清酒特級（四四・三％）の税率より高いことをあげている。そして「揮発油税等の収入は、毎年比較的安定した伸びを示してきた。今後も順調な伸びが期待できるとすると、道路投資額をそのままこれに比例して拡大していくことは、道路投資と他の事業投資とのバランスの問題」が生じるとし、六四年答申の「財政硬直化を招く」との指摘を援用している。とはいえ、基本的には問題先送りの姿勢である。「今後、これら道路整備財源としての諸税のウエイトが、あまりにも高まる場合には、このような目的税制度自体の合理性についても再検討の必要」が出てくる、と。(12)

自動車重量税の新設を検討するよう提案した七一年答申では、この種の税を道路特定財源としている例がないことを指摘している。「燃料課税による収入は、イギリスを除いて各国ともその全部または一部を、道路整備のための特定財源としているが、自動車の製造、販売、取得、所有または利用に対する課税収入は、日本の自動車取得税、アメリカのトラック、バス車台に対する製造者消費税及びハイウエー利用税が道路特定財源とされているが、各国ともその収入を一般財源としている。[13]」

八六年答申になると、一般国道の改良率・舗装率が、ともに八〇％を超えているなどの参考資料を掲げて、税調答申としては初めて道路特定財源の一般財源化について論及している。「最近における道路整備の状況、厳しい財政事情等を考慮すれば、一般財源化の方向で検討すべきであるとの意見があった。……特定財源制度の問題は、財政需要の優先度等を含め、財政の資源配分調整機能を有効に活かす見地から、幅広く検討を行う必要がある。[14]」

しかしその後も、一般財源化の議論は深まらず、その具体化は一向に進まなかった。

二〇〇〇年答申は、このような政府税調の論法の典型例である。そこでは、「イギリス、フランス、ドイツにおいてガソリンに課される個別間接税は、その税収の全部又は多くの部分が一般財源となっています[15]」と指摘しながら、これらの国際的事例を、わが国でも一般財源化を進める論拠として押し出そうとする気概は見えない。むしろ相変わらず、「税収の使途を特定することは、資源の適正な配分を歪め、財政の硬直化を招く傾向があることから、その妥当性については、常にその吟味が必要である」ことを繰り返し、わずかに税調委員の意見分布が、「一般財源化の方向で検討すべき」という「多くの意

見」と、「特定財源を維持するとの意見」に分かれていることを記しているのみである。(16)

　これまで政府税調が道路特定財源の問題に手を触れずにきたこと、二〇〇〇年答申でも賛否両論を併記するにとどまったことの背景について、自民党道路族の突き上げを二度食らった加藤寛（元政府税制調査会会長）の回顧談が参考になる。「旧国鉄長期債務の返済に、ガソリン税と自動車重量税を充てようと主張した時は、自民党から都内のホテルに呼び出され、怒鳴られ、あげくに灰皿まで飛ぶ様相だった。二〇〇〇年四月に（政府税調で）見直し論を打ち上げた時も、党本部に独り呼び出され、道路族議員は『撤回しろ』の大合唱。全国の自治体や業者からも、反対の手紙が相次いだ。……」(17)

　道路族が自治体に手を回していることについて、神奈川県津久井町の例。〇一年一二月、町議会で小泉首相らに「道路特定財源の堅持」の意見書が採決された。「しかし意見書の提出を求める陳情や請願もない……寝耳に水だ。意見書には仕掛け人がいた。町の助役が議会運営委で、『神奈川県の県道整備部からお願いがあった。県議会をはじめ県内の市、町議会が道路特定財源の堅持……を求める意見書を国に提出している。本町議会でも、意見書を提出するよう取り計らっていただきたい』と発言していた。県から町へ、町から議会へ、道路特定財源の『堅持』を求める鎖がつながっていたのである。しかもこの意見書を提出しなければ、地域の道路整備が遅れるという圧力に近いものが見え隠れする。確かに、地方には未整備の道路が少なくない。しかし、地方が財源の『堅持』ばかりで固められてよいものだろうか。……『堅持』の連鎖に縛られた下請け意見書では地方分権が泣く。」(18)

　ついでにこの間、新聞に投稿のかたちで発言している地方の首長、たとえば松島貞治泰阜村村長、佐竹敬久秋田市長、小嶋善吉静岡市長などは、まだ遅れている地方道路の整備を理由に、道路特定財源の維持を主張しているが、一般財源化したら道路に使えないかのような論調である。むしろ現行の道路特定財源制度のもとでは、財源配分の国への偏りもつづくことになり、地方道路のための財源確保の展望は開けないのではないか。

ともあれ政府税制調査会の答申を見るかぎり、これまで道路特定財源の一般財源化についての具体的な提言はない。同様に、自民党政府の「財政改革」を見ても、この問題はまともに取り上げられることはなかった。あの一九八〇年代の第二次臨時行政調査会の提言でも、この問題は出てこない。それは自民党政府にとって、財政上のタブーだった。小泉前首相が、そのタブーに挑むかのように見えた。

4　小泉内閣の「一般財源化」

小泉首相は、〇一年五月、「党内に賛否両論があるのも承知しているが、……道路特定財源の使途を抜本的に見直したい」と言明。塩川財務相も、「産業基盤としての道路建設はおおよそ完成した」と呼応した。二〇〇二年度が、当時進行していた道路整備計画の終了年度に当たることもあり、よいタイミングでの問題提起といえた。しかし道路特定財源は、自民党橋本派の「牙城」とか、自民党道路調査会の「聖域」とか呼ばれ、「下手すれば政権が押しつぶされる危ないテーマ」とされていた。小泉首相自身、自民党「総務会の反発のすごさ」にたじろぐ風が報道されたりした(19)。

その小泉内閣が道路特定財源の問題を、実際にどう扱っただろうか。まず〇二年度予算では、道路予算の減少により道路特定財源に生じた余剰のうち、自動車重量税の一部二二四七億円を一般財源化（道路特別会計に繰り入れず、一般会計にとどめる）した。国土交通省は、「異例の措置だが、〇二年度限りのこととして、やむを得ない」（扇国交相）と一応受け容れる。しかし同省は、「〇三年度以降については受益者負担の原則に従い、特定財源諸税が道路に充当されるよう努力する」と巻き返す姿勢を示す[20]。実際は、〇二年度補正予算で三六〇〇億円の道路整備費を計上したから、わずかに一般財源化した分も帳消しとなった。

〇三年度予算では、本四公団債務処理を自動車重量税より使用することを決め（〇六年度まで、合計一兆四六四五億円）、そして〇四年度予算以降は、ＥＴＣやまちづくり・都市再生事業（都市鉄道の立体交差化・電線地中化）等に使途を拡大した（〇四年度五二九億円、〇五年度九四二億円、〇六年度一五六八億円）。これらは、道路特定財源の余剰分を、道路関連経費に拡げたということであり、本来の意味の「一般財源化」には当たらないものである。道路特定財源を自省の財源と思い違いしている国土交通省は、その使途拡大についても、道路関連あるいは同省の権限内の事業に限ろうとしていることがわかる。

「一般財源化」に成果を上げなかった小泉内閣は、〇三年三月、逆に道路特定財源（暫定税率とも）の五年延長を決めた。つまりせっかくのタイミングを逸したということであり、政権にとって「危ないテーマ」を先送りしたということである。

〇五年九月の「郵政選挙」で大勝した後、小泉内閣は再び道路特定財源問題を取り上げた。そして同年一二月、「道路特定財源の見直しに関する基本方針」を策定した。それは、①真に必要な道路は計画的に整備、②厳しい財政事情のもと、暫定税率による上乗せ分を含めた現行の税率水準を維持、③一般財源化することを前提とし、歳入・歳出一体改革の議論のなかで、納税者に対して十分な説明を行い、その理解を得つつ具体策を得る、というもので、基本的に道路族の意向や利害に配慮する内容であった。

しかし〇六年に入って、この基本方針の具体化をめぐる「政府・与党内の動きは鈍い」、「首相が退任すれば、基本方針はリセットされる」、「自民党の道路特定財源見直しに関する作業部会のなかで、一般財源化を推進している人はほとんどいない」などと報道される状態がつづき、六月には年末への先送りを正式に決めた。つまり小泉退任後の次期政権に「丸投げ」するかたちとなった。

一方、国交省は六月、「道路整備の中期ビジョン（案）」を公表。今後一〇年間（〇七―一六年度）で五八兆円が必要と試算。内訳は、維持修繕費一五兆円、震災対策や歩道整備一〇兆円、渋滞解消一七兆円、三大都市の環状道路整備一六兆円など。これは基本方針の①「真に必要な道路の計画的整備」を念頭に、特定財源死守のための作業といえる。

小泉首相の「意欲がしぼんだ理由は、自民党の道路族議員の反対があったためだけではない。自動車業界が激しい反対運動を繰り広げたことと無縁ではなさそうだ。自動車業界に君臨する奥田碩トヨタ相談役は、五月まで日本経団連会長だった。経済諮問会議の民間議員も務め、陰に陽に小泉首相を支えてきた。『政権のスポンサーが反対に回ったのは大きい』政府関係者は先送りの背景をこう解説した。」(21)

このように、「一般財源化」を派手に打ち上げて見せた小泉首相にしてから、問題を先送りしてしまった。いわば「丸投げ」されたかたちの安倍首相は、どうだろうか。

5　安倍内閣の「一般財源化」

〇六年一一月三〇日の経済財政諮問会議で、安倍首相は揮発油税を含めて見直しの対象にすると言い切った。道路族は、「あんなバカな発言」と怒りを隠さず、与党内で「一般財源化反対」の大合唱となる。中川昭一自民党政調会長、「一二月一日の党の会合で、二七人発言して二六人が特定財源の現状維持だった。首相は揮発油税も一般財源化と言ったが、党の方は、かなり違う意見でほぼまとまっている。(22)」同じころ、張富士夫自動車工業会会長がインタビューに答えて、「納税者の理解は得られていない。一般財源化されないと信じている。……ユーザーは三〇年も前から、これで道路を造って下さいと税金を払ってきた。約束を守って下さいということ。(23)」

塩崎官房長官は一二月五日、尾身財務相、冬柴国土交通相と協議したのち、夜に自民、公明両党の政務調査会幹部と個別に会い、政府の基本方針の骨子案を示した。「揮発油税分（約三兆円）の取扱いについては明記せず、①真に必要な道路整備を進め、中期計画を作成、②暫定税率は引き下げない、③道路歳出を上回る部分の税収に限って一般財源化する、④国民の要望に応える道路関連の措置（これは使途拡大を道路関連にとどめるよう求める公明党などの意見に配慮したもの）の四項目。(24)」

この内容は、基本的に小泉前内閣の方針を踏襲するもので、安倍首相が明言したはずの揮発油税の一般財源化は、事実上、先送りになる。その点を突かれた安倍首相は六日夜、「どこが骨抜きになっているんでしょうか。」記者団にこう言い返した、という。[25]

その安倍首相の姿についての報道。「政府・与党の一般財源化に関する合意は、参院選への配慮による妥協で抜本改革にほど遠い内容になった。『闘う首相』の姿が見えてこない。……就任後の二か月、問題にほとんど手をつけなかった。経済財政諮問会議も大きな役割は果たせず……最後まで首相が前面に出ることはなかった。[26]」

6　小泉、安倍両内閣の基本方針の問題点

小泉、安倍両内閣の基本方針に含まれる問題点を、この間の新聞報道をもとに整理すると、誰のためという意味で「納税者の理解」、税負担にかかわって「暫定税率」、ニーズ論として「真に必要な道路」、まぎらわしい用語として「道路歳出」、財源配分として「地方道路財源」や「高速道の債務負担」などがある。

(1)「納税者の理解」という言葉について。この「納税者の理解」を、自民党道路族や自動車業界等は、「道路ユーザーの理解」と読み替えている。これに対し一般財源化を目指す安倍首相や塩崎官房長官は、運転免許取得者約七九〇〇万人を上げ、「国民の理解」という立場をとってみたが、道路族の「道路ユーザーの理解」に押し返されてしまっている。

(2)「暫定税率」について。一般財源化賛成・反対の両陣営とも、暫定税率維持については一致している。一般財源化の是非とは別に、減税で貴重な財源を手放したくないのが政府・与党の本音だからだ。

「暫定税率の維持もすんなり決まり、〇八年度以降も実質増税が続く。財務省と国交省が『税金を手放さない』という一点で手を握ったからだ。[27]」

道路ユーザーすなわち納税者の声を代表すると称して、一般財源化に反対している業界（自動車、石油）やJAFは、「道路整備以外に充当する余剰があれば、暫定税率を廃止すべき」と主張する。これら団体の「暫定税率廃止」論は、財務省の「一般財源化」論に対する牽制の意味をもつ。環境省も暫定税率を維持したまま一般財源化の立場だが、環境への影響（税率が下がれば、ガソリンの需要が増加し、地球温暖化を加速）を理由に上げる。

(3)「真に必要な道路」について。「基本方針の『真に必要な道路整備は計画的に進める』は、中期計画で定めると読める。[28]」「与党が要望したこの中期計画がくせ者で、道路をつくる錦の御旗になりかねない。[29]」「政府・与党合意では、揮発油税の扱いを含む抜本改革を来年改めて議論することで決着。その際にも、①道路歳出の余剰分だけを一般財源化、②真に必要な道路整備は計画的に進める、との制約が付くことになった。この制約がある限り、新たに国が定める計画に基づいて、道路財源から道路整備費を出し続ける仕組みが残る。首相が当初狙っていた一般財源化とはほど遠い。来年の抜本改革論議では、この制約を白紙に戻して見直しできるかが焦点となる。[30]」

(4)「道路歳出」という用語について。「道路歳出という言葉を新たに使っている。この言葉では、道路整備費だけでなく、道路関連の使途拡大の費用も含まれる可能性が高い。つまり国交省の裁量が拡大する恐れがある。[31]」「使途拡大による道路関連事業を加えた『道路歳出』が増えれば、その分、一般財源に回る分が減ることになり、当初の狙いだった『財政硬直化の是正』から、『ばらまき』に変わったとの印象も与えかねない。[32]」

(5)「地方の道路整備財源」と「高速道の債務処理」について。「与党は『地方や納税者が欲しいのは道路だ』と強調する。だが、社会保障や財政再建との比較で道路財源が論じられることはなく、国民の本当の声が確認されないまま『道路整備』が優先された。地方に配慮するというなら、国税の揮発油税を地方税に移譲し、自治体が福祉でも道路でも自由に使えるようにする選択肢もあったはずだ。[33]」「政府が決定した『道路特定財源の見直し』は、揮発油税など国税の一般財源化が中途半端に終わっただけでなく、ほかに二つの問題を残した。一つは地方道路整備財源の扱いを棚上げにしたこと。もう一つは、道路財源の使い道として浮上した高速道路料金の引き下げだ。旧道路公団の債務返済に充てる案が検討されており、自助努力による借金返済を目指した道路公団改革をないがしろにしかねない。[34]」「問題は、揮発油税の四分の一が充当される地方道路整備臨時交付金だ。国交省が地方に毎年約七千億円を配分。生活道路や修繕などに充てられている。この臨時交付金の扱いが明記されていない。一般財源に回す分を減らしたい国交省は四分の一より『増やすべきだ』と主張している。……高速道の債務処理への税金投入……〇三—〇六年度には本州四国連絡橋の債務処理に一・四兆円を充てる仕組みが設けられた。今回の案では全国各地の高速道の債務返済に幅広く税金が投入される可能性がある。[35]」

7　提案

最後に、日本租税理論学会の〇六年大会テーマ「消費税の増税なしの財政健全化」のために報告した私たちの研究会（中部税制研究会）からの提案を紹介する。

提案　道路整備緊急措置法を廃止し、揮発油税等を一般財源化する。揮発油税等の暫定税率も廃止し、本来の税率に戻す。これらと合わせて、道路整備五ヵ年計画を現行整備計画の期限が満了する二〇〇七年度末を限りに廃止する。

提案の意味と理由　道路特定財源の一般財源化の意味は、道路整備に特定されている税収を、税本来の姿、すなわち一般財源に戻すことである。それにより、特定の経費に対する、経費配分上の特権的扱いをやめることができる。これは最も有効な財政構造改革の一つであり、消費税の増税なしの財政赤字体質の改善につながると思われる。

広く形成されている反対派の一般財源化阻止の大義名分は、暫定税率の廃止である。暫定税率は、道路利用者に本来の税率に上乗せして負担させている臨時の増税分である。道路特定財源を一般財源化する場合、暫定税率の廃止は当然である。とはいえ、これらの反対派がこの暫定税率廃止を、一般財源化へ前進させるためでなく、逆にそれを阻止するための口実に利用しようとしていることも透けて見える。

揮発油税など道路特定財源の一般財源化は、緊急性が薄れた後も、道路整備を口実に、重い生活必需品課税を強いている政府に対する、国民的な減税要求という性格があり、それは同じく間接税負担の問題という意味では、消費税増税の問題と連動する可能性がある。

注

（1）『シャウプの税制勧告』（霞出版社、一九八五年）二〇一ページ。
（2）『参議院建設・大蔵委員会会議録』一九五三年二月一六日。
（3）田中角栄『日本列島改造論』（日刊工業新聞社、一九七二年）一五ページ。
（4）「財政の病理、インタビュー」朝日新聞、二〇〇二年八月二〇日。
（5）『大蔵委員会議録』一九六五年二月二六日。
（6）『大蔵委員会等連合審査』一九七一年五月一四日。
（7）『明治財政史綱』（東洋経済新報社、一九一一年）三〇八ページ。
（8）大蔵省主税局『昭和二八年以降税制調査会答申集』（一九六二年）一七、四八、一六六ページ。
（9）（10）政府税制調査会『一九六一年答申』三九二、一九九ページ。
（11）政府税制調査会『一九六四年答申』四一ページ。
（12）政府税制調査会『一九六八年答申』二四五ページ。
（13）政府税制調査会『一九七一年答申』二七六ページ。
（14）政府税制調査会『一九八六年答申』九七ページ。
（15）（16）政府税制調査会『二〇〇〇年答申』二八三、二八五ページ。
（17）加藤寛「特定財源見直しにエール」、朝日新聞、二〇〇一年五月二二日。
（18）佐藤健一「道路財源『堅持』の意見書に仕掛け人」、朝日新聞、二〇〇二年一月二六日。
（19）朝日新聞、二〇〇一年五月二三日。
（20）朝日新聞、二〇〇一年一二月二一日。
（21）朝日新聞、二〇〇六年七月二九日。

(22) 朝日新聞、二〇〇六年一二月五日。安倍発言についての観測記事。「唐突な発言にも映った揮発油税の一般財源化だが、実は九月の総裁選時から安倍サイドでは構想を温めていた。狙いは二つ。一つは政権の改革姿勢を鮮明に印象付ける。もう一つは消費税率の引上げ問題への布石。揮発油税を一般財源化できれば、将来の消費税率の引上げ幅を抑えられる。財政再建より成長を重視する経済政策とも符合する。経済官庁の幹部は『そもそもは竹中平蔵の発想だ』と指摘。」(日本経済新聞、二〇〇六年一二月九日)

(23) 朝日新聞、二〇〇六年一二月二日。

(24) 朝日新聞、二〇〇六年一二月六日。

(25) 日本経済新聞、二〇〇六年一二月七日。小泉、安倍両首相「小泉首相は、出遅れて〇五年に特定財源の見直しを指示し、逆に『真に必要な道路は計画的に整備する』と一札取られた。安倍首相は……案の定『早急に道路整備の中期計画を作成する』と、また一歩進められた。……すべては道路族の胸三寸。」(「経済気象台」、朝日新聞、二〇〇六年一二月二〇日)

(26) 日本経済新聞、二〇〇六年一二月八日。

(27) 朝日新聞、二〇〇六年一二月八日。

(28) 日本経済新聞、二〇〇六年一二月八日。

(29) 同右、社説、二〇〇六年一二月九日。

(30) 同右、二〇〇六年一二月一一日。

(31) 同右、二〇〇六年一二月八日。

(32) 朝日新聞、二〇〇六年一二月八日。

(33) 同右。

(34) 同右、二〇〇六年一二月九日。

（35）同右。

第三節　日本財政から見た「小さな政府」論

はじめに

「小さな政府」が流行語みたいになっていますが、今日の報告は「小さな政府」とはなにか、というような議論ではなく、その「小さな政府」論を手がかりにして、戦後日本の政治と財政を振り返ってみたい、というのが私の問題意識です。

1　戦後日本の原点

ポツダム宣言と新憲法が、戦後の新しい日本の政治のあり方を規定しています。第二次世界大戦で日本軍国主義が敗れ、その降伏条件が、戦後日本の出発点になったと思います。ポツダム宣言（一九四五年七月二六日）の主な内容は、日本の軍国主義権力を排除し、民主的・平和的政府を樹立すること、そして戦争犯罪人の処罰、民主主義の育成、言論・思想の自由、基本的人権の尊重などです。このような条項を、日本政府は降伏条件として受諾し、降伏しました。その後日本は占領されましたが、その占領目的というのは、これらの条項を日本政府が守り、実行することを保障するためであったわけです。

このポツダム宣言の理念を考えてみますと、軍国主義、天皇制絶対主義、帝国主義、そういう戦前・戦時の理念から、自由主義、民主主義、平和主義へ変換するというものです。そしてまさに、これらの理念が新しい憲法に盛り込まれたのです。しかし新しい憲法が制定されるまでの経過を見ますと、当時の日本の支配層が、なかなか旧明治憲法的な考えから抜けきれない。そしてこういう理念の転換に対して、執拗に抵抗を試みておりました。ですから当時の日本政府に任せておいては、新しい理念の憲法はできない。それを引き取るかたちで、占領軍が新しい憲法を提案するということになったのです。

そういうことで新しい憲法ができても、旧憲法的な精神といいますか、旧い政治体質というものが残ったままだったと思います。日本の旧政府機構では、たしかに陸海軍は解体され、内務省も解体されました。しかし、これは占領軍の政治方針でもあったのですが、天皇制は象徴というかたちで残しました。中央官僚機構は大蔵省はじめ、ほぼ温存されました。そういう、いわば旧い体質が残った政府と敗戦経験で目覚めた国民との間で、一定の政治的な闘争が繰り広げられる、それが戦後日本の民主化過程なのではないかと思います。

財政面でも転換がはかられました。具体的には、ドッジ・ライン、シャウプ税制、そして新しい財政法というものです。財政法の場合は、第四条と第五条で公債発行についての制限規定を設けています。これはインフレーションを防ぐとともに、憲法第九条を財政面で担保する目的でした。現代の戦争は、増税ではまかない切れない。どうしても国債発行に頼らざるをえない。ですから国債発行を制限するということは、戦争ができないということになるのです。

ドッジ・ラインは、一九四八年から四九年にかけて行われますが、これはインフレーションを終息させる、そのためには財政収支を均衡させるというものです。これを総合予算の均衡というかたちで実施する。たいへん厳格な均衡財政の方針であったと思います。それが占領軍のもとで強権的に行われたこともありまして、当時の日本国民にとっては、大きな犠牲を強いるものでした。

松本清張の『日本の黒い霧』は、ドッジ・ラインに抵抗する労働運動を抑圧するために、占領軍が惹き起こした謀略事件、あの下山事件とか、松川事件とか、国鉄の人員整理問題を舞台とする謀略事件を追及しております。これらの謀略事件は、松本清張が言っているように、占領下でなければ起こらなかった事件でした。実際にこの種の事件は、占領が終わったあとは起こっておりません。

そういう非常に大きな犠牲をともなっていますが、少なくとも、均衡財政ということを実現するためには、やはり占領軍当局の力というものがなければできなかったのです。今日の財政再建問題を考えてみても、なかなか財政のバランスというものはできないのです。政治力と財政の関係をあらわす例の一つと思われます。

シャウプ勧告税制は、所得税中心主義といいますか、税制の仕組みのなかにインフレ抑止作用をもつ累進税制をつくりあげました。シャウプ勧告では、また日本の民主化の観点から、地方自治の育成を重視しています。中央集権的な官僚支配を阻むためにも、地方の財政自主権確立を目指し、行政事務の再配分、補助金制度の改革、地方税制の改革、さらには平衡交付金制度の創設などが提案されています。しかしシャウプ税制は、アメリカの対日政策が転換する時期にぶつかったこともあり、「修正」されていきます。

2　軍事機構の再建

政府あるいは国家権力というものは、権力的な機構の再建・強化に、非常に力を注ぎます。中国の情勢変化によるアメリカの対日政策の転換を背景に、まだ占領下だった一九五〇年、朝鮮戦争が直接のきっかけになりましたが、マッカーサー元帥の命令で「警察予備隊」が創設されました。これは再軍備、すなわち解体した軍事機構の再建を意味します。

もちろん、これはポツダム宣言や新しい憲法に違反します。それに当時の国民感情からみても、容易に許されないということで、「再軍備ではない」、つまり「軍隊ではない」と説明されました。それで「警察予備隊」という呼び名にしたのです。

警察予備隊は、七万五〇〇〇人の新しい組織です。その創設には、予算措置が必要です。しかも一九五〇年度予算の年度途中ですから、予算の補正という問題になります。マッカーサー元帥は、このための予算措置を、国会で審議して決定するという、当然の手続きを回避するよう命じました。

これでは財政民主主義を無視することになり、占領軍の「民主的面子」も損ずると、大蔵省が苦心の末、財政法にある「移用」という規定を拡大解釈するかたちをとりました。債務償還費を警察予備隊の費用に「移用」するという、財政上の非常手段をとったのです。これは財政民主主義という立場からは、もちろん許されないことです。これが警察予備隊の発足事情です。「いまの憲法は押しつけられた」と言う人がいますが、この再軍備こそ、まさに押しつけられた典型例だと思います。そして隊員の訓練から装備まで、アメリカの完全なお仕着せでした。これが現在の自衛隊の誕生事情なのです。

一九五一年に、講和条約とセットで日米安全保障条約が結ばれて、在日米軍に基地を提供し、日本は軍備増強を約束します。独立直後の一九五二年に、保安庁が設置され、警察予備隊は保安隊になります。軍事機構の再建強化が最優先の課題だったことを示しています。同じ年、自治庁が設置されます。自治庁は結局、旧内務省の再建といえます。

独立後の「占領政策是正」の一環として、シャウプ税制も「修正」されていきました。富裕税が三年で廃止され、付加価値税は実施見送りの末、廃止されます。また、資本蓄積の促進を至上命題にして、投資や貯蓄に対する税制上の優遇措置が拡大されていきます。財政法では「継続費」という規定が、公共事業のためにという理由で復活します。この「継続費」は、歴史的には軍事費のために使用されていたのですが、復活後、やはり軍事費に使われることになります。

3　高度成長期の財政

一九五〇年代後半からの高度成長期には、一般会計では「均衡財政」という枠組みが残るなかで、国民所得の増加を上回る財政規模の拡大が行われます。財政規模の拡大は、補正予算で行われます。税の自然増収を財源にして、一部分は減税に回すが、大部分を歳出増へ向けるという方法です。いわゆる「拡大均衡財政」です。これにより財政膨張といいますか、インフレ的な財政運営がつづけられます。

当時の日本の重化学工業は、素材型・組立型という特徴をもっていましたが、その国際競争力を強化するために、財政手段が積極的に利用されます。たとえば、公共投資中心の経費構造、資本蓄積優遇の税制、さらには一般会計だけでなく、財政投融資制度の活用とか、日本輸出入銀行・日本開発銀行などといった政策金融の動員などです。

公共投資では、一九五四年から揮発油税が道路特定財源になりますが、これは田中角栄など議員提案によるものでした。揮発油税は本来、一般財源です。その揮発油税収入相当額を、五年間の時限措置により、道路整備の財源に使う。公共投資のなかで、道路という特定の事業が優先的扱いを受ける仕組みです。しかし財源が確保され、道路整備長期計画にしたがって事業が進むなかで、五年間の時限措置が、期限がきても終わらない。時限措置を次につづけ、次につづけを繰り返し、五〇年以上つづけられ、いわゆる道路族の「牙城」となっています。

警察・軍事機構の再編・強化という面では、一九五四年に、警察制度を都道府県警察に一元化します。また、防衛庁が設置され、陸海空三自衛隊が発足します。

一九五五年は、保守合同により自民党が発足。その党是に「憲法改正」が掲げられます。一九五七年、国防の基本方針ができ、国力、国情に応じて国防を強化していくことになります。国力とは経済、国情とは国民の意識、つまり経済発展と国民の意識「改革」の両面が、軍備強化の前提条件として位置づけられます。

一九五八年に、長期防衛計画がスタートします。そして一九六〇年、新安保条約が、「自然成立」という、不自然な成立をします。

4　公債の発行

一九六〇年代前半、不況の影響もあって、一九六四年度、六五年度とつづけて、歳入欠陥となります。そして六五年度の補正予算で、公債発行に追い込まれます。財政法第四条の本則規定では、公債発行は禁止ですが、但し書といいますか、例外規定があって、公共事業とか資金・貸付金には、公債発行が認められています。

この六五年度の補正予算の場合、その第四条但し書を使って公債を発行するのか、それとも財政法に特例を設けるという「財政法特例法」を国会で通し、それにもとづいて発行するか、大蔵省のなかでこの二つのやり方について議論があったようです。

このときは、福田大蔵大臣の決断で、特例債ということで発行することになりました。ですから一九六五年度の補正予算の場合は、財政法特例法による「特例債」というかたちで発行しました。それと同時に、従来の均衡財政という枠組みは崩れたと思います。

翌一九六六年度から、本格的な公債発行ということになります。これは財政方針からいえば、非常に大きな転換です。六五年度補正予算の特例法の場合は、その年度限りのことですが、六六年度からの本格的な公債発行というのは、公債を財源の恒常的な構成要素とする、つまり公債を抱えた財政にしていくということですから、はっきりとここで財政方針の転換になります。

この国債発行政策、すなわち財政方針の転換については、当時、財政制度審議会の委員であった小林中氏が、財界の総意ということで、福田大蔵大臣に圧力をかけたということです。その意味では福田蔵相の国債発行方針は、財界の意向を受けたものでした。

福田蔵相の公債発行に関係する発言が、『財政新時代』（大蔵省大臣官房文書課編、一九六六年）という本にまとめられております。そこでは、建設公債の発行により財政新時代が始まり、同時に均衡財政方針は終わったこと、また、建設公債というのは財政法第四条の但し書規定にもとづく合法的なものであり、公債発行対象が限定されるので、財政節度は守られることが強調されております。

そして公債発行の目的は、企業の借金を財政が肩代わりすることであり、画期的な大幅減税と社会資本の充実を二本の柱として宣伝しています。実際に公債発行政策により、当時の重化学工業部門の合理化・量産化に対応する公共投資の拡大がもたらされていきます。

しかし公債発行政策に乗り出してから三年目、一九六八年度予算編成をめぐって問題が発生します。大蔵省主計局が総がかりで打ち出した「財政硬直化」キャンペーンです。

この「財政硬直化」論のなかで、このまま国債発行を増やしていくと、「将来的には税収で経常支出をまかないきれず、赤字国債の発行で収支をつぐなうという重大事態となる」という大蔵省メモが、一九六七年の財政制度審議会において披露されております。

この時期、いわゆる経済高成長時代の大蔵大臣は、水田三喜男と田中角栄が交互にかなり長い間やっていました。「成長時代に水田と田中が、自然増をハイハイと言って出したのが、今の財政硬直化のもとだといわれているが、確かにそういうきらいもあると思う。それだけにけじめをつけるのが私の責任だ。」と水田さんが言っております。

「財政硬直化論」の主導者が、当時の主計局長の村上孝太郎で、この人は後に、自民党から国会議員に出て、急死した人ですが、その村上さんが、『財政金融統計月報』の一九六八年四月号に、この「財政硬直化」について書いているなかで、「景気抑制段階におけるフィスカル・ポリシーの正しい運用、……フィスカル・ポリシーの節度、……フィスカル・ポリシーの本来の姿」というようなことを繰り返し述べております。つまり「財政硬直化」という問題を一つの手がかりにして、「本来のフィスカル・ポリシー」に戻ることをねらいにしていたことが読み取れます。

「硬直化」キャンペーンの成果は、公債依存度の大幅引き下げ、つまり依存度一六％だったものを一〇％に下げる、これを一九六八年度予算でやるのです。これによって公債政策運用上の硬直性がかなり是正されました。六七年度の場合は、建設公債発行額が投資的経費のぎりぎりまでいったということです。公債対象経費というのが公債発行額の上限を決めるのですが、その対象的経費の九〇％以上までいっていた。その割合を下げる。六八年度には、その割合を七〇％にまで下げた。その下げたということで弾力性を増す。その弾力性を増すということが、フィスカル・ポリシーの正しい運用である、というような議論でした。それはそれなりの議論であったと思います。

この「財政硬直化論」とのかかわりで、経費の区別というのが、このときに強く出てきました。経費を投資的経費と消費的経費に分ける。投資的経費というのは公共事業関係費で、消費的経費は経常費だ、と。投資的経費というものは、政策判断で「弾力的に」増減できる。つまり、フィスカル・ポリシーの対象になる。これに対して、消費的経費は法律や制度にもとづいているために硬直化する、どうしても自然増が免れない。そういうように、経費のなかで危険なのは、投資的経費ではなくて、消費的経費だという議論です。

それからまた、政府サービスを「国民全部に等量に及ぶサービス（治安、防衛、外交）と特定者の利益となるサービス（社会福祉等）」に分ける。そして、後者には応益負担原則による負担を求める、そういうような経費の区分論というものが、この「財政硬直化論」とのかかわりで登場してきます。

村上孝太郎のあと、大蔵省の主計局長になった橋口収の『新財政事情』（サイマル出版会、一九七七年）を見ますと、日本の歳出構造について、大蔵省の当局者がどういう認識をもっているかということがよく示されている部分がありますので、紹介します。

「日本の歳出構造……諸外国にくらべて国防費が圧倒的に小さい。これは日本の自衛隊が志願制度を採用して、防衛費の半分以上を人件費が占め、したがって装備の強化にそう多くの財源を回す余地はない。したがって軍事国家への軌跡は生まれようがない。それで公共事業費、本来、伸縮の比較的容易な経費であるので、これが長期的な財政の重荷になることもまず考えなくていい。残る社会保障関係費は、いわゆる硬直度の高い経費である。」

橋口氏は、経費のなかでは、軍事費や公共事業費ではなく、社会保障関係費が問題であるという認識です。そして「日本の財政の内容が、生産性に乏しい防衛費が小さいこと、投資的経費のウエイトの高いことなど、西欧諸国に比べてかなり〝良質〟であり、しかも租税負担率が依然として低く、その引き上げの可能性をもつことなど、歳出、歳入とも弾力性が高い」と、ごく楽天的な認識です。

公共事業費は「弾力的」と言うのですが、「建設公債」というのは、公共事業の特定財源の性格を持っています。こういう財源に恵まれ、各種の公共事業が、何次にも及ぶ長期計画として継続され、拡大された。その結果、公共投資関連の巨大企業と、財政の深い結びつきができる。いわゆる「政官財癒着」です。これが天下りと談合の浪費構造の母体となります。

「建設公債」は長期計画の財源ということで、不況期だけでなく、景気のすべての局面で財政に組み込まれて、財政規模を膨張させていきます。このため「建設公債」は、大蔵当局者が思い描いたフィスカル・ポリシー、つまり「財政節度」とは、まったく無縁な運用が行われることになったと思います。

軍事面では、一九六七年に第三次防衛計画がスタートし、兵器国産の方針が打ち出されます。日本の軍需産業というものが、本格的に兵器生産に乗り出します。また一九六七年には、沖縄返還交渉が始まります。一九六九年の沖縄返還協定までの交渉過程に、日米安保条約の変質といわれる事態が起きます。それを象徴するのは、日米首脳会談時の佐藤首相の発言、「韓国と台湾の防衛に関心をもつ」です。

この佐藤首相の発言に対して、アメリカ側が非常に歓迎をする。つまり安保条約とアメリカ軍の基地は、ただ日本の防衛のためだと言ってきた日本が、自国以外の地域の防衛に関心を示した、ということに対してでした。いわゆる日米安保条約の拡大が始まります。佐藤首相は帰国後、「国を守る気概」を強調します。これは政府だけでなく、財界もそれに乗り、愛国心教育へ向けて世論喚起のきっかけになります。

一九六〇年代の後半は、日本の経済大国化が、非常に顕著になってきた時期だと思います。アジア地域への進出、経済協力が本格化してきます。その皮切りになったのが韓国とインドネシアに対する援助であって、いずれもアメリカの援助の肩代わりという意味合いをもちました。その経済援助の機関として、一九六六年にアジア開発銀行が、日本とアメリカが主導したかたちでできました。それから日本の円借款の実行機関、海外経済協力基金がこの年に設立されております。この海外経済協力基金というのは、岸信介が非常に力を入れたということで、これは別名、岸基金といわれた機関です。そういうことで自民党のなかでは、岸・福田派が、この経済協力にかかわって、政治的な利権に強いと言われております。

5　赤字公債

一九七五年度の歳入欠陥、これはオイル・ショック等のあった年ですが、この歳入欠陥は非常に大きな額で、三兆八千億円余りに達しました。オイル・ショックを契機とする、戦後最大の不況で、法人税と所得税の税収が非常に減りました。こういう歳入欠陥の場合、建設国債を増発するのが、いわゆるフィスカル・ポリシーというわけですが、その建設国債を発行対象経費の限度いっぱいに発行しても補塡できない、それだけ巨額な歳入不足だったのです。そういうことで一九七五年度の補正予算において、赤字公債二兆三千億円の発行ということになります。これは一九六五年度以来の「特例債」発行ということになりますが、あのときとはちがって、恒常化することになります。

元大蔵省次官の長岡実が、その著書『素顔の日本財政』（金融財政事情研究会、一九八一年）のなかで、この特例債発行について、どういう認識をしているかを見ますと、赤字公債というのは特例債だけ、と言っているように、大蔵当局者の認識のなかに、建設公債と赤字国債とは、ちがう公債だという意識の持ち方が見受けられます。

公債発行の節度については、一九六七年の財政硬直化論の頃は、たとえば、公債依存度についても、当時は五％というのが、けじめとして出ていたのですが、この七五年段階では、公債依存度三〇％未満というようなことを持ち出しています。自分で持ち出していながら、長岡実自身さすがに、理論的根拠のない数字だということを認めております。

長岡は、「景気対策が一九七五年度の補正予算から七八年度まで、長期にわたったのはなぜか」ということを自ら問いかけ、その背景を分析しています。「……当時、財政当局は公債依存度三〇％未満を主張したが、それは〝財政エゴ〟という非難を受け、景気対策の強化を求める声が二つ出た。一つは国内の経済、二番目は外圧だ」と。外圧というのは、「経済大国日本としての国際協調」のことだ、と書いています。

また長岡は、景気対策として「なぜ公共投資を優先したか」、その理由をあげています。第一は、確実に仕事量が増える。第二に、乗数効果は即効性がある、効き目が早い。三番目は、社会資本の整備、四番目は、政策の弾力性で、これが最大の理由だ、と。公共投資には弾力性がある、つまり、自由に増減できると考えていたということです。

また、一般会計を経常部門と投資部門に分割したことについては、このような分類は建設公債発行以来、大蔵省の部内の作業として行われていること、これを対外的説明に用いるようになったのは、景気対策のために公共事業関係費が膨張した一九七八年度予算からで、そのとき、景気対策に直接的な関係のない経費まで膨張させないために、二つの部門に分けた、という説明です。

これまで自民党政府は、何度か「財政再建」を宣言しました。自民党政府の「財政再建」の意味は、「特例公債の発行ゼロ」です。そういうことを何度か宣言するのですが、なかなか成功しない。なぜ成功しないのか、おそらく特例公債だけを見ているからです。とにかく建設公債のほうは棚に上げたままで、手つかずということになる。したがって公共事業に偏った景気政策が、ずっとつづけられることになります。目標の立て方そのものに問題があるわけです。これでは国債の累積は、なかなか止まらないと思います。

一九七六年に三木内閣は、軍事費のGNP比一％枠というものを設定しました。これはなにか軍事費を抑えるかのように見えますが、当時の軍事費の水準からすれば、それは軍事費抑制というよりも逆に増加目標になりました。一九七〇年代は、ベトナム戦争に介入して敗北したアメリカが、アジア戦略の建て直しをはかるなかで、日本の軍事的役割を見直すという時期です。

そこで一九七八年に、日米防衛協力のための指針（ガイドライン）が出てきます。日本の軍事的役割を見直す、その具体化です。このガイドラインを見ますと、「日本有事」あるいは「極東有事」という戦争を想定して、一連の日米共同作戦計画がつくられます。実際に、それにもとづいた実動演習も実施されていきます。そのなかで、作戦、情報、通信、後方支援、装備等々が点検される。そういうことをやっていきますと、実際に日本の法体制、たとえば交通法規一つをとっても、作戦行動の障害になることが認識されます。

そういう法制度を直すためには、基本的には憲法改正が必要だということになってきたと思われます。自衛隊は、こういう日米共同作戦体制のなかで、世界最強の米軍と同じ作戦構想を持ち、同じ装備、同じ情報・補給システムを整備・運用するのですから、当然高いものにつくことになります。この時期にはまた、駐留アメリカ軍経費のうち、負担義務のない基地労務者給与の一部などの負担、いわゆる「思いやり予算」が始まります。一九七九年度の日本の軍事費は、世界のベスト・テンに入ります。

6　一般消費税を導入しようとした大平首相の「安上がりの政府」論

大平内閣のもとで、一九七八年の秋から財政再建キャンペーンが始まります。その本命になったのは、一般消費税構想であったのですが、これは七九年の総選挙で自民党が敗北する、いわば国民の拒絶反応にあいます。そのころ朝日新聞の一九七九年三月九日の囲み記事、「安上がり政府やめます」が、参議院予算委員会での大平首相の答弁を紹介しています。

「安上がりの政府という言葉は誤解を招いているようだ。英語ではチープ・ガバメントだが、これはアダム・スミスの時代の夜警国家思想によるものだ。これはわれわれがもつべき政府とは考えない。産業構造の変化や社会保障など、いろいろやるべきことがある時に、訳語が一人歩きしている。これを正したい。『効率的な政府』というのが自分の考えに近い」というものです。当時、大平内閣の官房長官だった田中六助による注釈が付いています。「『安上がりの政府』という言葉は、縮めるだけという印象が強く、必要なことまで無視するような感じがある。機構がある程度大きくなっても、温存しなくてはならない部分もある」と。

大平正芳という政治家は、日本が大国になったということを意識すべきだということを非常に強く考えていた人物だというふうに思います。それは田中六助がまとめた『大平正芳の人と政治』（朝日ソノラマ、一九八一年）のなかで、大平正芳の考え方として紹介されています。

「今や戦後三〇年たち、日本は明らかに大国になった。その意識を国民にもってもらいたい。いい意味での大国意識を持つ必要がある。」こういうような発想、考え方の持ち主であったのです。そういう大平首相が、アダム・スミスの「安上がりの政府」を簡単にそのまま言うはずがないと思われます。

大平正芳の『財政つれづれ草』（如水書房、一九五三年）は、大平正芳が一九五二年に、大蔵省を辞めて、衆議院議員に出るときに、自分の人生とか財政観だとか、そういうものをまとめて出した本です。そのなかに、「安くつく政府」という一節があるので、いくつか引用します。

「財政の哲理は税金を少なくすることと、公金を大切に使うことだ。」「アダム・スミスが国家の機能をできるだけ制限して市民社会により多くの自由を享受させせようとしたこと。近くはアイゼンハワー大統領が『安くつく政府』（チープ・ガバメント）をつくりあげることに腐心していること。ところが満州事変以後のわが国の財政は膨張につぐ膨張であった。そういうことを考えて、自分としては安い政府をどうしてつくりあげるか、これが悲願だ。とはいえ、スミスの時代とわれわれの時代は同じではない。社会政策は、あるいは社会主義思想に支えられ、社会化が進行している。イギリスの社会保障制度は、それが原因で国民の活力が衰え、イギリスが斜陽国家になった。」「社会化の限界をどこに置くか、その限界を広げたら最後、これを縮小するのは難しい。すなわち財政上弾力が乏しいこと。」「その限界内において『安い政府』を切り盛りするのが課題だ。」

これを見ますと、すでに一九五〇年代初期から、大蔵省あたりで、イギリスの社会保障制度を失敗ととらえていたこと、社会保障を広げると、これは縮小しにくい、弾力性がないというような認識に立っていたことがわかります。

7　第二臨調路線と「小さな政府」論

「今後わが国が目指すべき活力ある福祉社会とは、かならずしも『小さな政府』を求めるものではないが、西欧型の高福祉、高負担による『大きな政府』への道を歩むものであってはならない」「増税なき財政再建」とは、「財政再建に当たっては、何よりもまず歳出の徹底的削減によってこれを行うべきであり、全体としての租税負担率の上昇をもたらすような税制上の新たな措置はとらないということ」。これは臨調の基本提言から引きました。

第二次臨時行政調査会の土光敏夫会長は、かねて「グループ一九八〇年」による「日本の自殺」（『文藝春秋』一九七五年二月号）を読んで感動し、その抜き刷りを自費で一〇万部つくらせ、各方面に配布したという。土光氏は臨調の会長としての行革哲学を、この「日本の自殺」に負っていると公言してはばからなかった。これは一種の福祉亡国論で、「国民が自らのことは自らの力で解決するという自立の精神と気概を失うとき、その国家は滅亡するほかはない、福祉の代償の恐ろしさは、まさにこの点にある」というものでした。

また日本モンペルラン協会の会長で、ハイエクの影響を強く受け、日本的新自由主義の提唱者として知られる木内信胤、この人も臨調の専門委員に加わって、その理念を『行革を考へる』（善本社、一九八一年）という著作のなかで展開しています。このなかで木内信胤は、政府の仕事を、①是非やらねばならないもの、②条件つきでやってよいもの、③やってはならないもの、というふうに分ける。①の「是非やらねばならないもの」は国防や治安の分野であり、これら以外の仕事に手を出す場合は、きわめて限られている、という思想に立つのが、「小さな政府」論であるという。この場合、社会福祉は、②「条件つきでやってよいもの」に入れられ、③は、経済活動に対する政府規制ということになります。

こういう考え方に指導された第二臨調の答申（一九八一年）は、「真に救済を必要とする者」を除き、国民に「自立・自己責任」を求め、社会福祉に関係する「行政の縮減・効率化」を提案しました。その具体化が、毎年のように行われる社会福祉関係費の自然増加分に対するカットであり、受益者負担の増大です。

土光敏夫、細川隆元、加藤寛の対談記録(『土光さん、やろう』山手書房、一九八二年)によれば、第二臨調の目標は、二つある。「活力ある福祉社会の建設」と「国際社会に対する積極的貢献」。そして「活力ある福祉社会」とは、「政府に頼るな。自分のことは自分でやれ」であり、「国際貢献」とは、「日本の経済力・財政力を国内で無駄に使わず、外へ向ける。そして名誉ある国際的地位」を得ることだという。したがって臨調路線では、「国際貢献の経費」つまり軍事費や経済協力費を優遇することになる。

このように「小さな政府」論は、「国際貢献」論とワン・セットで登場したことで、憲法理念に対する挑戦という意味をもったのです。木内信胤も、「将来の国の在り方」として、「無責任な平和主義」を「なんとかしなければ、取り返しのつかないことになる」、「憲法問題」は早く割り切ったらどうでしょう」と主張していました。

この臨調路線が展開された一九八〇年代、日本のODA(政府開発援助)は急増し、九〇年代を通し、世界一となる。その主要な援助対象国の選定は、アメリカの世界戦略に対応し、アメリカ当局者との協議をへることになります。円借款の援助案件は、日本企業の対外投資にも役立つ産業基盤づくりに重点がおかれ、いわば国際的な公共投資という性格をもちます。一九八四年、中曽根首相は軍事費のGNP比一%枠撤廃を、アメリカ特使に約束する。「国際国家日本が責任逃れをしていないことを示すため、私の手で、この枠をはずす。」

8 「財政再建」後の財政崩壊

一九九〇年度、竹下税制改革による直接税の大幅減税にもかかわらず、バブルのおかげで税収が増え、特例公債発行ゼロ、すなわち自民党政府の悲願だった「財政再建」を達成します。まさに「増税なき財政再建」。

そこで一九九〇年代、「再び特例公債を発行しないことを基本」にしますが、湾岸戦争の戦費分担一兆円のために、「特別公債」なるものを発行します。これは「特例公債」そのものなのですが、税収入による財源の手当てがついているということで、「特別公債」と名づけました。九〇年度に、「特例公債発行ゼロ」をやっと達成できた。だから「特例公債」と言いたくなかったのだと思います。

ところが九一年度の補正予算では、いつものパターンで、建設公債を一・三兆円増発してしのぐことになります。まだ、特例公債はゼロです。九二年度は、当初予算で七兆円を超える建設公債のうえに、「徹底した歳出抑制で、なおかつ財源不足が生ずるような場合には、建設公債の発行額を増加させることもやむを得ない」と、二・二兆円の建設公債を増発し、計九・五兆円に膨れ上がりました。だいたい八〇年代をとおして、建設公債の発行額は六兆円台でしたから、この九・五兆円の公債発行というのは、非常に高いレベルになります。

九三年度になると、「特例公債の発行は厳にこれを回避する。しかし建設公債は、公共事業等の景気に配慮した諸施策を着実に推進していくために、その発行額を増加させることもやむをえない」と、八兆円余上積みし、補正後の建設公債は一六兆円という途方もない金額になりました。そして九四年度には、ついに特例公債四兆円を含む一六兆円余の発行額となります。「やむをえない」ということで、建設公債を目いっぱい増発する。そのあげく特例公債の発行に追い込まれる。かつて一〇年間、建設公債の発行をつづけて、特例公債発行に追い込まれるという関連でしたが、今度は四年という短い時期に再現したかたちです。

そういうことで一九九四年度に、再び特例公債の発行に追い込まれました。その際の政府の言い訳、「しかし、この公債は、減税財源確保を含めた税制改革の年内実現が図られることから、中長期的に特例公債依存体質をもたらすような歯止めなき特例公債とは異なる。」つまり増税が期待されるから、一時的な措置だ、という意味なのですが、そうはいきません。再び特例公債の発行は、恒例化してしまいます。

一九九四年度から二〇〇〇年度まで、建設公債の発行額二桁がつづき、特例公債を含めた公債発行額は、九五年度二〇兆円、九六年度二二兆円、九七年度一八兆円というような経過をたどります。この背景には外圧ということがあります。アメリカからの圧力で、一九九〇年度から総額四三〇兆円の公共投資一〇年計画が進行し、さらに一九九五年度から、六三〇兆円へ拡大ということがあったのです。

橋本内閣は一九九七年に、二〇〇三年度を目標に、特例公債発行ゼロにするという「財政構造改革法」なるものを決めました。ところが、四年ぶりの歳入欠陥（二兆円）のうえ、「内需拡大を求める外圧」もあり、早くも一九九八年度、赤字国債発行額の削減目標を断念します。橋本首相は、「路線転換とか、そんなことを言う前に、これをやらないと国がもたない」と言って、赤字国債を二兆円増発しました。それから二〇〇三年度目標を二年先に延ばし、二〇〇五年度目標としたのち、財政構造改革法の施行を、「当分の間停止」してしまいました。

小渕内閣になって、財政構造改革法の目標年次を、さらに二年先延ばしをすることになります。経済三団体など財界は、「当面の財源は、赤字国債を出してでも法人税を引き下げよ。将来の財源は直間比率の是正によればいい。」つまり、先は消費税の増税頼みです。実際に一九九八年、法人税と所得税を大減税しました。その代わり、公債発行額が三〇兆円台になってしまいます。つまり、九八年度三四兆円、九九年度三八兆円、二〇〇〇年度三四兆円という具合いです。

この時期（九七―九八年）に、国債区分の廃止論というのが出ております。自民党の加藤紘一幹事長は、「建設国債の使い道を広げたい」、つまり建設国債ならば公共事業の財源に使うしかないのですが、たとえば「減税財源に建設国債を振り向ける」、そういうことができるようにするためには国債の区分、つまり建設国債と特例国債という区分を廃止する必要がある、そういう主張をしております。

当時の日本経済新聞の社説は、建設国債の償還期限と特例債の償還期限が、ともに六〇年となっていることを取り上げ、両者になにも差がないと指摘します。とにかく特例債というのは、そもそも、期限が来たら全額現金償還するということでスタートしたわけですが、実際は返せない。返せないために建設国債と同じ扱い、つまり六〇年という期間で返すことにしてしまったわけです。だから建設国債とか特例公債とか区分しないで、国債全体を問題にしようというのが、日本経済新聞の社説の趣旨です。同じころ、経済同友会も提言を出しています。それは、建設国債という国債区分があるために、どうしても公共事業に使われ、公共事業に甘い財政運営になる。だから国債の区分を廃止せよ、というのです。道路特定財源も同じようなものだから、この廃止も提案しています。

国債区分の廃止論は、公共事業とその財源の関係にメスを入れようという議論なわけですが、なかなか具体化しません。最近でも、たとえば道路特定財源の一般財源化といわれますが、その推進者がなかなかあらわれないのです。とにかくこの九八年段階で、こういう議論が出てきたということは注目されます。

一方、一九九六年の日米安保共同宣言以後、自衛隊の行動範囲を日本と極東から、地球的規模に広げようと、急ピッチで日米共同作戦の体制づくりが進みます。九七年には、新しいガイドラインというのがつくられて、「周辺地域における事態」に、アメリカ軍に対する後方支援が加わりました。それを受けて、九九年に周辺事態法というのができました。二〇〇〇年には国旗・国家法。それから衆参両院で憲法調査会の設置、というような進み方です。

9　小泉内閣の改革――二一世紀初頭

小泉内閣は、二〇〇二年度予算で、公債発行額三〇兆円以下から始め、〇七年度にプライマリー・バランスの回復を公約しました。ところが、その初年度に三〇兆円以下でおさまらなかったのです。実際に、小泉首相の在任中の〇二年度から〇五年度まで、公債発行額は三四兆円から三六兆円というレベルで、公債依存率は四〇%台、ともに過去最高をつづけました。当時の塩川財務大臣の言う、「むちゃくちゃな予算」というのをつづけたことになります。公債残高は、〇一年度末三八九兆円、〇五年度末で五三八兆円。小泉内閣で約一五〇兆円余り増やしたということです。

任期最後の二〇〇六年度予算で、公債発行額は三〇兆円以下になったのですが、そこでまた五年後に、「プライマリー・バランスを回復する」、それからさらに五年後に、債務残高のGDP比率の引き下げを約束しました。

朝日新聞の社説「神風頼み」（二〇〇六年六月二七日）は、政府案が「GDPの平均伸び率を三%と見ている」ことについて、〇一年以降マイナスになったりして、三%を超えたことは一度もないこと、したがって「これは無理な設定だ」と批判しています。同じ朝日新聞で、論説委員の山田厚史は、「誇大広告のマジック」（二〇〇六年七月二九日）という記事のなかで、骨太予算はもっと削れる、増税をいうなら本気で削れ、と主張しています。小泉構造改革では、「今後五年間に一四兆円余りを削り込むといって人を驚かせるけれども、問題は二〇〇六年度、国と地方が試算した一〇七兆円の予算規模が、二〇一一年度には一二八兆円余、つまり二一兆円の膨張、そういう前提ではないか。その前提というのはGDPの平均伸び率を三%と見て、歳出の自然増を推計する、というやり方で……放っておくと、こんなに予算は膨張するという架空の数字で、その架空の数字から一四兆円削るというやり方である。でもそれは二一兆円増えるのだから一四兆円削っても、まだ六兆円おつりがくる。」だから実際は、財政膨張だ、という批判です。また、税収弾性値を一・一という前提も低めに見すぎている、と言っています。

要するに、この財政構造改革にしても、自民党政府の場合、その考え方もやり方も、従来とまったく同じ、つまり基本的には問題を先送りすることになっている、というふうに思われます。まじめな財政健全化、というのがあるかどうかわかりませんが、それがあるとすれば、そういうものとは無縁な財政再建論だと思います。

小泉流の財政構造改革、それは、「増税（これは消費税の増税を指す）してもいいから、必要な施策をやってくれ、という状況になるまで、歳出を徹底的にカットしないといけない」という経済財政諮問会議での小泉首相の発言が、そのねらいを示していると思います。

その小泉首相は毎年、靖国参拝をやりました。自衛隊をイラクに派遣しました。軍備強化という点では、大型の輸送機・輸送艦・ヘリ空母、空中給油機、これまでの日本の専守防衛のタブーを破る高価な攻撃的兵器のオンパレードです。その結果、二〇〇四年度に日本の軍事費は、アメリカはダントツですが、イギリス、フランスに次ぐ第四位になりました。二〇〇五年度も、第五位は中国だという話ですが、要するに上位五大軍事費国に入っています。そして宇宙の軍事利用へ、情報収集衛星も打ち上げる。費用は膨大で、効果ははっきりしないミサイル防衛システムを導入する。イラクへの復興支援もする。さらに〇六年度は、「思いやり予算」の特別協定を延長する。アメリカ軍の再編の移転費用まで負担する。さらに「防衛省」へ昇格する問題だとか、武器輸出禁止三原則を緩和する……。そういうことをやってきて、安倍政権に引き継いだのです。こう見ますと、どうも憲法第九条の骨抜きが、ずっと継続的に行われ、かつますます露骨に行われてきていると思います。

憲法第九条と国債発行禁止とのかかわりが深いとすれば、一九六〇年代後半から国債発行を大規模にやり始めたというのは、財政面から憲法第九条を骨抜きするものともいえます。当時、公共事業費から軍事費への転用というようなことを言われたこともあったと思います。いずれにせよ再軍備と軍備強化の問題は、講和直後の非常に早い時期から系統的にやられてきていると思います。軍事費や経済協力費を見ますと、世界でも上位を占めているわけですが、そういう軍事大国や経済援助大国とかについては、疑問をもたない、とくに問題はないというような風潮がある一方、問題は社会保障だ、社会保障が財政硬直化要因だ、という議論が横行しているというふうに思います。

以上、戦後の財政の流れを、「小さな政府」論と関連させてお話しました。ありがとうございました。

（これは二〇〇六年の財政理論研究会で報告したものである。）

あとがき

本書のもとになった論稿と、その掲載誌を一覧にすると、以下の通りである。これらの論稿の大部分は、私が二〇〇〇年四月、名古屋学院大学へ赴任してからのものである。その大学院財政学ゼミナールにおける、シャウプ勧告との学縁が、中部税制研究会の立ち上げとなり、シャウプ勧告六〇年を記念する本書の刊行につながった。本書の中軸を成すのは、『税制研究』に掲載された「シャウプ勧告『序文』考」（同誌の第五三号）と「シャウプ勧告がめざした富裕者課税」（第五四号）であるが、このほか第五〇号（二〇〇六年）に掲載された、シャウプ教授の論文の邦訳、「一九四九―五〇年の訪日使節団」（『発展途上国の税制改革』一九八九年、Duke大学）もあることを付言しておきたい。

掲載誌名のない論稿は、「原稿執筆」と記している。これらは、本書のために書き下ろされたものである。それぞれの論稿の執筆者名は、（　）内に、また本書収録に際してタイトルを改めたものには［改題］と記してある。

第一章　シャウプ勧告がめざした富裕者課税
第一節「シャウプ勧告がめざした富裕者課税」、『税制研究』五四号、二〇〇八年八月（安藤）
第二節「利子所得課税の特別措置」、静岡大学『法経研究』第二四巻三・四号、一九七六年三月（安藤）
第三節「証券優遇税制」（原稿執筆―安藤・吉田）

第四節「相続税の課税最低限」、『税制研究』第四四号、二〇〇三年八月（安藤）
第五節「相続税――現状と問題点」、『税制研究』第五〇号、二〇〇六年八月・「相続税に対する検討」、『税制研究』第五三号、二〇〇八年一月（吉田）
第二章　シャウプ勧告の理念――公平と民主主義
第一節「シャウプ勧告『序文』考」、『税制研究』第五三号、二〇〇八年一月（安藤）
第二節「シャウプ勧告と公平理念の今」、『経済』第一一六号、二〇〇五年五月（安藤）
第三節「シャウプ勧告と自主財政主義」（原稿執筆――富田）
第三章　二〇〇〇年政府税調答申の租税理念
第一節「異議あり、消費税増税」、『経済』第一二八号、二〇〇六年五月（安藤）
第二節「主に消費税の増税について」［改題］、『租税理論研究叢書』第一一巻、二〇〇一年一二月（安藤）
第三節「二〇〇三年度予算案と税制考」［改題］、『経済』第九一号、二〇〇三年四月（安藤）
第四節「政府税調の増税宣言」、『福祉とぜいきん』第一六号、二〇〇三年一一月（安藤）
第四章　財政節度と「小さな政府」論
第一節「建設公債という区分を廃止する提案」、『租税理論研究叢書』第一七巻、二〇〇七年一一月（安藤）
第二節「どうする道路特定財源」［改題］、『経済』第一三九号、二〇〇七年四月（安藤）
第四節「日本財政から見た『小さな政府』論」、『税制研究』別冊、二〇〇七年一月（安藤）

二〇〇九年三月
安藤　実

安藤《あんどう》　実《みのる》　第１章第１・２・３・４節，第２章第１・２節，第３章，第４章執筆
静岡大学名誉教授，日本租税理論学会理事長，谷山財政税制研究所理事
1934年，北海道旭川市に生まれる。
早稲田大学政経学部卒，法政大学大学院博士課程経済学専攻修了。東洋経済新報社嘱託社員。1966年，静岡大学人文学部講師（財政学）。1976年，教授。1983年，ドイツ・ベルリン経済大学で海外研究。1994年，静岡大学人文学部長。1997年３月，定年退官。同年４月，札幌学院大学教授。2000年，名古屋学院大学教授。2004年，同大学院特任教授。2007年３月，退職。
著書：『シミュレーション税制改革』（共著，静岡大学税制研究チーム）1988年，青木書店
　　『消費税の研究』（共著，静岡大学税制研究チーム）1990年，青木書店
　　『日本財政の研究』1997年，青木書店，ほか

吉《よし》田《だ》孝《たか》敏《とし》　第１章第３・５節執筆
1953年７月に生まれる。
1977年，静岡大学人文学部卒業（安藤ゼミ）
国税専門官（７期）を経て，
現在：税理士・CFP®（ファイナンシャル・プランナー）
　　日本租税理論学会会員
論文：「相続税の検討――政府税調答申を中心にして―」，『税制研究』第53号（2008年１月）

富《とみ》田《た》偉《い》津《つ》男《お》　第２章第３節執筆
1934年に生まれる。
2007年，名古屋経済大学大学院法学研究科（租税法専攻）修了
1992年，法人税特別国税調査官にて38年間勤務した税務署退職，税理士事務所を開設。
現在：税理士法人・会長税理士，社会福祉法人ゆたか福祉会理事長
　　日本租税理論学会，全国税制懇話会，税経新人会の各会員
論文：「租税法律主義と消費税法」，『税制研究』第55号（2009年２月）

富裕者課税論

2009年４月28日　初　版
2009年11月18日　第２刷

編著者　安藤　実
装幀者　加藤昌子
発行者　桜井　香
発行所　株式会社 桜井書店
　東京都文京区本郷１丁目5-17　三洋ビル16
　〒113-0033
　電話（03）5803-7353
　Fax（03）5803-7356
　http://www.sakurai-shoten.com/
印刷所　株式会社 ミツワ
製本所　誠製本 株式会社

ISBN978-4-921190-57-6　Printed in Japan